乡村振兴背景下福建省乡村旅游高质量发展研究

曾慧娟　著

中国财经出版传媒集团

经济科学出版社
Economic Science Press

·北京·

图书在版编目（CIP）数据

乡村振兴背景下福建省乡村旅游高质量发展研究／
曾慧娟著 . -- 北京：经济科学出版社，2025. 2.
ISBN 978 - 7 - 5218 - 6366 - 6

Ⅰ. F592. 757

中国国家版本馆 CIP 数据核字第 2024VC5420 号

责任编辑：吴　敏
责任校对：郑淑艳
责任印制：张佳裕

乡村振兴背景下福建省乡村旅游高质量发展研究
XIANGCUN ZHENXING BEIJING XIA FUJIANSHENG XIANGCUN
LÜYOU GAOZHILIANG FAZHAN YANJIU

曾慧娟　著

经济科学出版社出版、发行　新华书店经销
社址：北京市海淀区阜成路甲 28 号　邮编：100142
总编部电话：010 - 88191217　发行部电话：010 - 88191522

网址：www. esp. com. cn

电子邮箱：esp@ esp. com. cn

天猫网店：经济科学出版社旗舰店

网址：http：//jjkxcbs. tmall. com

北京季蜂印刷有限公司印装

710 × 1000　16 开　18. 5 印张　310000 字
2025 年 2 月第 1 版　2025 年 2 月第 1 次印刷
ISBN 978 - 7 - 5218 - 6366 - 6　定价：76. 00 元

序

旅游业与乡村振兴发展存在密切联系，乡村旅游因其对其他产业的前向与后向关联作用，可以放大对乡村的经济影响，对盘活乡村资源，促进乡村产业、人才、文化、生态、组织振兴起到加速器和突破口的作用。

近年来，福建省对打造世界知名旅游目的地与促进乡村旅游发展进行一体谋划，在推进乡村旅游发展上持续发力，通过丰富乡村旅游业态、培育乡村旅游 IP、加强乡村文旅人才培养等方式培育乡村新质生产力，持续深入实施乡村旅游精品工程，着力打造省级乡村旅游重点村镇，深化农文旅融合，推动产业融合发展，把乡村变成景点，带动乡村就业和增收，促进乡村旅游高质量发展，做大做强做优文旅经济，助力乡村振兴。据统计，截至 2024 年初，福建省培育打造了全国乡村旅游重点村 49 个、重点镇六个、福建省"金牌旅游村"180 个、"全域生态旅游小镇"84 个。2022～2023 年，福建共有 37 条乡村旅游线路入选文化和旅游部全国乡村旅游精品线路。"福建宁德市霞浦县东壁村：光影小镇新模式赋能乡村振兴"和"福建宁德市福鼎市赤溪村：中国扶贫第一村的振兴之路"成功入选世界旅游联盟和中国国际扶贫中心联合发布的《2023 世界旅游联盟——旅游助力乡村振兴案例》。

曾慧娟老师是龙岩学院的青年才俊，多年来深耕乡村旅游研究，已出版了多部相关论文和著作，对学术研究和实践工作均产生推动作用。《乡村振兴背景下福建省乡村旅游高质量发展研究》一书是她最新的研究成果，该书系统地对福建省乡村旅游资源的空间分布进行梳理，应用 SWOT 方法对产业发展的优劣势进行评价，分析以往乡村旅游发展的成效和对乡村居民幸福感的影响，总结出可推广、可复制的模式，进而采用多种方法对乡村旅游高质量发展水平进行评价。全书的研究既重视理论分析，也重视案例呈现，并提供了五个代表性案例作为理论佐证，最后就下一步福建乡村旅游如何实现高质量发展提出政策建议。可以说，此书做到了理论与实务分析相结合，科学探索与服务资政相统一，是一部优秀的学术著作。

　　当然，曾老师的著述也表现出一些不足。受单一作品的篇幅限制，要求在一部作品中将所有问题阐述清楚是不现实，也是对一名青年学者过高的要求，可以包容。我们期待曾老师在下一步的研究中，在内容上进一步强化对乡村旅游如何培育新质生产力，如何进一步丰富乡村旅游业态以推动乡村现代化等的研究；在方法上进一步强化历史与逻辑相统一的纵向分析与横向省际比较分析，增强理论说服力；在理论环节进一步强化对乡村旅游高质量发展的动力机制和乡村旅游的综合带动效应的研究。

　　是为序！

赖小敏

2024 年 11 月 21 日

目　　录

第一章 绪 论

第一节 研 究 背 景

一、加快建设旅游强国，推动旅游业高质量发展

发展旅游业是推动高质量发展的重要着力点。2024 年 5 月 17 日，全国旅游发展大会在北京召开。习近平总书记对旅游工作作出重要指示，充分肯定了我国旅游业取得的突出成就，强调"着力完善现代旅游业体系，加快建设旅游强国"，"推动旅游业高质量发展行稳致远"。① 习近平总书记关于旅游工作的重要论述和指示批示深刻阐明了当代旅游业的发展趋势，深化了对旅游发展规律的认识，是建设旅游强国、推动旅游业高质量发展的行动指南。全国要深入学习贯彻习近平总书记关于旅游发展的重要论述和指示批示，坚持以文塑旅、以旅彰文，坚定不移地走独具特色的中国旅游发展之路。

2019 年 12 月，中央经济工作会议提出要推动旅游业高质量发展，2022 年 1 月国务院印发的《"十四五"旅游业发展规划》共提及 11 次"高质量"和 10 次"优质"，高质量发展理念将作为主线贯穿于旅游业发展各阶段、各领域、各方面。从旅游业发展基础来看，中国拥有全球规模最大的国内旅游市场，是世界第一大出境旅游消费国和重要的入境旅游接待国，旅游业规模日益壮大。"十三五"时期，旅游及相关产业增加值占国内生产总值比重保持增长

---

① 习近平对旅游工作作出重要指示：着力完善现代旅游业体系加快建设旅游强国 推动旅游业高质量发展行稳致远［EB/OL］．（2024 – 05 – 17）．https：//www.gov.cn/yaowen/liebiao/202405/content_6951885.htm.

态势，旅游业对国民经济的综合贡献超过 10%。2024 年第一季度，国内游客出游总花费 1.52 万亿元，同比增长 17.0%，在促进消费、拉动内需方面作用明显；全国出入境人员超 1.41 亿人次，同比上升 117.8%。① 今日之中国已经形成全球最大国内旅游市场，成为国际旅游最大客源国和主要目的地，旅游业与其他产业跨界融合、协同发展，产业规模持续扩大，新业态不断涌现，日益成为新兴的战略性支柱产业。

　　新时代新征程，旅游发展面临新机遇新挑战。要以新时代中国特色社会主义思想为指导，完整准确全面贯彻新发展理念，坚持守正创新、提质增效、融合发展，统筹政府与市场、供给与需求、保护与开发、国内与国际、发展与安全，着力完善现代旅游业体系，加快建设旅游强国，让旅游业更好服务美好生活、促进经济发展、构筑精神家园、展示中国形象、增进文明互鉴。

　　推动旅游业高质量发展，必须坚持守正创新、提质增效、融合发展。坚持守正创新，关键是要以习近平文化思想为引领，做到以文塑旅、以旅彰文，让旅游成为人们感悟中华文化、增强文化自信的过程，推动旅游业实现社会效益和经济效益有机统一。坚持提质增效，就要加快推进旅游业供给侧结构性改革，提升供给水平和服务质量，更好满足大众特色化、多层次旅游需求。坚持融合发展，必须加强文化和旅游业态融合、产品融合、市场融合、服务融合，推动"旅游+"和"+旅游"，延伸产业链、创造新价值、催生新业态。

　　"十四五"时期，我国全面进入大众旅游时代，旅游业高质量发展迎来了新机遇，同时也面临新的要求和新的挑战。从国际上看，全球正经历百年未有之大变局，世界旅游格局处于深度调整期；科技发展日新月异，催生了旅游新需求。就国内而言，尽管改革开放 40 多年来，我国旅游业取得了令人欣喜的快速发展，旅游收入与旅游接待人数实现双丰收，但旅游发展不平衡、不充分的问题日益凸显，旅游业发展带来的生态环境压力不可小觑，旅游业在满足人民日益增长的美好生活需要方面仍有距离，要实现"十四五"规划制定的高质量发展目标还有很长的路要走。新形势下，中国旅游业如何突破瓶颈，以创新、协调、绿色、开放、共享的新发展理念为指导，积极探索高质量发展的新

---

　　① 加快建设旅游强国 推动旅游业高质量发展［EB/OL］.（2024 - 07 - 23）. http：//www. xinhuanet. com/politics/20240723/04c7d1b9c7a64de884a2589503d3779d/c. html.

思路、新模式、新举措已势在必行。

二、乡村振兴战略的推进

党的十九大报告首次提出了实施乡村振兴战略的新发展理念，并将其放在经济工作的第三部分，体现了党中央对于"三农"问题的高度重视。这既切中了当前乡村发展的要害，也指明了新时代乡村发展方向，明确了乡村发展新思路，是城乡发展的重大战略性转变。2018 年出台的《实施乡村振兴战略的意见》表明，乡村振兴工作将处在未来"三农"工作的首要位置。2019 年发布的《关于促进乡村旅游可持续发展的指导意见的通知》指出，要继续探索乡村旅游推广发展模式，积极探索推广多方参与、机制完善、互利共赢的新模式新做法，建立定性定量分析的工作台账，总结推广旅游扶贫工作。2020 年，农业农村部印发《社会资本投资农业农村指引》，鼓励发展乡村特色文化产业，推动农商文旅体融合发展，挖掘和利用农耕文化遗产资源，打造特色优秀农耕文化产业集群。2021 年初，乡村振兴局成立，同年 4 月出台了《乡村振兴促进法》。自此，乡村振兴已不仅是乡村工作的突破口，更上升为法律层面的新要求。2021 年，《中共中央 国务院关于全面推进乡村振兴加快农业农村现代化的意见》提出，加快推进农业现代化，构建现代乡村产业体系；开发休闲农业和乡村旅游精品线路，完善配套设施；推进农村一二三产业融合发展示范园和科技示范园区建设。2022 年，《中共中央 国务院关于做好 2022 年全面推进乡村振兴重点工作的意见》明确提出，持续推进农村一二三产业融合发展，要在挖掘乡村多元价值的基础上重点发展乡村休闲旅游。乡村文旅产业在推动乡村振兴中的产业作用更加受到重视。2023 年，《中共中央 国务院关于做好 2023 年全面推进乡村振兴重点工作的意见》指出，全面建设社会主义现代化国家，最艰巨、最繁重的任务仍然在农村。守好"三农"基本盘至关重要、不容有失。必须坚持不懈把解决好"三农"问题作为全党工作重中之重，举全党全社会之力全面推进乡村振兴，加快农业农村现代化。乡村振兴战略的实施主要是为了解决我国当下的社会矛盾，促进区域经济均衡发展，契合新时代城镇化发展进程的新趋势，弥补全面建成小康社会的乡村不足。乡村振兴有三个方面的内容：一是文化振兴；二是社会振兴；三是经济振兴。乡村振兴是建设现代化的必然要求，是新时代乡村发展的新动力。党的二十大也对

"加快构建新发展格局，着力推动高质量发展"作出了战略部署，强调"着力推进城乡融合和区域协调发展""全面推进乡村振兴"，对"发展乡村特色产业，拓宽农民增收致富渠道"提出了明确要求。广大农村地区具有独风貌，真山、真水、真民俗，具有独特优势，具备发展旅游等特色产业的基础条件。新征程上，必须坚持农业农村优先发展，坚持城乡融合发展，畅通城乡要素流动。在建设宜居宜业、和美乡村的过程中，基于乡村特色禀赋，依据不同的乡村特点，因地制宜发展具有独特风格的乡村旅游产业，为农村地区产业振兴赋能，为推动"三农"事业高质量发展、全面推进乡村振兴助力。

随着党的二十大精神的深入贯彻与乡村振兴战略的不断推进，我国农村地区正经历着前所未有的变革与活力焕发。在这一时代背景下，乡村文旅产业作为连接城乡、促进区域协调发展的重要桥梁，其角色日益凸显，成为推动乡村振兴的强劲引擎。

（一）强化文化根基，打造特色品牌

乡村文化是乡村的灵魂，是吸引游客、留住乡愁的关键所在。在乡村振兴进程中，我们需要深入挖掘乡村的历史文化资源，包括传统节庆、民俗活动、手工艺等，通过现代创意手段进行包装与呈现，打造具有鲜明地域特色和深厚文化底蕴的乡村旅游品牌。同时，加强乡村公共文化设施建设，提升村民文化素养，让乡村成为传承与发展中华优秀传统文化的生动课堂。

（二）创新社会治理，构建和谐生态

社会振兴是乡村振兴的重要组成部分，关乎乡村的和谐稳定与可持续发展。在推进乡村旅游的过程中，应注重建立健全乡村社会治理体系，鼓励村民参与乡村治理，形成"共建、共治、共享"的良好局面。同时，加强生态环境保护，推动绿色发展理念深入人心，确保乡村旅游与自然环境和谐共生。通过实施垃圾分类、污水处理等环保措施，保护乡村生态环境，为游客提供一个清新宜人的旅游环境。

（三）推动产业升级，拓宽增收渠道

经济振兴是乡村振兴的核心目标，而乡村旅游正是实现这一目标的重要途径之一。在推动乡村旅游产业升级的过程中，应注重引入新技术、新业态和新模式，如智慧旅游、民宿经济、农业体验游等，提升乡村旅游的品质和吸引力。同时，加强乡村旅游与农业、手工业等产业的深度融合，形成产业链条完整、附加值高的乡村旅游产业体系。通过发展乡村旅游，带动农产品销售、手工艺品制作等相关产业发展，拓宽农民增收渠道，实现乡村振兴与农民增收的双赢局面。

（四）促进城乡融合，实现共同发展

乡村振兴不仅关乎乡村自身的发展，更关乎城乡关系的重构与融合。在推进乡村旅游的过程中，应注重加强与城市的互动与合作，推动城乡资源要素自由流动和优化配置。通过搭建城乡交流平台、举办乡村旅游节庆活动等方式，增进城乡之间的了解与认同，促进城乡经济、文化、社会等方面的深度融合。同时，鼓励城市居民到乡村休闲度假、体验农耕文化，为乡村带来人流、物流、信息流和资金流，推动乡村经济社会全面发展。

总之，乡村振兴战略的实施为乡村文旅产业的发展提供了广阔的空间和无限的机遇。在未来的发展中，我们应继续坚持农业农村优先发展的原则，加强城乡融合发展力度，充分挖掘和利用乡村特色资源禀赋，因地制宜发展具有独特风格的乡村旅游产业。通过文化振兴、社会振兴和经济振兴的协同推进，为全面建设社会主义现代化国家贡献乡村力量。

三、乡村旅游成为乡村振兴的重要路径

以习近平同志为核心的党中央多次强调，要大力实施乡村振兴战略，坚持农业农村优先发展的政策，乡村振兴必须达到"产业兴旺、生态宜居、乡风文明、治理有效、生活富裕"的目标。发展乡村旅游能够促进农业农村发展进程，推动城乡融合发展，助力乡村振兴，是乡村振兴的重要突破口。乡村旅游的发展能够促进乡村社会、经济、环境、文化等诸多方面的发展，在促进乡村经济社会多元化发展、保持社会稳定中起着积极作用。习近平总书记指出："全面推进乡村振兴，要立足特色资源，坚持科技兴农，因地制宜发展乡村旅游、休闲农业等新产业新业态，贯通产加销，融合农文旅，推动乡村产业发展壮大，让农民更多分享产业增值收益。"[①] 我们要深入贯彻落实习近平总书记重要讲话精神，把"农文旅融合"作为推进乡村全面振兴的重要抓手。

---

① 2023 年福建省国民经济和社会发展统计公报［EB/OL］.（2024 - 03 - 14）. https：//tjj. fujian. gov. cn/xxgk/tjgb/202403/t20240313_6413971. htm.

乡村旅游与乡村振兴有着较强的关联性，乡村振兴是乡村旅游开发的基础，为乡村旅游开发提供重要的战略支撑，是乡村旅游开发所要达到的终极目标。随着乡村振兴战略的深入推进，乡村旅游在乡村振兴中发挥的作用愈加重要。乡村特色旅游是带动乡村振兴的一个重要环节，为实现全面建成小康社会、全面建设社会主义现代化国家起到重要的作用，日渐成为乡村振兴和扶贫富民的新渠道。在构建乡村特色旅游过程中，需要对乡村生态环境进行多方面的治理。在乡村旅游项目的驱动下，应更加注重乡村绿色化理念、技术的应用以及生态经济的有序发展，使乡村旅游资源"显山、露水、透绿、通畅"，建设生态特色乡村，积极打造保护绿色、保护生态环境的可持续发展的旅游形态。乡村特色旅游业的开发是一项综合产品的开发，在经营运行过程中，为当地村民提供了更多的就业和创业机会，为实现共同富裕奠定了坚实基础。

近年来，乡村传统文化正在经历创造性转化、创新性发展的实践探索。文化和旅游部发布的文化和旅游赋能乡村振兴十佳案例和优秀案例就是在全国范围内推动实施文化和旅游产业赋能乡村振兴成果的一次整体展示。文化和旅游赋能乡村振兴的创新探索，正在实现新时代人文乡村发展范式的新突围，是以文化和旅游产业思维引领乡村振兴创新实践的生动体现，谱写了人文经济学范式下文化和旅游赋能乡村振兴新实践的"中国样本"。

进入新时代以来，我国坚定不移走生态优先、绿色发展之路，促进经济社会发展全面绿色转型，建设人与自然和谐共生的现代化，创造了举世瞩目的生态奇迹和绿色发展奇迹，美丽中国建设迈出重大步伐。2023 年 10 月，2023 年联合国世界旅游组织"最佳旅游乡村"名单公布，我国浙江下姜村、江西篁岭村、甘肃扎尕那村和陕西朱家湾村入选。这些乡村的精彩实践表明，以旅游产业为媒，可以有效推动绿水青山转化为金山银山，让农村生态环境美起来，农民腰包越来越鼓、生活越来越美好。

四、福建省乡村旅游发展

福建省简称"闽"，地处中国东南沿海，省会福州，辖福州、厦门、漳州、泉州、三明、莆田、南平、龙岩、宁德九个设区市和平潭综合实验区，下设 11 个县级市、31 个市辖区和 42 个县（含金门县）。全省陆地面积 12.4 万平方千米，海域面积 13.6 万平方千米。2022 年末全省常住人口 4183 万人。大陆海岸线居全国第二，可建万吨级以上泊位自然岸线约 258 千米，全国领先。① 漫长的海岸线给福建省发展对外贸易开放带来了得天独厚的优势。早在宋朝时期，泉州就是世界知名的商港、海上丝绸之路的起点，而福州是郑和下西洋的驻泊地和开洋地。改革开放后，厦门被设为第一批沿海经济特区。随着平潭综合实验区的设立，福建省逐渐成为 21 世纪海上丝绸之路的核心区。

追溯至 18 万年前，远古人类已在三明万寿岩地区留下了活动的痕迹。距今 5000 余年的昙石山文化以及朱子文化、闽南文化、客家文化、妈祖文化、闽都文化等地方文化，为福建省旅游业增添了独特的魅力。随着旅游资源的深度开发，福建省旅游发展委员会积极促进乡村旅游的持续进步。近年来，随着对外开放的扩大，福建省的旅游开发逐渐成熟，对乡村旅游的发展重视程度日益增加。为了推动乡村旅游的发展，政府财政部门投入了大量资金，用于改善农业乡村旅游基础设施和农村人居环境，为乡村旅游的发展提供了资金支持。截至目前，福建省已评选出 109 个"金牌旅游村"，包括星级旅游村、美丽乡村、传统村落、历史文化名村等多种类型。在政府的支持与帮助下，福建省乡村旅游取得了显著的成就，不仅增加了财政收入，也在一定程度上解决了农村剩余劳动力问题，并为农业经济的发展提供了一种有效的新型模式。在新时代，福建省乡村旅游业如何在新一轮旅游机遇中实现高质量发展也面临着新的挑战。

近年来，福建省各级单位依据《"十三五"旅游业发展规划》，实施乡村旅游扶贫工程，贯彻"百镇千村"等规划行动，围绕生态旅游、休闲旅游、红色旅游等领域开展了一系列乡村旅游品牌建设活动，取得了乡村旅游示范点、示范县、乡村旅游休闲集镇等发展成果，形成了多元化的乡村旅游品牌体系。福建省通过不断深入挖掘乡村旅游资源，推动了乡村旅游品牌建设的有序发展。自 2016 年起，福建省文化和旅游厅积极争取旅游产业发展等省级财政专项资金，累计投入约 3 亿元人民币用于支持各地旅游村镇建设，主要用于完善乡村游客服务中心、旅游停车场、游步道等旅游基础设施。同时，与住建部门的美丽乡村"千村整治、百村示范"工程、交通部门的"百乡千村"路网提升工程等相结合，同步配套完善乡村旅游功能要素和旅游公共服务设施。福

---

① 这就是福建 [EB/OL]. (2022 - 09 - 16). http://www.fujian.gov.cn/zjfj.

建省乡村旅游紧密围绕乡村振兴发展战略，统筹各项组织工作，精准定位区域特色，依托生态、人文、自然资源，深挖乡村文化资源，培育乡村旅游品牌，不断完善乡村旅游规划，积极打造精品旅游路线，形成了一批具有特色的乡村旅游示范点。2021年12月颁布的《福建省乡村振兴促进条例》提出全面实施乡村振兴战略，推进乡村旅游高质量发展的目标，促进共同富裕。2022年3月，福建省委、省政府发布了《关于做好2022年全面推进乡村振兴重点工作的实施意见》，提出要扎实有序地推进乡村发展、乡村建设、乡村治理等重点工作，做大做强文旅等产业，推动乡村振兴取得新进展、农业农村现代化迈出新步伐。2023年福建省政府工作报告明确指出，要大力发展红色、生态、工业、乡村、海洋、康养等文旅新业态，丰富全域生态旅游产品供给，提升旅游服务品质，让"清新福建"不负"诗与远方"。

截至2023年4月，福建省共有全国乡村旅游重点村49个，省金牌旅游村109个。[①]但与此同时，乡村旅游面临经营压力大、区域发展不均衡、配套设施不完善、服务质量不高、产业链延伸不足等突出问题，亟须转型升级。为此，在高质量发展理念框架下，探索20世纪90年代以来福建省乡村旅游的发展历程、发展水平、空间差异、影响因素及其高质量发展路径，对深入实施乡村振兴战略、建设"清新福建"具有重要的实践意义。

第二节　研究意义

一、理论意义

乡村旅游和乡村振兴作为旅游地理学和乡村地理学重要的研究方向，是研究乡村地区经济社会发展的重要指标。乡村旅游能够带动城市的生产要素向乡村流动，对打破我国长期以来的城乡二元对立的体制机制、缩小地区间的发展差距具有重要的意义。本书通过研究乡村旅游产业对增加农村效益的贡献，分

---

① 福建省文旅厅新培育一批"金牌旅游村"和"全域生态旅游小镇"［EB/OL］．（2023 - 11 - 13）．https：//wlt. fujian. gov. cn/wldt/btdt/202311/t20231113_6296781. htm.

析了乡村旅游产业的发展质量；通过旅游经济效应中的相关理论，为乡村旅游产业的提质增效提供了对策建议，是对研究乡村旅游高质量发展的有效补充和例证。

在深入探讨乡村旅游与乡村振兴的紧密关联后，本书进一步延展至乡村旅游可持续发展模式的构建与实践探索。我们意识到，单纯的经济增长虽能暂时缓解城乡差距，但从长远来看，唯有实现经济、社会、文化的全面协调与可持续，方能真正激活乡村的内在活力，促进乡村振兴战略的深入实施。

为此，本书特别关注乡村旅游与生态环境保护之间的和谐共生关系，提出在开发乡村旅游资源时，应坚持绿色发展理念，注重划定并遵守生态保护红线，通过科学合理的规划与设计，确保旅游活动对自然环境的负面影响最小化。同时，鼓励采用清洁能源、绿色建筑等技术手段，推动乡村旅游向低碳、环保、生态的方向转型升级。

此外，本书还深入剖析了乡村旅游在促进乡村社会文化传承与创新方面的独特作用，指出乡村旅游不仅是经济行为，更是文化交流的桥梁。通过挖掘和保护乡村文化遗产，举办文化节庆、手工艺展示等活动，可以激发乡村文化的生命力，增强村民的文化自信，同时也为游客提供了深度体验乡村文化、感受乡土情怀的机会。这种文化互动不仅丰富了乡村旅游的内涵，也为乡村社会文化的传承与创新提供了源源不断的动力。

在此基础上，本书还探讨了乡村旅游与乡村治理现代化的互动关系，提出随着乡村旅游的蓬勃发展，乡村社会结构、利益格局、价值观念等都在发生深刻变化，这对乡村治理提出了新的挑战和要求。因此，需要构建适应乡村旅游发展的乡村治理体系，加强基层党组织建设，提升乡村治理能力，推动形成政府引导、市场运作、社会参与的乡村治理新格局。同时，还应注重运用现代信息技术手段，提高乡村治理的智能化、精细化水平，为乡村旅游的健康发展提供有力保障。

综上所述，本书不仅深入分析了乡村旅游在推动乡村振兴中的重要作用，还从生态保护、文化传承、社会治理等多个维度出发，为乡村旅游的高质量发展提供了全面而深入的见解和对策建议。相信这些研究成果将为我国乡村旅游产业的持续健康发展贡献智慧与力量。

二、现实意义

本书以福建省乡村旅游发展为例，对乡村旅游的高质量发展进行研究。首先，通过收集整理福建省乡村旅游的相关数据和发展现状，对福建省各市的乡村旅游产业和经济效益进行分析。然后，根据分析结果，发现问题并对福建省乡村旅游高质量发展提出相关对策建议。研究指出，福建省乡村旅游高质量发展有利于福建省促进农民转移就业，调整和优化农村产业结构，有效拓展农业功能，延长农业产业链，增加农产品附加价值，为农产品开辟巨大的消费市场，为农民的"生活富裕"提供经济保障，为乡村振兴提供良好的经济基础，促进农村一二三产业融合发展，推动乡村生产、生活、生态"三位一体"发展，从而有力推动乡村振兴。此外，本书还可以为其他区域的乡村旅游发展提供案例和借鉴，具有一定的现实意义。

第二章 文献综述

第一节 乡村振兴相关研究

一、乡村振兴的国内相关研究

党的十九大以来，乡村振兴战略成为新时代"三农"工作的总抓手。旅游业与乡村振兴发展的相互关系、作用机制及协同发展等重要理论与现实问题引起了国内学术界的关注。孙九霞等（2021）指出，我国是一个农业大国，"三农"问题及城乡关系问题交错出现、纠缠制约，是社会主义现代化建设面临的重大障碍和短板。在我国，要实现现代化离不开农业农村的现代化，农业农村现代化是国家全面现代化的重要构成，是乡村振兴战略提出的逻辑依据和现实基础。从这个意义上说，推进乡村振兴，就是要以习近平新时代中国特色社会主义思想为指导，将乡村振兴战略绘入我国社会主义现代化建设宏伟蓝图之中，按照"五位一体"的总体布局，加快农业农村现代化建设。乡村振兴是建设社会主义现代化强国的战略举措，是实现共同富裕的必由之路，体现了新时代党和国家"三农"工作的新理念、新要求和新的历史任务。

近年来，关于我国乡村振兴的研究文献层出不穷。姜长云（2018）认为，实施乡村振兴战略，科学把握其重点、难点和基点，有利于乡村振兴更好地抓重点、补短板、强弱项，有利于提高"三农"工作成效，加快农业农村现代化步伐。牛坤玉等（2020）指出，国内学者从政策解读、区域发展、人地关系、城乡融合、实践经验总结等多维视角，围绕乡村振兴的战略意义、科学内涵、目标内容、发展模式、推进路径、影响效应等诸多方面进行了大量的研究。向延平（2021）分别从"三农"视角、生产要素视角、效应导向视角、目标导向视角探讨了乡村旅游驱动乡村振兴的内在机理，并从乡村生产、生活、生态、人力、组织等方面构建旅游驱动乡村振兴的动力机制。钟钰（2021）认为，解决农村地区问题的复杂性与其多样性有关，因此农村复兴战略需要着眼于每个村庄的发展阶段，而不能一概而论。邓雨露（2023）认为，乡村振兴不仅是单纯的经济振兴，更需要协同旅游经济产业振兴，特别是要依托乡村旅游资源优势，大力深化创新型产业融合，全方位提升乡村振兴质量，深度服务于乡村振兴战略总体要求。张珂（2023）指出，乡村旅游是一种以休闲度假为主要方式、富有特色的旅游业态，能够盘活农村资源，优化农业结构，是乡村振兴的重要驱动力。吴美霞（2023）通过研究乡村旅游的内涵、模式以及和乡村振兴之间的关系，梳理政策环境、市场规模和最新趋势等发展现状，指出发展乡村旅游对农业转型、农村发展、农民增收具有重要作用，能有效推动乡村振兴。

此外，还有学者根据研究目标地区的具体情况，分析了在实施乡村振兴战略时需要考虑的问题以及实现的方法。赵毅等（2018）在对苏南地区农村发展现状、特点和挑战进行研究和评估的基础上，以乡村振兴为目标，提出了价值感知、布局优化、产业振兴、生态宜居、乡村治理等乡村振兴方法和途径。肖黎明等（2021）基于乡愁理论视角构建评价指标体系，对黄河流域九省区乡村旅游高质量发展水平、空间差异及演变进行了实证研究。单大超（2021）以辽宁省长海县獐子岛镇褡裢村为例，指出乡村振兴背景下渔业迎来了发展良机，并通过对渔村转型动力和模式进行研究，运用 SWOT 方法为当地渔业发展提供了相关对策建议。尹琼楠（2022）以江西省婺源县为例，运用 SWOT 分析法，提出了需要从加强规划、打造品牌、创新产品、培养队伍、完善设施、加大资金投入及监管七个方面优化婺源乡村旅游发展战略，以推动婺源乡村旅游实现高质量发展，促进乡村地区振兴。谷加奇（2022）运用文献资料法、案例分析法等，探究体育旅游赋能乡村振兴的价值，并依托"浙江经验"提出保障措施。朱明等（2023）将江苏省昆山市作为案例地，以游客市场调查数据为基础，采用 IPA 分析法和服务质量差距模型，探查乡村旅游地供需错配现象，着重从供给侧明确了昆山市乡村旅游供需错配的主要表现及治理方向。刘芳（2022）以陕西省榆林市为例，通过对榆林市乡村旅游发展现状及条件进行梳理，结合典型案例和高质量发展实证分析，构建了乡村振兴背景下榆林市乡村旅游高质量发展的有效路径。

二、乡村振兴的国外相关研究

虽然"rural revitalization"被翻译成乡村振兴，但其与我国乡村振兴的含义有所不同，所以并没有直接称谓的研究成果，但国外有许多与乡村经济建设和发展等有关的研究，这些研究与乡村振兴战略的实施有类似的关系。从 20 世纪 50 年代开始，发达国家（地区）结合其实际情况，陆续出台了一些与我国乡村振兴战略类似的乡村复兴政策，如 1962 年欧盟实施的共同农业政策（Common Agricultural Policy，CAP）及后来的农村发展政策（Rural Development Policy）（Andersson，2017），以及英国的乡村农业发展、法国的农村振兴计划、日本的村镇综合示范工程、韩国的新村运动等（王林龙，2018；刘彦随，2018）。实践证明，这些政策和乡村建设行动对推动各国（地区）农业转型发展、提高农民生活水平、改善农村生态环境、缩小城乡差距起到了巨大作用。其中，美国学者格莱德（1989）对美国北佛罗里达州的乡村进行了研究分析，提出了乡村振兴的相关建议，指出鼓励群众自主创业是极其重要的一个环节。科尔辛（Korsching，1992）通过对美国北部农村社区的调查研究指出，需要在农村社区之间建立更紧密的联盟，以有效振兴美国农村。水野（Mizuno，2012）分析了第二次世界大战后日本农村的发展，指出其突出特点是国家对农业部门进行强有力的干预，以增加粮食生产。卡雷等（Carey et al.，2016）研究发现，影响农村地区发展的三个主要问题是农村和城市地区在资源方面的差距、缺乏服务的机会，以及农村地区教育和培训需求。舒崔斯纳等（Sutrisna et al.，2020）针对巴厘岛彭力普兰旅游村进行了前瞻性分析，提出地区民俗文化和人力资源管理等是乡村旅游可持续发展的关键驱动要素。有学者（Li and Wang，2020）选择以南非为研究对象，通过对该国的乡村旅游进行实地调查分析指出了该国乡村旅游发展的重要影响因素，并认为这些因素可以促进当地社区的参与，丰富乡村旅游项目。奥弗切兰柯等（Ovcharenko et al.，2022）认为，农村地区的数字化转型将为可持续发展提供新的动力，其中消费者合作可以起到推动作用，而这可以满足农村人口的社会经济需求，合理利用农村地区的潜力。

第二节　乡村旅游相关研究

一、乡村旅游内涵、发展模式的相关研究

（一）国内相关研究

相比国外，国内乡村旅游起步较晚。但近年来，随着国家乡村振兴战略的提出和实施，我国乡村旅游迅猛发展。国内学者对乡村旅游的研究视角呈现多元化的趋势，研究内容主要包括乡村旅游的内涵、乡村旅游的开发研究以及乡村旅游可持续发展等。

从乡村旅游的内涵来看，国内学者关于乡村旅游的内涵界定，较为典型的有以下几种：马波（1996）提出，乡村旅游是一种以乡村所存在独特的生产形态、生活风情和田园风光为对象的旅游活动类型，其活动场所主要是在乡村地区；何景明等（2002）通过对已有的乡村旅游概念进行比较和分析，认为乡村性应该是界定乡村旅游的最重要标志，提出狭义的乡村旅游是指在乡村地区，以具有乡村性的自然和人文客体为旅游吸引物的旅游活动；卢小丽等（2017）提出，乡村旅游是指旅游者以休闲、学习为目的进行的旅游形式和旅游活动，以乡村环境为基础，以乡村物质和非物质文化遗产、自然风景和农业活动为核心旅游资源，以城市居民为主要客源市场，以可持续旅游为发展导向。

从乡村旅游的开发研究来看，伴随着乡村旅游的繁荣发展，国内一部分学者相继对乡村旅游的开发模式进行了丰富的案例研究。黄亮等（2006）以西双版纳傣园为例，提出了少数民族文化生态旅游开发模式，揭示出应当深入挖掘少数民族文化，以更好地顺应文化旅游、生态旅游的发展势头，从而进一步促进村寨的全面建设。黄成林（2003）以黄山市乡村旅游开发为例，对黄山市乡村旅游进行了优劣势的分析，提出了促进乡村旅游发展的相关措施。张树民等（2012）总结归纳了国内乡村旅游的开发模式，主要有需求拉动型、供给推动型、中介影响型、支持作用型和混合驱动型五种开发模式。

从乡村旅游可持续发展来看，国内学者对乡村旅游的可持续发展进行了不

断的探索。杜江等（1999）指出，乡村旅游的可持续发展应当包括经济、生态、文化、社会四个方面，实现经济增长的前提是资源有效利用和保护生态平衡，实现社会和文化的可持续发展应当要以提高当地居民的文化认同作为主要手段。何景明（2005）通过以成都市"农家乐"乡村旅游发展为例，分析了我国城市郊区乡村旅游的发展，提出创新开发模式和加强政府对"农家乐"的引导规制是实现乡村旅游可持续发展的重要保障。孙泽笑等（2019）强调了发展理念和经营方式对生态脆弱区乡村旅游可持续发展的影响作用，并提出从带动作用、经营环境、培训力度等方面提升乡村旅游可持续发展水平的对策。

（二）国外相关研究

国外关于乡村旅游的研究开展比较早，发展较快，研究领域较为宽泛。乡村旅游最早在 19 世纪中叶的欧洲开始兴起，随着乡村旅游的热度不断提高，到 20 世纪后期，乡村旅游进入迅猛发展时代，研究内容主要包括乡村旅游的概念、乡村旅游的驱动机制、乡村旅游的发展模式以及乡村旅游发展影响等。

从乡村旅游的概念来看，国外学者由于不同的学术背景和研究角度，对乡村旅游概念也有不同的界定。例如，德国乡村旅游专家凯文（Kevin，2005）主要从农业旅游出发，认为乡村旅游是当地村民为旅行者提供各种接待、住宿和饮食等服务，满足其对农村田野、园林、牧场和农场等美丽自然环境的欣赏，推动其参加农事体验等对身心健康有益的各种项目的活动。威廉姆（William，2005）认为，乡村旅游是以乡下自然观光地为基础的观光活动，具有自然性、乡村性、传统文化等特点。

从乡村旅游的驱动机制来看，对乡村旅游的需求是乡村旅游快速发展的关键。城镇居民想要逃避城市的压力，内心渴望回归乡村，将乡村作为其休闲消遣的目的地是满足回归乡野、放松身心、体验生活的主观需求；但同时，乡村旅游也给当地带来了显著效益，如增加了当地农民收入、提高了当地经济发展潜力、改变了传统的生产生活方式等，在供给方面具有明显的拉力。弗雷舍赫（Fleiseher，1997）认为，乡村旅游的发展取决于市场需求，发展乡村旅游可以拓宽农民获得经济来源的渠道。

从乡村旅游发展模式来看，一些学者（Donald，2004；Tobgay，2006；Borut，2006）从社区参与的角度研究乡村旅游发展模式的问题，认为在乡村旅游发展模式中，社区参与是重要因素。汉纳（Hannah，2003）总结了法国、德国、奥地利、意大利、丹麦、挪威、威尔士、爱尔兰、加拿大、瑞典等地乡村旅游的发展模式。在乡村旅游开发战略研究中，埃利斯（Ellis，1998）指出，扎根于乡村是乡村旅游的本质。乡村旅游发展的策略要以乡村生活方式为基础，具体发展类型多种多样。从乡村旅游的影响来看，国外很早就有学者指出发展乡村旅游对乡村生产生活的影响就好比是一把双刃剑，既有积极影响，也有消极影响。费雷舍赫（Fleischer，2000）指出，小规模旅游是乡村经济发展的一种有效形式，可以产生可观的回报。贾科（Jarkko，2007）则指出，在西方国家传统经济下滑的背景下，芬兰开展的国家主导的乡村旅游发展战略势必会因盲目扩张的目标和期望给乡村地区带来巨大的挑战。

二、乡村旅游高质量发展的相关研究

（一）乡村旅游高质量发展内涵的相关研究

欧洲联盟（EU）和经济合作与发展组织（OECD）将乡村旅游界定为发生在乡村的旅游活动，其中乡村性是乡村旅游整体推销的核心和独特卖点。当前，国外学者对乡村旅游发展内容方面的研究主要集中在市场营销（Pato and Kastenholz，2017）、可持续发展（Cucari，2019）、资源质量（Hyun No Ki，2018）、旅游动机（Park and Yoon，2009）等方面，而关于高质量发展的研究相对较少。

针对旅游高质量发展的内涵，国内学者各有见解。吴儒练（2022）提出了两种解析：三量并进说、五大系统说。其中，三量并进说包括做优存量、扩大增量、提升质量；五大系统说包括创新、协调、绿色、开放、共享。具体而言，创新是旅游业高质量发展的核心动力，协调是旅游业高质量发展的内在要求，绿色是旅游业高质量发展的普遍形态，开放是旅游业高质量发展的必由之路，共享是旅游业高质量发展的价值导向。舒伯阳和蒋月华（2022）提出，乡村旅游高质量发展要全面落实新时代五大发展理念，以生态化、智慧化、文化赋能、产业优化为基础，实现乡村经济、社会、生态等各方面的长期、健康、可持续发展。吴彦辉（2021）认为，乡村旅游高质量发展在宏观、行业和企业层面都具有重要性。乡村旅游业的高质量发展意味着全面可持续发展、产业转型的现代化发展，以保持企业产品质量的可靠性和持续创新。崔健和王丹（2021）从价值论、情境论、建构论等视角，指出高质量的乡村旅游开发就是在绿色发展理念的推动下，旨在实现农村经济、社会、生态协调以及可持续发展的一种新型发展模式。

（二）乡村旅游高质量发展评价的相关研究

国内学者对于乡村旅游高质量发展的评价，主要运用 IPA 分析法、层次分析法、熵值法等方法；在研究区域上，涵盖省级、市级等不同级别，分别对乡村旅游发展水平、乡村旅游发展主要障碍因素等进行系统分析研究，并提出相应的对策建议。罗文斌和雷洁琼（2020）以 584 份游客有效问卷为研究数据，通过探索性因子分析提炼乡村旅游景观维度，对景观重要性和景观满意度感知特征进行分析，最后运用 IPA 分析法对乡村旅游景观高质量发展进行了定量评价研究。李妍（2020）运用层次分析法对浙江省乡村旅游资源可持续发展评价体系进行了分析，并计算指标体系权重，在此基础上通过浙江省乡村休闲旅游分类体系对浙江省乡村旅游资源进行区划研究，从可持续发展的角度对浙江省乡村旅游的高质量发展进行了分析。韩赟婧（2021）选取了 22 个三级指标构建顺平县乡村旅游高质量发展评价体系，并通过熵值法计算得到六个县乡村旅游高质量发展水平综合得分，有针对性地对顺平县乡村旅游高质量发展途径给出相应建议。谢震（2021）选取武汉市城郊六区为研究对象，通过构建乡村旅游高质量发展评价体系，分析各区乡村旅游发展质量水平，发现所存在的问题并提出相应对策，探索武汉市城郊六区乡村旅游的高质量发展之路。李谦（2023）考察了安徽省乡村旅游发展现状及存在的主要问题，利用熵值法构建乡村旅游高质量发展评价模型，测算乡村旅游高质量发展综合指数，对安徽省乡村旅游高质量发展的时间演变和空间差异进行分析，并有针对性地提出了促进安徽省乡村旅游高质量发展的对策建议。

（三）乡村旅游高质量发展对策建议的相关研究

国外学者对于乡村旅游发展方法、策略的研究较为丰富，涵盖政策、市场、产品、规划、文化等多个方面。埃欧内拉（Ionela，2015）通过对罗马尼亚阿尔巴县的乡村旅游进行分析，指出政府干预下的发展规划、非政府组织的介入等是保障乡村旅游可持续发展的重要手段。埃尔南德斯（Herndndez，2016）对加泰罗尼亚的乡村旅游目的地与其他类型旅游目的地进行对比分析，指出乡村旅游虽与其他类别的旅游有兼容性，但仍要进行区别对待，应采用独特的开发模式和进行特色推广，以此提升乡村旅游地的竞争力。普林斯等

（Prince et al.，2017）对冰岛赫马村的研究发现，志愿者、游客和当地居民之间的文化交流对乡村旅游的发展至关重要，可以帮助群体认识到可持续发展的复杂性，协调环境保护和社会发展之间的矛盾。阿多恩（Adorn，2019）以法国加纳乡村社区为研究对象，探讨了文化和传统在乡村旅游中的重要性，认为旅游、文化、艺术等相关部门在旅游规划开发中必须考虑当地人及其文化传统，以促使当地人积极参与乡村旅游发展。

国内学者则是根据研究区域的特色以及存在的问题，对提高研究区域的乡村旅游高质量发展提出了不同的建议。李剑（2022）通过对绵竹市乡村旅游高质量发展的研究，指出绵竹市的乡村旅游发展存在设施陈旧、生态环境受损、创新力度不足、运营不够合理、乡土文化受到冲击、区域品牌影响力小、同质化严重、专业人才缺乏、参与不足等问题，并在此基础上提出了相应的建议。陈月明和李嫦（2021）认为，乡村旅游应遵循市场化、乡土化、可持续的发展原则，促进乡村旅游多元化发展，实现乡村旅游业与农业等行业的发展。殷章馨和唐月亮（2021）以长株潭城市群为案例进行研究，提出从客源需求、资源禀赋、支持条件、产业效益四个角度促进乡村旅游高质量发展。何海洋（2021）认为，乡村旅游的发展应当注重结合当地的特色，创新民俗表现形式，完善基础设施建设，强化旅游人才队伍，引入大数据研究等，以促进乡村旅游高质量发展。同时，他还提出供需平衡、文旅融合、绿色发展、产业升级这四个方面是乡村旅游高质量发展的重点，且旅游产品的有效供给是乡村旅游高质量发展的核心。

三、乡村旅游资源评价的相关研究

乡村旅游资源评价是旅游资源评价中的一个特别类型，是在对乡村旅游资源分类调查的基础上，按照一定的标准进行分类评价，对旅游资源的数量、等级、规模、开发前景等进行可行性评估。近年来，一些学者从不同的角度开展了研究，如于洪贤等（2007）建立了乡村旅游资源评价模型，对三江自然保护区进行评价，得出三江自然保护区具有乡村旅游开发价值；张晶等（2007）运用层次分析法对贵州省乡村旅游资源进行评价，准确遴选出具有开发潜力的村寨；林雄斌等（2010）运用层次分析法对宁波市乡村旅游资源进行评价，指出乡村旅游资源的价值排序首先是观赏价值，其次是宗教文化，最后是生物多样性。

唐黎等（2014）以福建省漳州市长泰区山重村为研究对象，从乡村旅游资源价值、环境氛围、开发条件三个方面，选取乡村聚落、乡村建筑、乡村历史、乡村民俗、乡村山水风光、乡村田园风光、科学考察价值、安全性、卫生状况、植被覆盖率、旅游环境容量、区域经济发展水平、可进入性、旅游服务、基础设施及客源市场等作为主要评价指标，构建了多层次结构模型，并运用层次分析法进行乡村旅游资源综合评价。

刘小琴（2014）以福建省乡村旅游资源作为旅游业开发的研究对象，以整个福建省作为地域研究单元，以整合和优化福建省内乡村旅游资源为研究目标，研究指出乡村旅游资源是乡村旅游业发展的重要依托和基础。何静（2018）立足河南省乡村旅游资源，结合其特色进行资源分类并对乡村旅游资源进行评价，以期为河南省开展"旅游扶贫"工作、大力发展乡村旅游产业提供借鉴及参考。张东月（2019）对河南省洛阳市乡村旅游资源进行分类及评价研究，综合分析洛阳市乡村旅游资源禀赋。闫会敏等（2022）以山东省梁山县为研究对象，运用层次分析法，结合梁山县乡村旅游发展的现状，对影响梁山县乡村旅游发展的因素进行定量分析，并建立了梁山县乡村旅游资源评价指标体系。蒲利利等（2022）以甘肃省兰州市为例，从资源价值、环境因素和接待条件三个维度构建包含文化性等25个评价因子的评价指标体系，采用层次分析法和模糊认知度综合评价法对乡村旅游资源开展了综合评估。蒋礼琛等（2022）对四川省广安市31处乡村旅游资源进行了梳理分类、评价计分和等级划分，在总结广安市乡村旅游资源类型及数量、总体特征和空间分布特点的基础上，提出了对策与建议。

四、乡村旅游空间格局的相关研究

国外学者对旅游空间格局的研究兴起于20世纪60年代，最早将空间分析应用在旅游研究领域的国外学者是提出中心地理论的克里斯泰勒。随着乡村旅游相关研究的日渐完善以及研究案例的地域范围从单一景区转向综合区域，旅游空间格局逐步成为国外学者研究的热点。米欧赛克（Miossec，1976）和格姆森（Gormsen，1981）尝试将传统的区位论应用到对游客的行为和类型与旅游者地理空间分布结构关系的研究中，分析探讨了旅游地的空间相互作用和旅游地空间结构演化规律等一系列问题。布瑞顿（Britton，1980）和伦德格润（Lundgren，1982）将旅游区域从空间结构上分成了核心和边缘两个区，提出核心区对边缘区具有明显的带动作用，而边缘区的发展则受到核心区发展的直接影响。古思（Gunn，1988）把旅游目的地作为研究对象，认为从空间格局视角来看，目的地、客源地和交通等构成了一个完整的系统。凯特林（Kathryn，2003）也将旅游目的地作为研究对象，并以新西兰为例，分析总结了旅游目的地在空间演化上的规律和影响其空间分布的因素。

20世纪90年代，国内学者对旅游空间结构展开大量研究，研究的范围从全国层面、省域层面、市域层面到县域层面。随着国内乡村旅游迅猛发展，关于乡村旅游时空格局的研究已成为学者研究的热点。秦学（2008）通过分析相关资料，提出国内乡村旅游空间分布主要有四个特点：乡村旅游空间结构仍处于初级形态阶段，乡村旅游的空间分布形态差异较为显著，发展相对发达的区域有三个，东、中、西部乡村旅游发展不平衡；同时，提出了从宏观层面形成全国性乡村旅游空间网络、从中观层面构建区域性乡村旅游空间体系、从微观层面优化乡村旅游目的地空间结构的优化策略。李伯华等（2016）对湖南省星级乡村旅游地的空间分布模式和影响因素进行了分析，指出乡村旅游地分布的影响因素主要有地域特色发掘因素、区域优势互补因素、区域交通达到因素等。王婷（2016）对四川省乡村旅游资源的空间结构进行了研究，指出在优化乡村旅游空间结构时，要结合地区特点，适应空间结构现状，综合考虑交通条件，实现区域利益统一化。张杰等（2021）以湖南省五星级乡村旅游区作为研究对象，研究探讨了湖南省五星级乡村旅游区的空间分布特征和影响因素，认为其在总体上呈现集聚分布的态势，在空间分布上呈现"东多西少"的特点，并发现地形水文、经济社会、交通区位、客源市场、地方政策等因素会影响五星级乡村旅游区空间分布，因此呈现"环山、滨水、围城、沿线"的空间分异格局。

五、旅游地居民幸福感的相关研究

国外大多数与旅游目的地居民幸福感相关的文献关注的是旅游目的地居民的主观幸福感或是旅游目的地居民的生活满意度（Wang et al.，2021）。卡利特纳等（Kaliterna et al.，2014）探究了旅游目的地的质量和目的地居民主观幸福感之间的关系，并将总体幸福感、总体生活满意度以及各具体满意度作为旅游目的地居民主观幸福感的维度。奈杜等（Naidoo et al.，2016）在研究飞地旅游及农业旅游发展对社区居民幸福感的贡献时，仅研究了对社区居民主观幸福感的影响。埃弗勒夫斯等（Ivlevs et al.，2017）在研究国际游客对欧洲国家居民幸福感的影响时，也仅研究了对旅游目的地居民主观幸福感的影响，并将情绪与生活满意度作为旅游目的地居民主观幸福感的维度。比梦特等（Bimonte et al.，2019）则是通过研究旅游目的地居民生活满意度来反映旅游季节性对地中海地区居民幸福感产生的影响，并将具体生活满意度和总体生活满意度作为其维度。

国内大多数与旅游目的地居民幸福感相关的文献关注的是研究旅游目的地居民的主观幸福感或心理幸福感，少数学者根据自身的理解对旅游目的地居民幸福感进行了独有的界定并展开相关研究。黎志逸等（2009）在构建旅游目的地居民幸福指数评价体系时，从幸福的内涵、旅游影响、幸福的源头三个角度对旅游目的地居民幸福感进行了界定。张彦等（2014）在研究主客冲突对旅游目的地居民幸福感的影响时，将主客冲突划分为资源环境冲突、经济利益冲突、生活习惯冲突和认知情感冲突，对旅游目的地居民心理幸福感展开研究。孟雅茹等（2020）以旅游发展为前提，研究新疆旅游地居民幸福感影响因素，指出旅游地居民幸福感是旅游地居民通过自身感觉和认知表现出的对生活总体质量的一种积极、肯定的态度与评价。张燕等（2021）认为，居民幸福感是居民的一种主观感受，是由其所具备的客观条件以及需求、价值、情感等因素共同作用而产生的个体对自身存在与发展状况的一种有关快乐和满足的积极的心理体验。

六、乡村旅游对农户适应性影响相关研究

吴吉林等（2017）对湖南省张家界市四个村庄的传统村落农户进行了调查与访谈。研究结果显示，农户形成了六种生计适应类型，包括旅游专营、旅游主导、旅游参与、务工主导、工农均衡和务农主导。影响农户适应效果的主要因素包括家庭劳动力总数、户主教育水平、房屋面积、家庭储蓄、邻里关系以及种植面积。传统村落的社会—生态系统失衡、政府政策制度以及生计资本是农户适应行为发生的基础原因。生存理性、经济理性和社会理性分别是农户

选择务农、务工和参与旅游生计行为的内在动机，而生计策略和传统观念则是决定农户旅游适应结果的关键因素。吴吉林等（2018）对湖南省湘西州六个传统村落农户的乡村旅游适应性评价及其影响因素进行了研究，结果表明农户适应类型可以划分为全面适应型、文化主导型、认知缺失型、政策缺失型、生态主导型和发展滞后型六种，农户总体适应程度由高至低依次排列。蒋焕洲等（2020）对贵州省重点乡村旅游地（黔东南州四个村庄）的农户生计适应力进行了测量研究，结果显示乡村旅游地农户的生计模式主要分为五种，即旅游专营型、旅游主导型、兼业旅游型、务工为主型和务农为主型；乡村旅游地农户倾向于农旅兼营，农户生计适应性值处于中等水平，总体表现为一般适应，存在较大的提升和改进空间；乡村旅游地的发展对民族村寨原生村落社会生态系统的稳定性造成了干扰，但在一定程度上促进了景区基础设施和现代服务设施的建设。邓楚雄等（2019）对农户生态适应性的研究结果表明，农户生态适应性主要受生活垃圾处理方式、村委会环保宣传活动程度、村庄垃圾和污水处理方式、家中参与旅游服务的人数、外出主要交通工具、从乡村旅游获得的收入比例以及生态政策知晓度等因素的影响；农户的生态适应性表现出明显的空间特征；经济理性是农户生态适应性产生并出现差异的根本原因。何旭等（2019）对乡村农户旅游适应影响因素的研究结果表明，旅游发展机会认知、技能培训机会、社会联结度、劳动力总数、政策知晓度、旅游就业人数、收入来源种类、生活主要能源、受教育程度、公共服务设施是农户主要旅游适应性影响因素。张春友等（2019）对农户参与乡村旅游扶贫适应性评价指标体系的研究结果表明，对农户参与乡村旅游扶贫适应性影响最大的是经济适应性因子，影响最小的是生态适应性因子；对乡村旅游扶贫政策的了解度、年旅游收入、家庭成员从事乡村旅游的意愿度以及对游客的欢迎度的综合权重较大，传统节庆活动的参与度、使用清洁能源程度的综合权重较小；总体评价为较为适应，但综合得分值较低。

七、游客感知在乡村旅游高质量发展方面的相关研究

国外学者对乡村旅游的高质量发展进行了深入研究。斯库拉斯等（Skuras et al.，2007）指出，乡村旅游服务不仅满足了消费者对传统旅游服务的广泛需求，如放松、娱乐、舒适和参与体育活动，还超越了这些需求。乡村旅游的

发展在很大程度上依赖于文化的重新评估和定位，以实现旅游服务差异化，并在激烈的市场竞争中脱颖而出。优质产品和服务的特征包括可搜索性、体验性和信任度。苏玛利亚迪（Sumaryadi，2021）从游客满意度的角度出发，运用问卷调查法和 AMOS23.0 版结构方程建模技术验证了假设，强调了提升游客满意度对于实现旅游目的地高质量发展的重要性。马利亚纳等（Mariana et al.，2013）提出，应基于游客的感知对相关指标进行评估和分析，并根据分析结果制定相应的政策，以促进乡村旅游高质量发展。

　　国内学者也对乡村旅游高质量发展进行了广泛研究。曾丽艳等（2020）采用 IPA 分析法，以游客感知为视角，选取 12 项指标对湖南省株洲市农村地区的旅游地进行了实证研究，并对其优势和劣势进行了分析，进而提出株洲市乡村旅游高质量发展策略。韩赟婧（2020）构建了河北省顺平县乡村旅游高质量发展指标体系，选取了六个维度和 22 个三级指标，识别了顺平县乡村旅游高质量发展过程中的问题，并提出了相应的提升路径。韩梦婕等（2024）研究了数字化背景下乡村文旅的高质量发展，并以浙江省部分乡村为例，提出了相应的建议。温钰婷等（2023）基于网络文本分析了天府旅游名村吸引力的游客感知，利用 ROSTCM6 软件分析了名村旅游吸引力相关的高频词、社会网络和语义网络，揭示了天府旅游名村对游客产生吸引力的主要因素，为提升天府旅游名村品牌吸引力提供了策略依据。金琳琳（2023）通过对游客感知理论和已有文献的研究，构建了民族地区乡村旅游质量六维概念模型，以广西龙胜大寨村、贵州雷山西江村、云南西双版纳曼听村为研究对象，通过问卷调查获取有效数据，进行了探索性因子分析和验证性因子分析，证实了旅游质量的"多维性"，并从游客感知角度探讨了旅游质量的贡献因素，为提升民族地区乡村旅游质量提供了理论依据。张靖萱（2022）通过问卷调查及面对面访谈相结合的方法，结合定性分析与定量分析，重点研究了乡村旅游游客感知服务质量及游客满意度，并有针对性地提出了乡村旅游发展策略。

八、耦合理论在旅游领域应用的相关研究

　　王昌森等（2019）通过对美丽乡村与乡村旅游耦合协调发展机制的深入分析，构建了二者耦合指标体系及耦合协调模型，并基于实证分析结果，提出了促进山东省青岛市美丽乡村建设和乡村旅游优质协调发展的策略。于洪雁等

（2020）对中国31个省（区、市）旅游供需耦合协调发展的空间差异及驱动机制进行了研究。李凌雁等（2020年）、吴磊等（2019）从不同视角对旅游与交通发展的耦合性及协调格局进行了实证研究。曹芳东等（2021）以江苏省为例，基于流空间视角研究了高速公路流与景区旅游流的空间关系及其耦合协调发展路径。杜岩等（2022）对山东省17地市乡村旅游高质量发展与乡村振兴耦合协调关系进行了研究，并提出了二者协调发展路径。周彬等（2019）以内蒙古自治区为例，采用耦合度模型测算耦合协调度，并运用Logistic模型对其2016～2025年的耦合协同发展情况进行了预测。符莲等（2019）提出喀斯特区域旅游业与生态环境耦合协调发展程度直接影响目的地旅游产品效应的可持续性，对喀斯特区域旅游业可持续发展与生态建设具有科学的理论指导意义。董文静等（2020）通过研究分析指出，2008～2018年山东省乡村振兴与乡村旅游整体经济发展水平呈上升趋势，但乡村旅游发展增速较乡村振兴缓慢，表现为乡村旅游滞后式发展，乡村振兴与乡村旅游尚未形成协调发展模式。

在旅游系统与外部系统间的耦合研究方面，盖尔等（Gal et al.，2010）较早探讨了以色列旅游业与农业化进程之间的耦合发展过程。一些学者对旅游业与区域经济发展耦合关系进行了分析（Cheng and Zhang，2020；Liu and Chen，2020；刘丹丽等，2018）。徐琼等（2020）对中国31个省（区、市）旅游资源与生态环境耦合协调时空演变进行了分析。有学者研究了黑龙江省旅游发展、新型城镇化与生态环境三者之间的耦合协调度时空差异（Zhang and Li，2021）。还有一些学者（Zhang et al.，2021）基于多维模型比较法分析了重庆市旅游发展与生态环境的耦合协调度及障碍因素。洪学婷等（2020）实证研究了长三角地区26个城市文化资源与旅游产业耦合协调及补偿机制发展策略。谢静欣（2021）通过构建乡村旅游与农业多功能系统指标体系，对福建省乡村旅游与农业多功能耦合协调发展状况进行了实证分析。王兆峰（2022）以大湘西地区为例，构建了公路交通网络与乡村旅游发展综合评价指标体系，运用交通优势度模型和耦合协调度模型对大湘西地区公路交通与乡村旅游发展耦合协调状况进行了实证分析。邹剑峰（2023）运用物理学耦合机制构建了地区生态环境与旅游经济协调发展评价指标体系，并利用该评价体系进行了Y城市生态环境与旅游经济协调发展的评价实证分析。殷章馨等（2023）综合运用修正后熵值法、耦合协调模型和 Tobit 模型，探索了西部地区旅游经济发展与农村民生改善的耦合协调时空演化及其影响因素。王镜（2023）将丝绸之路经济带沿线九省（区、市）作为研究对象，构建了数字经济与旅游经济耦合协调评价指标体系，为持续推进"数字丝绸之路"提供了参考。陈添珍等（2023）以系统耦合理论为指导，在共同富裕背景下聚焦于旅游职业教育与乡村旅游两大子系统，深入探讨了两者之间的耦合机制及耦合路径。

综上所述，近年来，耦合（协调）理论在旅游领域得到了较为广泛的应用，为解决旅游内外部系统协同优化发展提供了重要的理论指导。然而，从现有研究来看，旅游业与乡村发展之间的耦合协调问题尚未得到充分的关注，相关研究亟须进一步加强。

第三节　乡村旅游和乡村振兴相关研究

一、乡村旅游助推乡村振兴相关研究

（一）国内相关研究

旅游业在连接地理区域、特色产业、生态环境资源与外部交易市场方面发挥着桥梁作用，对于稳定经济增长、扩大内需、增加就业机会、减少贫困现象、改善民生具有显著影响，被视为区域经济增长的催化剂。其对经济发展的溢出效应和促进生产要素流动的乘数效应，对区域发展与振兴具有直接和潜在的贡献，是系统性解决"三农"问题最直接、最有效的手段之一。蔡克信等（2018）提出，乡村旅游作为实现乡村振兴的重要手段和途径，受到各级政府的高度认可。马瑛等（2021）构建了乡村旅游助推乡村振兴的绩效评价体系。向富华等（2018）指出，产业、资源和政策效益的系统结合表明乡村旅游在乡村复兴中扮演着不可或缺的角色，是实施乡村振兴的关键交叉点。宋瑞（2018）认为，旅游助力乡村振兴应将出发点和落脚点放在农民身上，使农民更深入地参与乡村旅游建设，以旅游强化农业、以旅游富裕农民，助力乡村人才振兴。张碧星等（2019）指出，发展乡村旅游产业是加速实现乡村振兴的关键所在，但由于农村地区的资源和环境影响，乡村旅游产业发展呈现"S"

形曲线，发展过程的每个阶段都需要采取适当的措施。卢可等（2019）通过对现阶段乡村旅游的研究指出，在乡村振兴的视角下，乡村振兴和乡村旅游存在一定的依存关系，乡村旅游可以解决当地农业经济问题，同时促使人们保持民俗文化，建设美丽乡村，从而促进农业、旅游业的融合发展，使乡村地区得到可持续发展，实现振兴。孙九霞等（2020）指出，旅游发展为乡土空间重聚发展主体，将各类经济生产要素注入乡村，实现乡村在经济层面的产业结构多元化和空间多功能化，在文化层面的物质文化保存与修复和精神文化的调适与再造，在治理层面的内生自组织治理优化和网络治理的构建与深化，以有效缓解甚至逆转乡村多重危机；同时，旅游发展在推动乡村各层面发展的过程中释放乡村居民的自主性，构建地方和外部力量的互动场域，共同推动乡村实现"新内生性发展"和持续振兴。陆林等（2019）指出，探明旅游与乡村振兴的内在联系及互动机制、揭示旅游对乡村人地关系系统的作用过程和机制是乡村旅游引导乡村振兴的主要问题。李志龙（2019）对乡村振兴与乡村旅游的相互关系及作用机制进行了分析，认为乡村地域系统中的乡村振兴子系统与旅游业子系统存在相互作用、相互影响的关系，形成了一个有机的耦合整体。项晓艳（2019）研究了全域旅游对县域乡村振兴的驱动机理与实践路径。胡楠（2019）在乡村振兴的背景下，探讨了实现农业现代化的有效途径，认为发展乡村旅游是实现农业农村优先发展和乡村振兴的关键。李荣（2020）认为，乡村旅游有助于乡村振兴战略的实施，促进农业资源的恢复，改善乡村生态环境，传播乡村当地文化，增加农民收入。向延平（2021）分别从"三农"视角、生产要素视角、效应导向视角、目标导向视角探讨了乡村旅游驱动乡村振兴的内在机理，并从乡村生产、生活、生态、人力、组织等方面构建了旅游驱动乡村振兴的动力机制。麻学锋等（2020）基于自适应理论，从产业转向、管理转向、空间转向三个维度对张家界武陵源区旅游驱动乡村振兴的一般机制及实践路径进行了探讨。邓小海（2021）提出了乡村旅游发展动力转换的实现路径：从政府主导转向市场主导、从要素驱动转向创新驱动、从单一动力转向综合动力，以助力乡村从"脱贫"迈向"振兴"。陈月明等（2021）视乡村旅游为实现乡村振兴战略目标的关键途径，认为其能够显著改善农村环境质量、促进乡村旅游经济的发展，并为乡村振兴提供新的发展空间，对巩固精准扶贫成效具有重要意义。李晨（2021）基于乡村旅游可持续发展的基本理论，分析了山东省济南市乡村旅游的现状及存在的问题，并提出了针对性的建议，为济南市乡村旅游的健康发展及实施乡村振兴战略提供了思路。李明洋（2022）以辽宁省大连市旅顺口区小南村为研究案例，探讨了乡村旅游在乡村振兴背景下的发展现状、经验以及相应的乡村振兴政策，为乡村旅游的发展提供了新的视角，并为实现共同富裕探索了一种新的发展模式。刘少华（2022）指出，对于广阔的乡村地区，发展乡村旅游可以助力乡村振兴，能够有效地带动中国乡村经济、社会、环境和文化等发展，推动农村脱贫。张涛（2022）采用"一般个别"演绎法，通过构建农牧区乡村旅游助推乡村振兴的评价指标体系，以青海省农牧区旅游调研数据为基础，利用结构方程模型，探究了青海省农牧区乡村旅游助推乡村振兴的动力机制。陈杰等（2023）通过对乡村旅游推动乡村振兴这一机理的研究分析，探讨了其推动作用及成因，归纳了动力机制和方式路径，指出乡村旅游产业作为乡村地区重要特色产业之一，对美丽乡村建设起着巨大的促进作用，是提高农村经济水平的有效途径，是实现乡村振兴的有力抓手。

（二）国外相关研究

发达国家（地区）的经验表明，旅游业是推动乡村振兴的关键力量。乡村旅游自旅游学诞生之初便成为研究的重要课题，直至 21 世纪初，它才开始作为独立的研究领域（Gartner，2004）。在乡村旅游促进乡村振兴的研究领域，国外学者主要探讨了乡村旅游对乡村经济和社会发展的影响，以及乡村旅游与乡村发展之间的相互关系（Morris and Romeril，1986）。有学者（Jenkins et al.，1993）指出，将旅游和休闲活动与农业相结合，有助于农业社区的经济价值日益增加，并为保护和维护农村环境及景观提供了有效途径。澳大利亚农村地区的旅游政策特点在于被动地应对农村社区寻求新收入的需求，期望通过旅游业促进农村区域的发展，并协助区域经济结构的调整（Morales and Briones，2012）。还有学者（Tortora，2015）认为，无论是直接管理或经营旅游服务，还是从事相关衍生活动，旅游发展均能促进就业。有学者（Njoya et al.，2018）从美丽乡村的视角出发，深入分析了乡村旅游对农村发展的影响力和作用，认为乡村旅游在解决农民就业问题、提升收入、提高农民素质、改善农村基础设施方面具有积极作用。有学者（TatjanaStanovčić，2018）以肯尼亚的极度贫困地区为例，采用 Foster-Greer-Thorbecke（FGT）指数进行研究，指出乡村旅游业对当地经济增长和社会发展具有显著的推动作用。有学者（Prevolšek et al.，2020）认为，公共机构应为乡村旅游的可持续发展制定全面的战略和体制机制，特别是为希望通过创业实现农业活动多样化的农民提供激励、培训和支持，同时促进乡村发展。此外，乡村旅游资源的合理开发和可持续利用是促进当地乡村旅游可持续发展的必要条件，而当地乡村旅游的发展又有利于保护当地旅游资源（Maroto-Martose et al.，2020）。在德国西部和西班牙南部，乡村旅游在项目数量、投资和创造就业机会方面一直特别重要，维护农村地区的景观和文化资源是促进欧洲农村地区可持续旅游的关键问题。

综上所述，国外关于乡村旅游业与乡村振兴关系的研究主要集中在欧美国家，对发展中国家的研究相对较少；在研究方法上，定性研究深入，量化研究规范，值得国内学者借鉴。此外，国外研究倡导多学科融合，跨越学科界限，综合运用农村经济学、乡村地理学、旅游地理学、社会学、统计学等多学科理论与方法进行研究，成果丰富。然而，由于欧美各国（地区）在制度和文化背景上的差异，导致许多研究成果在理论概括和提升方面缺乏归纳性和可比性（张歆梅，2020）。

二、乡村振兴促进乡村旅游发展相关研究

乡村振兴战略的实施为乡村旅游带来了巨大的发展机遇，同时也伴随着一系列挑战。信慧娟（2018）通过深入研究乡村旅游与乡村振兴之间的紧密联系及其作用机制，识别出关键因素，为推动地区乡村旅游与乡村振兴的实践提供了理论依据。她强调乡村振兴与乡村旅游之间的相互促进作用，指出乡村振兴为乡村旅游提供了强大动力，而乡村旅游则为乡村振兴提供了坚实的产业支撑。王丹竹（2020）认为，乡村振兴战略的推进促进了休闲农业和乡村旅游业在更高层次上的发展，并进一步推动了乡村建筑、食品、服装和文化产业等的繁荣。杜岩等（2021）通过研究乡村旅游与乡村振兴之间的耦合关系，为乡村旅游的发展路径选择提供了参考。陈旭红（2020）提出，以实施乡村振兴战略为总抓手，统筹推动农业农村高质量发展，为乡村旅游开发提供参考和借鉴，并提出了七项策略以促进乡村旅游的发展。

第三章 福建省乡村旅游高质量发展的成效和模式

第一节 福建省乡村旅游高质量发展的成效

一、乡村旅游综合效益提升，经济增长明显

乡村旅游是脱贫攻坚的一个重要渠道，旅游扶贫可以通过推进"旅游+"引领一二三产业融合，带动贫困群众实现"家门口脱贫"。乡村旅游提供了更多的就业机会，促进了当地农村居民人均收入的提高，增加了农村居民可支配收入。2019年底，福建省现行标准下农村建档立卡贫困人口全部脱贫，2201个建档立卡贫困村全部摘帽，23个省级扶贫开发工作重点县全部退出。① 福建省乡村旅游经济一直以较高的速度向前发展，根据福建省统计局公布的数据，2019年福建省乡村旅游接待人数达17348.06万人次，比上年增长17.9%；实现乡村旅游收入1252.62亿元，增长21.1%；乡村旅游经营单位吸纳直接就业人数29.58万人，带动间接就业人数267.95万人，拉动农民增收76.35亿元，增长12.9%。受新冠疫情影响，2020年福建省乡村旅游接待人数和收入略有下降。2021年前三季度，福建省乡村旅游接待人数突破1亿人次，实现乡村旅游收入超过600亿元，同比分别增长66.9%和42.1%；2021年，福建省累计接待国内外游客达4.07亿人次，实现旅游总收入4894亿元，分别为2012年的2.38倍和2.49倍，年均增速双双突破两位数，分别达10.1%和10.6%。2022年，福建省文化和旅游系统通过政策帮扶、金融助力、创新营销等举措，

① 摆脱贫困 小康梦圆［EB/OL］.（2021－11－15）. http：//www.fj.gov.cn/xwdt/fjyw/202111/t20211115_5774126.htm.

加快推动行业复苏。2022 年前三季度，福建省累计接待国内游客 3.26 亿人次，实现国内旅游收入 3533 亿元，分别为 2021 年同期的 96.7% 和 89.2%，跑出了市场复苏"加速度"。2023 年春节假期，福建全省累计接待游客 2087.79 万人次，同比增长 25.4%；累计实现旅游收入 136.55 亿元，同比增长 78.0%。按可比口径，这两项指标分别恢复到 2019 年同期的 98.8% 和 102.9%。[①]

（一）金融支持

福建省文旅部门与银行合作，建立对接机制。例如，中国银行福建省分行各级机构与同级文旅部门加强沟通，建立专人对接机制，深入学习乡村振兴、乡村旅游相关政策，明确合作方向、落实合作细节。双方优选项目进行合作，建立乡村旅游项目互荐、联合评审、联合调研等工作机制，聚焦重点县域，建立管理规范、运行有效的乡村旅游项目库。加大信贷投放，为乡村旅游提供全方位金融服务，并在贷款定价、融资期限、服务收费等方面给予优惠和倾斜。推进产品创新，推广乡村旅游特色产品，出台专属金融服务方案。开展综合服务，通过线上线下渠道资源支持优质乡村旅游产品推广，整合乡村旅游产品，为游客提供便捷服务，为乡村旅游产业链相关企业提供综合信息服务。加强培训宣传，为同级文旅部门制定业务指南，做好分支机构业务培训工作，宣传推广具有推广价值的经验、项目、案例。

（二）消费帮扶[②]

福建省积极采购脱贫地区特色农产品，2023 年福建省文旅厅及厅属单位通过"832"平台购买脱贫地区特色农产品共计 78.65 万元，以直接采购方式向挂钩帮扶的永定区购买农副产品 4.7 万元。推动乡村旅游发展，创新文旅消费场景，打造全国乡村旅游重点村镇、省级"金牌旅游村""全域生态旅游小镇"等乡村旅游品牌，组织开展文旅特派员试点工作。强化政策引领，组织实施"清新福建 精彩四季"2023 年文化和旅游消费年行动，出台一系列促消费措施，安排省级财政资金 4210 万元支持培育旅游演艺、音乐产业等文旅融合新业态。推进综合治理，优化文旅消费环境，加大宣传教

---

　　① 福建：跑出市场复苏"加速度" ［EB/OL］.（2023 – 01 – 04）. https：//www.mct. gov. cn/whzx/qgwhxxlb/fj/202301/t20230104_938405. htm.

　　② 省文旅厅积极推进消费帮扶工作 助力脱贫地区文旅经济高质量发展 ［EB/OL］.（2024 – 01 – 19）. https：//wlt. fujian. gov. cn/wldt/btdt/202401/t20240119_6383214. htm.

育，开展"文明旅游，安全出行"系列宣传活动，深化"放心游福建"服务承诺。

二、乡村旅游品牌建设成效显著

近年来，福建省大力发展乡村旅游，全省多个乡村被列入国家文化旅游与乡村建设发展相关名录，形成了众多国家级、省级旅游品牌，提升了福建省乡村旅游的知名度和影响力。

在福建省文化和旅游厅的积极推动下，乡村旅游发展已取得显著成效。2023年，农业农村部公布了"中国美丽休闲乡村"名单，全国共有256个村落获此殊荣，福建省有八个村落名列其中，其中厦门市同安区莲花镇莲花村、泉州市南安市乐峰镇湖内村、漳州市东山县樟塘镇港西村三个村落被评为"农家乐特色村"。2024年，福建省乡村振兴局启动了"五个美丽"典型示范建设点的评选活动，共评选出40个美丽乡村休闲旅游点，其中包含25个美丽休闲乡村示范点、八个美丽水乡渔村示范点、三个美丽森林人家示范点和四个美丽民族特色村寨示范点。截至2024年7月，福建省已拥有49个全国乡村旅游重点村、六个全国乡村旅游重点镇、180个省级"金牌旅游村"和84个省级"全域生态旅游小镇"（见表3-1）。①

三、乡村旅游基础设施日益完善

近年来，福建省各级政府和各有关部门加强村级公共服务中心、乡村旅游停车场、旅游厕所、游客中心、休憩设施等文化和旅游公共服务设施建设，打通乡村断头路、景区瓶颈路，推进等级公路向农村延伸，实现乡村旅游景区点畅通衔接，促进公共文化和旅游设施建设重点向贫困乡村倾斜。与此同时，积极新建游客服务中心，完善城市中心区、重点旅游景区到乡村旅游区（点）之间的旅游道路，全省建成农村公路9.4万千米，实现了"镇镇有干线，村村通客车"。同时，持续实施"四级县道晋级三级""单车道乡道改双车道""较大自然村通硬化路""乡镇便捷通高速"等工程，不断提升农村路网的通达程

---

① 关于2024年福建省"金牌旅游村""全域生态旅游小镇"名单的公示［EB/OL］.（2024-07-30）. https：//wlt. fujian. gov. cn/zwgk/tzgg/gggs/202407/t20240730_6491875. htm.

表3-1　福建省九市乡村旅游品牌

城市	全国乡村旅游重点镇（乡）	全国乡村旅游重点村	福建省金牌旅游村	福建省美丽休闲乡村	福建省休闲农业示范点
福州市	平潭综合实验区君山镇、永泰县嵩口镇、罗源县霍口畲族乡福湖村、永泰县梧桐镇春光村、平潭综合实验区上攀村、平潭综合实验区苏平片区上攀村、平潭综合实验区苏平镇水村、永泰县大章村	闽清县后垅村、晋安区寿山乡九峰村、连江县丹阳镇坂顶村、平潭综合实验区苏平片区国彩村、罗源县白塔乡百丈村、晋安区梅洋村、永泰县寿山乡月洲村、福鼎市硖门畲族乡柏洋村、闽清县塔庄镇坪街村、福清市南岭镇大山村、罗源霍口镇青喦村、连江县潭头镇文石村、长乐区潭头镇新洋村、闽清县塔庄镇莲宅村、连江县丹阳镇坂顶村、福清一都镇普礼村、平潭综合实验区苏平镇红卫村、连江县上街镇侯官村、闽侯县梧桐镇拓演村、福清市苏平镇溪洋村、平潭综合实验区白沙溪洋村、永泰县葛岭镇溪洋村、马尾亭江镇龙泉村、福清市苏平镇白眉村	福清市东张镇道桥村、竹屿村、罗源县斌溪村、长乐区古槐镇屿北村、永泰县同心村、连江县江田镇下湖村、罗源县里乡凯乡玉顶村、连江县赤田黄岐村、永泰县梧桐镇赤石村、连江县丹阳镇赤村、永泰县金亭镇玉瑶村、永泰县观阳村、永泰县金井云镇顶村、闽侯县丹阳镇新洋村、永泰县梧桐镇拓演村、闽侯县鹤上镇君山村、福州市海坛街道东澳村、长乐区猴屿乡张村、福州市南岭镇大山村、罗源县松山镇北山村、晋安区寿山村、金井镇石牌村、金井镇龙井村	福清市陈家湾休闲农业示范基地、福清市惠煌生态农场、闽侯县养心园、罗源县三华农场、阿奇农场、木谷福泰山庄、九八五民宿、月升山庄、丹樱生态园、文连湾生态农业融合农庄、自然基地、九野农园、岚湖山茶庄园、天叶生态园、连江县百胜牛头山休闲农场、飞思农庄、宏盈研学基地

续表

城市	全国乡村旅游重点镇（乡）	全国乡村旅游重点村	福建省金牌旅游村	福建省美丽休闲乡村	福建省休闲农业示范点
莆田市	—	湄洲岛湄洲镇下山村、涵江区白沙镇坪盘村、荔城区西天尾镇后黄村社区	仙游县石苍乡济川村、涵江区中岳村、仙游县度尾镇南下村、秀屿区平海镇平海社区、秀屿区埭头镇兴山村、仙游县游洋镇汀港村、秀屿区埭头镇南兴村、涵洲岛湄洲镇莲池村、涵江区江口镇东大村、荔城区庄边镇泮湖村、涵江区白塘镇双福村、荔城区西天尾镇下坨村	涵江区白塘镇双福村、荔城区埭头镇汀港高镇山前村、秀屿区埭头镇南兴村、仙游县钟山前村、城厢区常太后坊村、仙游县游洋镇天马村、仙游县鲤南镇象林村、仙游县郊尾镇梅洋村、涵江区萩芦乡前溪村、涵江区西苑乡前溪村	仙游县金钟格生态茶庄园、莆田市荔城区中欧文旅小镇、仙游县来洋樱花园、仙游县双桂岩文体园、度尾镇将军山休闲农庄、半岭生文创园
泉州市	惠安县崇武镇	永春县岵山镇大羽村、德化县国宝乡佛岭村、晋江市金井镇南头村、晋江市新塘街道梧林社区	永春县大羽村、德化县五里街镇埔头村、安溪县虎邱镇潘村村、惠安县崇武镇潮乐村、南安市眉山乡观山村、永春县岵山镇和林村、泉港区南埔镇惠屿村、南安市金淘镇占石村、永春县仙夹镇龙水村、安溪县湖上镇坂村、德化县金龙街道祥潭村、石狮市蚶江镇芝镇溪村、晋江市英林斗镇洪内村、永春县锦斗镇	南安市水头镇美林村、安溪县虎邱镇湖坵村、德化县雷峰镇李溪村、安溪县罗岩崎四村、惠安县紫山镇官溪村、永春县玉斗镇白道村、晋江市西坪乡西村村、泉港区涂岭镇樟脚井镇溜江村、安溪县虎邱镇湖坂村、晋江市磁灶镇苏坂村、南安市翔云镇三岭村、安溪县美湖镇美湖村、永春县一都镇卿乡黄岭村、德化县官桥镇九溪村、南安市官桥镇东里村、永春县仙夹镇	安溪县禾山铁观音文化园、有济弘鑫茶庄园、农业观光园、福祥休闲山庄、晋江盛裕休闲茶庄园、德化安娜茶油文化产业园、首佳山庄、大宝峰茶生态首江市吉隆生态体验园、南安市大富琅休闲庄、华农生态休闲农庄、德化县春秋葡萄庄园

续表

城市	全国乡村旅游重点镇（乡）	全国乡村旅游重点村	福建省金牌旅游村	福建省美丽休闲乡村	福建省休闲农业示范点
厦门市	同安区莲花镇	同安区莲花镇军营村、海沧区海沧街道青礁山社区、翔安区金海街道澳头社区	同安区汀溪镇顶村村、翔安区新圩镇面前埔村、同安区汀溪镇古坑村、翔安区香山街道大宅社区大帽山自然村、海沧区海沧街道渐美村、翔安区新圩镇东寮村、翔安区新圩镇古宅村、翔安区新圩镇黄厝村、集美区灌口镇双岭村、同安区五显镇三秀山村	同安区汀溪镇褴头村、集美区灌口镇上陵村、同安区五显镇四林村、海沧区新垵村、翔安区古楼农场、翔安区内厝镇黄厝村、集美区灌口镇双岭村、同安区灌口镇后埔村	美格农艺、田园竹坝、万丰农业研学基地、厦门市集美区文源山农业观光园
漳州市	—	南靖县梅林镇官洋村、长泰县马洋溪生态旅游区山重村、南靖县书洋镇塔下村、平和县霞寨山村、华安县仙都镇大地村、云霄县火田镇前涝村、平和县芦溪镇蕉路村、华安县新圩镇官畲村、华安县高安镇坪水村	云霄县和平乡棪树村、南靖县梅林镇坎下村、平和县霞寨镇高寨村、东山县陈城镇澳角村、诏安县霞葛镇司下村、长泰区岩溪镇珪塘村、南靖县书洋镇下版村、云霄县下河乡坡兜村、诏安县梅岭镇腊洲村、高新区九湖镇新塘村、漳浦县南浦乡后坑村、平和县南胜镇欧寮村	华安县华丰镇高石村、东山县樟塘镇港西村、诏安县霞葛镇坂村、漳浦县官寻镇梅竹村、龙海区海澄镇苍坂农场、长泰区岩溪镇湖珠村、诏安县梅岭镇东门村、长泰区康美镇东沈村、南靖县梅林镇铭村、龙海区浮宫镇东园村、南靖县南坑镇高港村、东文区郭坑镇南高村、龙文区郭坑镇澳角、东山县墩处办事处林溪村、乡城区洋西村、南靖县书洋镇田中村	龙海际都农场、漳浦黄庄、长泰唐末仙源山庄、名峰山休闲生态园、悦泉谷、漳浦天福生态观光茶园、鼎照山生态茶园、猴照山生态园、东南花都、罗汉峰曾香生态园、华安县心奇家庭农场

续表

城市	全国乡村旅游重点镇（乡）	全国乡村旅游重点村	福建省金牌旅游村	福建省美丽休闲乡村	福建省休闲农业示范点
龙岩市	永定区湖坑镇	连城县宣和乡培田村，永定区陈东乡岩太村，武平县万安镇捷文村，新罗区小池镇培斜村，武平县城厢镇云寨村，永定区湖坑镇南江村，长汀县南山镇中复村	永定区湖坑镇洪坑村，武平县城厢镇尧禄村，上杭县古田镇吴地社区，永定区坎市镇下山村，长汀县铁长乡张地村，连城县塘前乡塘前村，城厢镇园丁村，上杭县江山镇山塘村，新罗区江山镇文光村，连城县朋口镇文星村、三洲村，长汀县湖洋镇文光村，连城县庙前镇芷溪村璧洲村	永定区陈东乡古竹村，上杭县古田镇苏家坡村，漳平市溪南镇东湖村，武平县庙前镇水北村，漳平县桃溪镇新礤村，连城县庙前镇岩下村，永定区湖坑镇洪坑村，长汀县策武镇南坑村，武平县城厢镇尧禄村，连城县四堡镇雾阁村，新罗区江山镇山塘村，永定区高陂镇西陂村，长汀县古城镇丁黄村，武平县东留镇黄坊村，连城县前乡塘前村，上杭县古田镇竹岭村	漳平市台品樱花茶园，上杭县犁田果蔬生态园，武平县六甲山庄，漳平市鸿野休闲生态茶庄园，梁野久诺三产融合基地，上杭县备家贵妃农庄，新领航沉浸式休闲游观光园，大溪印象休闲基地，连城县营和合本草，还原生态产业园，武平县松花寨生态茶庄园，回音合生态农庄
三明市	—	泰宁县杉城镇际溪村，尤溪县洋中镇桂峰村，清流县林畲镇，大田县济阳乡济中村，泰宁县上青乡崇际村，沙县区夏茂镇俞邦村，永安市曹远镇霞鹤村	明溪县夏阳乡御帘村，泰宁县梅口乡水际村，将乐县常口村，永安市槐南镇洋头村，建宁县均口镇修竹村，沙县区凤岗街道水美村，尤溪县梅仙镇半山村，建宁县溪源乡上坪村，尤溪县列西街道湴溪村，三元区中村乡顶太村，宁化县曹坊镇下曹村，清流县赖坊镇东坑一村，三元区列西曹一村，清流县嵩溪镇尤墩村，将乐县城镇胜利村，明溪县胡坊镇肖家山村，三元区洋溪镇连茂村	沙县区夏茂镇前邦村，三元区中村乡顶太村，将乐县南口善乡池潭村，三元区莘口镇西际村，泰宁县开善乡池潭村，永安市西际村，清流县李家乡鲜水村，三元区陈大镇大源村，宁化县贡川镇谢坊村，永安市安乐村，宁化县朱口镇王坑村，大田县建设镇建忠村，宁化县贡阳乡将上村，沙县区南阳乡大基口村	桃衣源生态农业观光园，乐野小镇，翰森泉森林康养基地，梦园茶旅苑

续表

城市	全国乡村旅游重点镇（乡）	全国乡村旅游重点村	福建省金牌旅游村	福建省美丽休闲乡村	福建省休闲农业示范点
南平市	—	政和县石屯镇石圳村，武夷山市五夫镇兴贤村，建瓯市小松镇湖头村，武夷山市星村镇黄村，邵武市和平镇和平村	武夷山市下梅村，邵武市金坑乡金坑村，浦城县富岭镇大水口村，政和县星溪乡念山村，武夷山市五夫镇五一村，政和县外屯乡稠岭村，邵武市水北镇一村，松溪县祖墩乡双前村，光泽县止马镇杉关村，政和县澄源乡新康村，松溪县祖墩乡岭下村，顺昌县大干镇来布村，浦城县富岭镇双同村，黄坑镇长见村，光泽县鸾凤乡油溪村，松溪县茶平乡吴山头村	政和县外屯乡稠岭村，武夷山葛墩村，建阳区小松镇湖头村，建瓯市水北镇龙斗村，光泽县鸾凤乡锦屏村，屏南县腰乡锦屏村，政和县星溪乡黄墩村，武夷山市止马镇杉关村，光泽县黄坑镇勋地村，武夷山市鸾凤乡大富村，延平区正台镇溪后村，光泽县星村镇黎前村，延平区大横镇博爱村，光泽县高阳乡，顺昌县岚谷乡横墩村，武夷山市茶平乡	政和县罗金山休闲山庄，延平区康农家庭农场，松溪县映山红休闲农庄，松溪县龙源茶庄园，武夷山市大自然生态园，武夷香江茗苑，建瓯市陶然农庄，建瓯市迪鲍生态小院，华至休闲农庄，松溪万通百年蔗休闲农庄
宁德市	—	寿宁县下党乡下党村，寿宁县犀溪镇西浦村，福安市溪潭镇廉村，屏南县熙岭乡龙潭村，古田县城东街道桃溪村，福鼎市磻溪镇赤溪村，霞浦县三沙镇东壁村	屏南县代溪镇北乾村，周宁县七步镇苏家山村，屏南县寿山乡寿山村，古田县卓洋乡前洋村，周宁县，福鼎市沙埕镇小白鹭村，霞浦县溪南镇半月里村，福安市穆云畲族乡虎头村，柘荣县城郊乡靴岭尾村，福安市城郊乡渡头村，屏南县寿山乡新华村，霞浦县七步乡洋村，福安市坦洋村，蕉城区八都镇猴盾村	蕉城区八都镇猴盾村，福安市咸福村，柘荣县黄柏乡上竹洋村，福安市夷山乡半岭村，蕉城区石后乡上坪村，寿宁县武曲镇承天村，柘荣县石山坂村，霞浦县富溪镇霞洋村，蕉城区八都镇洋头村，福安市城郊乡靴岭尾村，福鼎市硖门乡渔井村，蕉城区，福鼎市太姥山镇金涵畲族乡上金贝村，柘荣县宅中乡西坪村，山镇激城村，宁德市太姥山景云门村，福安市坂中畲族乡南岸村	白马山有机茶庄区，古田银来山景区，寿宁县绿安农旅融合产业园，山野草堂，古西青创庄园，霞浦玉潭樱花谷，福建大姥山景蓝休中备园

资料来源：笔者根据福建省文化与旅游厅公布的信息整理。

度，加快建设城乡客运一体化和县、乡、村三级物流网络体系。如今，福建省超过60%建制村通双车道公路，超80%陆域乡镇可在30分钟内上高速公路。"十四五"期间，福建省将新改建农村公路5000千米，实施生命防护工程5000千米，改造桥梁500座，持续推进"四好农村路"高质量发展。[①]

四、乡村旅游产品体系不断完善

福建省致力于打造"全福游、有全福"品牌，并着力于构建营销、公共服务、产业产品三大体系，以加速文化和旅游的深度融合，推进文化和旅游领域的供给侧结构性改革，助力实现高质量发展的目标，促进新时代新福建的建设。近年来，福建省乡村旅游迅猛发展，形成了包括现代农业园区、休闲农业、森林公园、生态农庄、村落乡镇、休闲度假、科普教育、温泉浴、民俗风情体验等多种类型的产品，进一步完善了乡村旅游产品体系（见表3-2）。

表3-2　　　　　　　　　　　福建省乡村旅游类型

类型	项目示例	功能
农业园区型	福州农业科技园区、安溪县现代农业产业园、建宁县现代农业产业园、平和县现代农业产业园、古田县现代农业产业园	集农业生产、科技示范、休闲观光、教育体验等功能于一体。在这种模式下，游客不仅可以欣赏乡村的自然美景和田园风光，还可以参与到农业活动中，如采摘、种植、养殖等，体验农耕文化。同时，农业园区型乡村旅游还包括乡村美食体验、农产品直销、乡村手工艺品制作等内容，使游客能够全方位地感受和了解乡村生活和农业文化
休闲农业型	弘鑫茶庄园、有济农业观光园、漳平台品樱花茶园、安溪溪禾山铁观音文化园、上杭县犁田果蔬生态园、宁德白马山有机茶庄园	包括农家乐、休闲农庄等，以农业生产、农村风貌、农家生活、乡村文化为基础，开发农业与农村多种功能，提供休闲观光、农事参与和农家体验等服务的新型农业产业形态

---

① "十四五"期间福建将新改建农村公路5000公里［EB/OL］.　（2022-09-16）. http：//jtyst. fujian. gov. cn/zwgk/jtyw/mtsy/202209/t20220916_5995207. htm.

续表

类型	项目示例	功能
森林公园型	董奉山国家森林公园青山村、武夷山国家森林公园南源岭村、九龙谷国家森林公园常太镇溪南村	以森林风光为主题，结合渔、果、花和菜等，实现返璞归真的体验和休闲度假等功能
生态农庄型	白沙湾生态农庄、欣隆生态农庄、康顺生态农庄	依托当地良好的绿色生态空间、丰富的植物群落，以及优良的空气，开发生态休闲旅游
村落乡镇型	龙岩培田村、福州梁厝古村、宁德寿宁斜滩古镇	以古寨宅院建筑和新农村建设格局为亮点，开发特色观光旅游
休闲度假型	贵安新天地休闲旅游度假区、永定客家文化旅游度假区、连城冠豸山旅游度假区、火山岛旅游休闲度假区、上杭古田旅游度假区	依托优美的乡野风景、舒适宜人的清新气候、环保的生态，结合周围的田园景观和民俗文化，兴建休闲、娱乐设施，为游客提供休憩、度假、娱乐、餐饮、健身服务
科普教育型	永春县牛姆林省级自然保护区、莆田常太九龙谷现代农业观光园、厦门绿色乡村生态科技观光示范园	利用农业观光园、农业科技生态园、农业产品展览馆、农业博览园或博物馆，为游客提供了解农业历史、学习农业技术、增长农业知识的旅游活动
温泉浴型	厦门日月谷温泉度假村、闽侯龙泉山庄温泉度假村、连城天一温泉旅游区、永定天子温泉度假村、云霄金汤湾温泉度假村	利用当地的地热温泉资源开发乡村旅游，为游客提供医疗、保健等服务
民俗风情体验型	龙岩永定土楼、罗源畲山、泉州惠安女民俗风情园、泉州蟳埔簪花民俗体验	以农村风土人情、民俗文化为亮点，充分突出农耕文化、乡土文化和民俗文化特色，开发农耕展示、民间技艺、时令民俗、节庆活动、民间歌舞等旅游活动

资料来源：笔者根据福建省文化和旅游厅公布的信息整理。

五、乡村旅游宣传推广力度不断加强

福建省利用南龙铁路开通之机，构建了全省环闽高铁动车网络，依托

"清新福建"品牌及快速铁路环线的优势，遵循市场化、游客化、市民化的基本原则，致力于整合省内乡村旅游资源与产品，向游客推介了两条"全福游、有全福"旅游大环线：其一，从福州南站出发，途经福州、闽清北、南平北、延平西、三明北、三明、永安南、漳平西、雁石南、龙岩、南靖、漳州、厦门北、泉州、莆田等站点后返回福州南站；其二，从厦门站出发，途经漳州、南靖、龙岩、永安南、三明北、延平西、南平北、闽清北、福州、福州南、莆田、泉州、晋江、厦门北等站点后返回厦门站。此外，还推出了四条"全福游、有全福"特色旅游支线：东段"蓝色滨海亲福线"，重点串联漳州、厦门、泉州、莆田、福州至宁德等地海丝主题旅游产品；北段"绿色生态享福线"，重点串联福州、南平、三明等地自然山水、世界茶乡等主题旅游产品；西段"古色客俗纳福线"，主要串联三明、龙岩等地客家文化旅游产品；西南段"红色经典集福线"，突出古田会议会址红色旅游品牌的示范效应，串联三明、龙岩、漳州等地优质旅游资源。九条"全福游、有全福"特色主题线路包括世遗探秘之旅、海丝休闲之旅、世界茶乡之旅、温泉养生之旅、乐享好礼之旅、舌尖品福之旅、研学修身之旅、民俗风情之旅、文化体验之旅。

2024 年，福建省有六条线路成功入选春季和夏季的全国乡村旅游精品线路。春季线路包括龙岩市"畅游永定土楼，体验非遗民俗之旅"、泉州市"'端午风情 海丝泉州'之旅"、南平市"武夷山春季'喊山采茶'民俗体验之旅"；夏季线路则包括宁德市"福鼎访古居'趣山野之旅'"、龙岩市"连城寻访古建之旅"、泉州市"南安古村长桥老厝探访之旅"。至此，福建省已有 40 条乡村旅游线路被文化和旅游部选为"乡村四时好风光"全国乡村旅游精品线路。福建省还推出了其他精选的乡村旅游线路，如"闽山闽水物华新，我在北峰有福田农文旅"线路。该线路结合线上、线下双线联动形式，让游客通过认领福田、网络作物种植等方式体验乡村生活，同时线下部分结合国石文化、畲族文化以及避暑游等。这些线路展现了福建省丰富的自然景观、文化遗产和民俗风情，旨在引导人民群众特别是青少年深入乡村，支持"三农"，发挥乡村旅游在激发消费活力、促进城乡融合、助力乡村振兴方面的积极作用。

福建省各地还与互联网平台对接，开展"美好乡村等你来""益起寻美"

"乡村漫游"等乡村旅游数字提升行动。围绕福建省乡村旅游重点村镇、"乡村四时好风光"精品线路等重点对象，运用数字化、网络化、智能化科技创新成果，助力乡村旅游产品供需对接，推动乡村旅游数字人才培养，促进数字技术与乡村旅游深度融合。

六、乡村旅游特色产业赋能乡村振兴日益凸显

福建省深化拓展乡村旅游高质量发展的新路径，充分发挥乡村旅游在巩固拓展脱贫攻坚成果、推动乡村振兴等方面的重要作用。自 2018 年起，福建省已有三个案例入选世界旅游联盟旅游减贫案例，另有六个案例入选世界旅游联盟旅游助力乡村振兴案例。2024 年，福建省有两个案例入选全国文化和旅游赋能乡村振兴优秀案例。通过发展乡村旅游，带动当地农民增收致富，改善农村基础设施和生态环境。

福建省积极推动结对帮扶，继续实施乡村旅游扶贫"百企百村专项行动"，指导各设区市和平潭综合实验区文化和旅游部门落实好旅游百企百村帮扶专项行动的有关工作，及时公布村企对接及帮扶情况。跟踪落实"跨区域帮扶"和"企村结对帮扶"推进情况，协调福州市和宁德市文化和旅游局开展跨区域帮扶，签订"企村结对帮扶协议"31 份。积极培育乡村旅游创客基地，鼓励"乡贤"和创业青年积极参与乡村旅游建设，提高乡村旅游服务和管理水平。发挥旅游企业和旅游院校的品牌优势和经验优势，加大对从事农家乐、观光采摘、农事体验等经营户的教育培训和开发指导，帮助结对村群众更新生产生活观念。同时，福建省文化和旅游厅整合部门优势，出台相应政策，引导国家重点选拔的人才（"三支一扶"、选调生、大学生村官）积极投入当地乡村旅游开发建设。在"中国扶贫第一村"宁德福鼎市赤溪村，100 多名35 岁以下返乡创业年轻人中，大中专以上就有 30 多名。在当地旅游部门的引导下，他们发展农家乐 12 家、特产店 13 家、民宿九家，并开辟了"电商"等新模式，带动村民致富。①

---

① 党建引领 产业做强——"中国扶贫第一村"赤溪乡村振兴蹲点观察［EB/OL］．（2024 - 02 - 02）．https：//politics. gmw. cn/2024 - 02/02/content_37127422. htm.

七、乡村旅游加强人才建设

福建省文化和旅游厅与省直相关厅局联合出台《福建省乡村文化和旅游带头人选拔工作实施方案（2023—2025 年)》，自 2020 年起，每年组织开展全省乡村文化和旅游带头人选拔。这些带头人包括乡村剧团负责人、乡村民宿经营者、非物质文化遗产项目传承人、返乡创业的大学生以及企业家等，他们在带活乡村文化、带动文旅产业发展、带富周边群众、带强人才队伍方面发挥了重要作用。同时，还致力于加强对带头人的培养，通过专家学者案例教学、基层一线工作者经验分享以及现场观摩学习等方式，提升乡村文旅人才的专业素质和业务能力。此外，还组织乡村旅游人才赴台培训，学习借鉴台湾地区在休闲农业、乡村旅游等方面的先进理念。通过加强联系服务、实施项目资助、搭建交流平台、强化教育培训、鼓励创新实践等方式，持续推动乡村文化和旅游带头人队伍建设，发挥其示范引领和辐射带动作用，吸引更多人才投身乡村旅游事业，使乡村文旅人才集聚效应不断增强。

福建省所有行政村建立村级文化协管员制度，采取县聘、乡管、村用的方式选聘村级文化协管员，并由省级财政安排专项经费给予每人每年 1200 元的服务性津贴。目前，福建省在聘村级文化协管员超万人，同时还荣获原文化部群星奖、入选国家公共文化服务体系建设示范项目，有力地充实了乡村文化旅游基层人才队伍，村级文化协管员制度成效显著。

依托福建艺术职业学院、福州大学厦门工艺美术学院等专业院校，举办非遗传承人才研修，并补助非遗代表性传承人，助其开展传承工作，鼓励乡村传承人带徒授艺、组织传习活动，壮大乡村非遗保护传承队伍等。这提升了乡村旅游人才在文化传承与创新方面的专业技能，使专业人才素质显著提升。

八、乡村旅游强化规划引领

（一）乡村旅游法律法规体系逐渐完善

乡村旅游产业的繁荣发展得益于政策的有力支持。2016 年 7 月，福建省第十二届人民代表大会常务委员会第二十四次会议审议通过了《福建省旅游条例》，旨在规范旅游业的有序发展，该条例自 2016 年 9 月 1 日起正式实施。

2021年，福建省政府陆续颁布了《福建省乡村振兴促进条例》和《福建省人民政府关于促进旅游业高质量发展的意见》，旨在全面实施乡村振兴战略，推动乡村旅游的全面发展，坚守乡村建设的历史文化保护底线，促进乡村旅游高质量发展，助力共同富裕。同年，福建省政府办公厅印发《福建省"十四五"文化和旅游改革发展专项规划的通知》，明确提出了发展和壮大旅游主导产业，优化全域全生态旅游发展布局，大力发展休闲农业，推动乡村振兴。随后，福建省委、省政府印发了《关于做好2022年全面推进乡村振兴重点工作的实施意见》，提出扎实有序地推进乡村发展、乡村建设、乡村治理的重点工作，做大做强文旅等产业，推进特色现代农业的高质量发展，大力实施乡村建设行动，推动乡村振兴取得新的进展，农业农村现代化迈出新的步伐。《福建省乡村旅游示范村等级划分与评价的评分细则》《福建省美丽乡村建设指南和标准》《福建省乡村旅游特色村评定标准》《福建省乡村旅游特色镇评定标准》等乡村旅游建设标准的制定加强了旅游村镇的创建。在这些政策的指导下，申报和评定了一批乡村旅游精品。此外，还开展省级休闲农业示范点、省级美丽乡村和省级金牌旅游村镇的评选工作，对重点乡村旅游项目进行资金扶持，有力地促进了全省乡村旅游工作的蓬勃发展。

（二）科学管理助推乡村旅游规范发展

为确保乡村旅游的长期健康发展，必须实施科学的规划与管理。科学管理是整顿旅游市场秩序的关键手段。2023年5～9月，福建省开展了旅游市场专项整治行动，以强化旅游市场执法力度，持续打击无证经营旅行社业务和"不合理低价游"等违法行为，维护市场公平竞争秩序，营造健康市场环境，保障旅游者权益，推动旅游业高质量发展。福建省文化和旅游厅于2020年颁布了《福建省"金牌旅游村"建设与服务规范（试行）》和《福建省"全域生态旅游小镇"建设与服务规范（试行）》，旨在围绕旅游功能要素配置，规划乡村旅游的可持续发展蓝图。此前，国家旅游局于2016年9月通过了《旅游安全管理办法》，以规章形式规范旅游业发展。福建省依据国家相关政策，陆续发布了《福建省乡村旅游专项资金管理暂行办法》《福建省乡村旅游扶贫工程实施方案（2016—2020年）》《福建省乡村旅游经营单位服务质量等级划分与评定》，以及新版《福建省旅游条例》，通过行政指导，旨在规范和促进乡村旅游的标准化、健康化发展。

第二节　福建省乡村旅游高质量发展的模式

一、"公司 + 农户"开发模式

（一）案例分析①

永春县岵山镇北溪村作为泉州市首个生态旅游自然景区及全国农业旅游示范点，其北溪文苑的开发得到了福建省北溪旅游开发有限公司在资金、人力资源、物资等方面的支持。在酒店选址、景区规划布局以及产品定位等方面，均由公司独立决策并进行协商。在开发初期，当地农户并未有意识地参与景区开发工作。然而，基础设施建设过程中雇用当地村民，这不仅有助于转移当地的剩余劳动力，同时也解决了公司劳动力短缺的问题。

随着景区设施的逐步完善和规模的初步形成，加之当地农户对新事物的接受度提高，以及公司的真诚邀请，公司与当地农户签订了合作协议。首先，公司雇用当地农户在北溪文苑风景区内工作，除领导层外，酒店和餐厅的服务人员大多来自当地剩余劳动力。其次，公司与农户签订了采购合同，明确酒店所需场地由农户提供，酒店所需的主要生产原料也大多从当地农户处采购，公司负责销售，且采购人员即为北溪村的农户。最后，作为全域性质的景区，虽然收取门票，但门票收入的大部分归当地农户所有。游客需要购票进入景区，但入住酒店的游客可凭房卡免费进出景区。在客流高峰期，农户还以农家乐的形式接待游客。通过与农户签订合同，公司获得了廉价的劳动力资源；而对农户而言，不仅实现了农产品的适销对路，还解决了剩余劳动力的问题。

（二）"公司 + 农户"开发模式的优缺点

企业与农户相结合的"公司 + 农户"开发模式是一种旨在通过双方合作实现资源互补、风险共担及利益共享的协作方式。该模式在农业领域尤为普遍，并逐渐向其他行业拓展。其优势主要体现在五个方面。一是在资源整合方面，公司通常掌握资金、技术、市场等资源，而农户则拥有土地、劳动力等资

---

① 梁鑫. 基于利益相关者理论的泉州市乡村旅游开发模式研究［D］. 泉州：华侨大学，2016.

源。通过此模式，双方资源得以互补，从而提升整体生产效率和经济效益。二是在风险分担方面，农业生产易受自然条件和市场波动影响，单个农户往往难以独立承担这些风险。合作模式下，农户可获得一定程度的风险保障，减轻自然灾害或市场波动带来的损失。三是在技术支持方面，公司通常具备较强的技术研发能力，能够向农户提供先进的种植、养殖技术，进而提高农产品的质量和产量，增强农户的市场竞争力。四是在市场拓展方面，公司拥有较为完善的销售渠道和市场信息，有助于农户更好地进入市场，扩大销售范围，解决销售难题，提升产品市场竞争力。五是在产业升级方面，该模式可推动农业产业现代化和标准化，促进产业链延伸和升级，提高产业附加值。

　　然而，该模式也存在若干缺陷。第一，利益分配不均问题。公司通常在合作中占据主导地位，可能导致利益分配不均；而农户在合作中可能处于弱势，难以获得应得收益。第二，合同执行难度问题。合作关系建立在合同基础之上，但在实际操作中，合同执行可能遭遇困难，如公司无法按时履行合同义务，或农户无法满足公司生产要求，导致合作难以持续。第三，依赖性强问题。农户在合作中可能过度依赖公司提供的资源和技术支持，减弱自身市场独立性，一旦合作关系破裂，农户可能面临较大的生存压力。第四，环境风险问题。大规模农业生产可能对环境产生负面影响，如过度使用化肥、农药等。因此，在追求经济效益的同时，公司和农户需要兼顾环境保护，避免对生态环境造成不可逆转的损害。第五，社会问题。该模式在某些情况下可能引发社会问题，如土地流转过程中的不公平现象，或公司对农户过度控制导致农户失去自主权等。这些问题需要在合作过程中予以关注和解决。

　　综上所述，"公司＋农户"开发模式在促进农业现代化、提高农民收入等方面具有显著优势，但同时也面临一些问题和挑战。双方应在合作过程中不断优化合作机制，确保合作的公平性和可持续性，以实现共同发展。

（三）"公司＋农户"开发模式的对策

　　在现代农业发展的进程中，"公司＋农户"开发模式作为一种创新的合作形式，已逐步展现出其特有的优势。然而，该模式在实际操作中也遭遇若干问题与挑战。为了充分挖掘其潜力，提出四点建议。第一，强化公司与农户之间的沟通与协调。公司应定期举办与农户的交流会议，以掌握农户的实际需求与生产状况，并向农户通报公司的生产计划与市场信息。通过构建有效的沟通机制，确保双方信息透明与对等，从而降低误解与矛盾的可能性。第二，优化利益分配机制。公司与农户之间应签订具有法律约束力的合同，明确双方的权利与义务，确保农户在合作中能够获得公平的收益。同时，公司可提供技术培训、农资支持等，助力农户提升生产效率，增加其收益。第三，构建风险共担机制。鉴于农业生产易受自然条件与市场波动的影响，公司与农户应共同承担风险。公司可通过购买农业保险、设立风险基金等，为农户提供风险保障，以减轻其后顾之忧。第四，加强技术推广与培训。公司应利用自身资源，定期举办农业技术培训，向农户传授先进的种植与养殖技术，提升农户的生产技术水平。同时，公司可引进与推广新品种、新技术，帮助农户提高产品质量与市场竞争力。通过实施上述对策，能够有效解决"公司 + 农户"开发模式所面临的问题，促进公司与农户之间的良性互动，推动农业产业的可持续发展。

二、"公司 + 社区 + 农户"开发模式

（一）案例分析①

泉州龙岭社区作为泉州市鲤城区唯一的山区社区及革命老区，享有"世外桃源之韵味、革命老区之沧桑、紫帽风光之绚丽"的美誉。该社区不仅是市级爱国主义教育基地，也是泉州红色旅游线路的重要组成部分，荣获中国老区建设促进会授予的"支持和促进革命老区建设发展"先进单位称号，以及福建省"金牌旅游村""生态社区""国防教育基地""全省关心下一代传承红色基因教育基地""福建革命老区村跨越发展示范点""泉州美丽乡村""泉州市文明社区"等多项荣誉。近年来，龙岭社区紧密围绕红色旅游、红色体验、红色教育主题，积极探索乡村振兴的"红色密码"，确立了"唱响红色、包装古色、打造绿色"的发展定位，加速推进红色社区建设，激发社区振兴活力，走出了一条具有龙岭特色的乡村振兴之路。依托"党建 +"邻里中心的文旅驿站旅游接待中心，发挥"省字号""市字号"基地品牌效应，联合鲤城文旅集团开发"泉州·龙岭乡村度假微目的地"项目，致力于将龙岭打造

---

① ［泉州市乡村旅游典型案例］鲤城区龙岭社区：实施乡村振兴战略　打造龙岭红色旅游村［EB/OL］．（2024 - 07 - 08）．https：//baijiahao. baidu. com/s？id = 1803976877906726175&wfr = spider&for = pc.

成为泉州近邻的浪漫文艺度假体验地、生态野趣的亲子研学目的地。同时，成立泉州龙岭休闲旅游开发公司，负责旅游景区、农业观光、农家乐等休闲旅游项目的开发、建设和管理。通过引导居民开办农家乐，促进居民增收致富。推动土地流转和参与项目投资，使社区居民年收入从不足万元增长至 2024 年的 50 万元，努力提升社区的自我发展能力。积极开展民宿、休闲农业、红色旅游等业态招商，以特色旅游推动区域产业发展，促进社区经济持续增长。当地社区代表农民与公司签订土地租赁合同、劳动力输出合同、农产品收购合同等，在确保农民利益的同时实现景区的长期发展。当地农户在旅游景区开发中扮演劳动力和拥护者的角色，利用自身优势种植瓜果蔬菜，开发田园生态项目，吸引游客。有的农户通过民居改造发展农家乐，设立茶馆、旅馆、餐馆。在社区的引导下，积极学习市场化运作，成立自己的旅游接待中心。龙岭村的旅游发展得益于社区的积极参与，使开发主体的决策过程更加高效，同时确保了农户利益，适当减少了开发主体间的矛盾。

（二）"公司＋社区＋农户"开发模式的优缺点

在乡村旅游领域，"公司＋社区＋农户"的开发模式通过一种独特的方式整合了多方力量，共同促进了旅游业的繁荣发展。该模式所具有的优势与存在的局限性都值得我们进行深入的探讨与分析。

该模式的优势是显而易见的。一是旅游资源的整合与协同效应。公司以其资金、技术和管理经验作为基础，社区则贡献其独有的文化和地方知识，农户直接参与旅游服务，三者共同作用，形成了显著的协同效应，从而促进了资源的优化配置和高效利用。二是旅游经济收益与社会福祉增强。该模式不仅为农户提供了更多的经济收入来源，改善了他们的生活条件，还促进了周边社区的经济繁荣，增强了社会福祉。三是传统乡土文化的传承与保护利用。社区和农户的积极参与有助于保护和传承乡村的传统文化和风俗习惯，使乡村旅游更具特色和吸引力。

然而，该模式也存在一定的局限性。第一，旅游利益分配机制尚需完善。在多方合作的过程中，如何公平、合理地分配利益，避免产生矛盾和冲突，是一个亟待解决的问题。第二，旅游管理的难度与复杂性较大。由于涉及多个主体，管理难度相对较大，需要建立良好的沟通机制和协调机制，以确保各项工作的顺利进行。第三，旅游文化同质化的风险增大。随着外来公司的介入和商业化进程的加速，乡村文化有可能面临同质化的风险，失去其独特的魅力和吸引力。第四，旅游环境承载力的挑战加大。乡村旅游的快速发展可能会给当地环境带来压力，如游客数量的激增可能导致环境污染和生态破坏等问题。

（三）"公司＋社区＋农户"开发模式的对策

在推进"公司＋社区＋农户"开发模式的过程中，我们必须深刻理解其优势与局限性，并采取切实可行的措施进行应对和优化，以确保乡村旅游的持续、健康、有序发展。针对上述提到的局限性，我们应深入探讨可能的解决方案和策略。第一，完善利益分配机制。例如，建立透明的财务和利益分配制度，确保所有参与方能够明确自身的权益和义务；定期举行利益协调会议，使各方有机会表达自己的诉求和关切，并共同商讨解决方案；引入第三方监管机构，对利益分配过程进行监督和评估，以确保公平、公正。第二，加强管理与协调。建立高效的管理团队，负责整体项目的规划、执行和监督；强化沟通机制，利用现代信息技术手段（如微信群、在线协作平台等）实现信息的快速传递和共享；定期组织培训和交流活动，提升参与方的管理能力和服务水平。第三，保护乡村特色文化。制定乡村文化保护规划，明确保护的对象、范围和目标；鼓励和支持农户和社区居民参与文化活动的策划和组织，保持乡村文化的原真性和活力；在旅游开发中融入乡村文化元素，打造具有地方特色的旅游产品和服务。第四，注重环境保护与可持续发展。制定严格的环保标准和措施，限制游客数量，防止过度开发对环境造成破坏；加强环境教育和宣传，提高游客和当地居民的环保意识；推动绿色旅游和低碳旅游的发展，鼓励使用清洁能源和环保材料。第五，创新乡村旅游发展模式。探索多元化的乡村旅游发展路径，如生态农业旅游、乡村民宿、手工艺体验等；利用互联网和大数据等，精准定位市场需求，提供个性化、差异化的旅游产品和服务；加强与周边地区的合作与交流，形成区域联动效应，共同推动乡村旅游的发展。

综上所述，通过完善利益分配机制、加强管理与协调、保护乡村文化特色、注重环境保护与可持续发展以及创新乡村旅游发展模式等措施，可以进一步发挥"公司＋社区＋农户"开发模式的优势，克服其局限性，推动乡村旅游的持续、健康、有序发展。

三、"政府+公司+协会+旅行社"开发模式

(一)案例分析①

崇武古城位于福建省泉州市惠安县,是我国目前保存最为完整的丁字形石砌古城。在崇武古城的开发过程中,政府主要承担了指导和旅游规划制定的角色,同时负责建设必要的栈道、天台,以及修缮旧庙宇和道路。政府始终倡导保护性开发,对景区内的文物遗迹采取保护和修缮措施,避免了大规模建设施工。崇武古城旅游文化开发有限公司与政府作为资金和技术的投资方,主要负责古城的经营管理和运作,招商引资,同时在保持古城原有风貌的前提下,为古城带来经济效益。此外,该公司还致力于拓展古城的旅游市场,积极寻找新的投资者。旅行社是崇武古城开发的重要参与者,崇武古城旅游开发公司选择与泉州地区多家旅行社而非单一实体进行联合开发,组织游客前往景区游览。基于利益共享的原则,旅行社对古城的开发起到了积极的促进作用。由于古城内部无居民居住,且缺乏餐饮和住宿设施,周边农户便承担起接待和服务游客的责任。为防止欺诈性消费和恶性竞争等问题,当地乡村旅游协会作为代表组织,规范了农户的服务和行为,并与旅行社及公司签订了合同,确保了古城旅游服务人员的行为规范。尽管崇武古城每年接待大量游客,景区内依然秩序井然,开发主体之间的利益冲突较少,其开发模式在泉州地区堪称成功的典范。

(二)"政府+公司+协会+旅行社"开发模式的优缺点

该开发模式的优势在于:利益分配相对均衡,各利益相关方之间的冲突得以减少;政府的参与确保了景区生态环境的保护;旅行社提供的游客资源以及对当地居民服务的规范化培训有助于提升景区的知名度;投资方众多,确保了资金链的稳定;农村旅游协会对农户的管理规范提升了农民管理的民主化水平。

然而,该开发模式也存在若干不足之处:政府对景区的管理可能过于严苛;农户的收入渠道相对有限;乡村旅游协会的主体意识较为薄弱;未能充分激发农户参与开发的积极性。

---

① 梁鑫.基于利益相关者理论的泉州市乡村旅游开发模式研究[D].泉州:华侨大学,2016.

（三）"政府＋公司＋协会＋旅行社"开发模式的对策

为了有效促进乡村旅游的发展，政府、企业、行业协会以及旅行社之间的合作模式显得至关重要。首先，政府应发挥其引导和监管职能，制定相关政策和法规，为乡村旅游的发展提供政策支持和法律保障。同时，政府还应增加对基础设施建设的投入，改善乡村旅游地区的交通、水电等基础设施条件，以提升游客的体验质量。其次，企业作为开发和运营的主体，应充分发挥其市场运作的优势，引入现代化的管理理念和商业模式，以提升乡村旅游的市场竞争力。企业可以通过与当地农户合作，开发具有地方特色的旅游产品和服务，带动当地经济的发展。同时，企业还应注重环境保护和可持续发展，确保旅游开发与生态环境和谐共存。再次，行业协会应在乡村旅游开发中更好地发挥桥梁和纽带的角色。协会可以组织成员进行培训和交流，提升从业者的专业素质和服务水平。此外，协会还可以协助政府制定行业标准和规范，推动行业自律，维护市场秩序。最后，旅行社作为连接游客和乡村旅游目的地的纽带，应充分发挥其渠道优势，设计多样化的旅游线路和产品，以满足不同游客的需求。旅行社还可以通过宣传推广，提升乡村旅游目的地的知名度和吸引力，吸引更多游客前来体验。

通过政府、企业、行业协会以及旅行社四方的紧密合作，可以形成一个良性互动的乡村旅游开发模式，实现多方共赢。政府提供政策支持，企业负责市场运作，行业协会发挥行业协调作用，旅行社拓展销售渠道，共同推动乡村旅游的可持续发展。

四、"政府主导＋公司＋农户"开发模式

（一）案例分析①

赤溪村隶属于福建省福鼎市磻溪镇，是一个以畲族为主体的行政村，坐落于国家5A级旅游景区、世界地质公园太姥山西南麓。该村由一个中心村和两个自然村组成，总户数为418户，人口共计1886人，其中畲族人口占806人。赤溪村的总面积为11.14平方千米，其中水域面积达1.2平方千米，森林覆盖

---

① 张春友，陈秋华，韩梦竹，等. 农户参与乡村旅游扶贫的影响因素研究——以福建省赤溪村为例［J］. 中国林业经济，2020（1）：100－104.

率超过90%。① 数十年前,赤溪村曾集贫困、边远、少数民族、山区等不利因素于一体,280 余户村民散居于 12 个交通闭塞的自然村中。1984 年 6 月 24 日,《人民日报》头版刊登了一封反映赤溪村贫困状况的读者来信,题为《穷山村希望实行特殊政策治穷致富》,此信在全国范围内引起了广泛关注。随后,国家颁布了专门政策,推动扶贫开发工作,并开启了全国范围内的大规模扶贫行动,赤溪村因此被誉为"中国扶贫第一村"。经过十年的扶贫支持、十年的搬迁扶贫以及十年的自我发展,赤溪村成功探索出一条以旅游带动乡村富裕、农业强化乡村、文化塑造乡村、生态保护乡村的发展道路。赤溪村的生态旅游发展与扶贫进程同步推进,早期的扶贫工作不仅改善了村庄的面貌,也逐步完善了基础设施。随着道路的建设和升级,特别是与周边景点和风景区的互联互通,赤溪村逐渐融入太姥山景区,成为宁德地区旅游格局的重要组成部分。在政府扶贫政策的引导下,赤溪村的基础设施和交通状况得到了显著改善,加之其得天独厚的自然环境、丰富的生态资源以及深厚的畲族文化底蕴,吸引了五家旅游公司参与乡村旅游开发。2021 年,赤溪村旅游业发展成果显著,年接待游客约 20 万人次,农民人均可支配收入约 2.2 万元,带动农民就业约 1000 人;同时,还获得了"中国美丽休闲乡村"、第四批中国传统古村落、2019 中国美丽乡村休闲旅游行(夏季)精品景点线路推介点等荣誉称号。②

赤溪村的旅游开发模式为"政府主导 + 公司 + 农户"。在旅游开发过程中,上级政府扮演了主导角色,而公司和农户则在政府的领导下参与其中。由于早期扶贫工作受到了高度关注,赤溪村的扶贫工作和旅游开发的起点较高,开端良好。然而,由于社区自身基础薄弱,上级政府在旅游资源开发和经营管理中强势介入,未能在关键环节充分听取社区意见和吸收农户参与,导致了参与程度的低下和发展的依赖性。正是由于上级政府支持的链接型社会资本过于

① 精品推介 | 中国美丽休闲乡村——宁德福鼎市赤溪村 [EB/OL]. (2020 - 07 - 13). https://nynct. fujian. gov. cn/ztzl/xxny/202007/t20200713_5321696. htm.
② 多彩田园,雁乐赤溪! 走近中国美丽休闲乡村——赤溪村 [EB/OL]. (2022 - 07 - 09). https://mp. weixin. qq. com/s? _biz = MzA3NDE4MzUwMA = = &mid = 2654905344&idx = 1&sn = 0afb911b81bea3b7df39386c9c5b641f&chksm = 84c9a223b3be2b35b2d8c717f860808023ca8ae6f0144d33fbcf0a3b0c74c50e88b2df3a0342&scene = 27.

强势，导致当地纽带型和桥接型社会资本未能充分发挥其作用，甚至一些桥接型社会资本，如旅游公司的引入、专业合作社的成立等，都依赖于上级政府这一链接型社会资本。这种自上而下的社会资本连接框架导致在乡村旅游开发过程中，政府处于主导地位，而纽带型与桥接型社会资本未能完全发挥其内生作用，限制了村民的主观能动性，进而限制了社区参与的层次。

（二）"政府主导＋公司＋农户"开发模式的优缺点

"政府主导＋公司＋农户"开发模式是一种多方参与的乡村旅游发展模式。在此模式下，政府承担领导角色，提供政策扶持与资金支持；企业负责运营与管理；农户则贡献资源与服务。

该模式在促进乡村旅游发展方面展现出若干优势，具体表现在三个方面。第一，政府的领导作用确保了项目的顺利推进。政府在项目中扮演关键角色，提供政策与资金保障，确保项目顺利进行。同时，政府能够协调各方利益，解决项目实施过程中可能遇到的问题。第二，企业的参与提升了项目的运营效率。企业凭借其丰富的运营与管理经验，能够高效地组织资源，提升项目的运营效率。企业还能利用自身的市场渠道与营销策略，增强项目的知名度与影响力。第三，农户的参与增强了项目的可持续性。农户作为乡村旅游的主要受益者，其参与有助于提升项目的可持续性。农户可提供土地、劳动力等资源，并通过参与旅游服务增加收入来源。

然而，该模式也存在一些问题。第一，政府的主导作用可能导致项目缺乏灵活性。政府在项目中担任主导角色，可能使项目在应对市场变化时不够灵活。政府决策过程的复杂性可能导致项目进展缓慢。第二，企业的参与可能导致利益分配不均。作为项目的运营主体，企业为了追求自身利益最大化，导致利益分配不均。农户作为受益者，可能感到自身利益未得到充分保障。第三，农户的参与可能导致项目质量不一。农户作为项目参与方，因缺乏专业培训与经验，导致服务质量参差不齐，影响游客体验。

（三）"政府主导＋公司＋农户"开发模式的对策

"政府主导＋公司＋农户"开发模式在促进乡村旅游发展方面展现出一定的优势，但存在若干不足。为了更有效地发挥该模式的潜力，政府、企业和农户应携手合作，共同应对挑战。针对该模式的不足，我们应深入探讨可能的改进措施和解决方案。

第一，提升政府决策的灵活性与响应速度。政府应设立专门的乡村旅游发展机构或小组，以迅速应对市场需求和变化，并制定及调整相关政策。同时，政府应加强与企业和农户的沟通，确保政策制定更贴合实际，更具操作性。此外，政府可考虑引入市场机制，如政府购买服务、PPP（公私合作模式）等，以提高项目运作的灵活性和效率。

第二，构建完善的利益分配机制。为确保利益分配的公正合理，应建立政府、公司、农户三方共同参与的利益协调机制，明确各方的权利与义务，制定合理的利益分配方案，并通过合同等形式加以固定。同时，建立监督机制，对利益分配过程进行监管，防止任何一方侵犯他方利益。

第三，加强农户的培训与教育。为提升农户的服务质量和专业技能，政府和企业应联合开展针对农户的培训和教育活动。培训内容可涵盖旅游服务礼仪、农产品加工与销售、环境保护与可持续发展等方面。通过培训，提高农户的综合素质和专业技能，为乡村旅游的可持续发展提供坚实的人才支持。

第四，推动产业融合与创新。在"政府主导＋公司＋农户"开发模式下，应进一步推动乡村旅游与农业、文化、教育等产业的深度融合。通过挖掘乡村特色文化、发展生态农业、打造乡村旅游品牌等方式，提升乡村旅游的附加值和吸引力。同时，鼓励企业和农户进行创新，开发具有地方特色的旅游产品和服务，满足游客的多样化需求。

第五，强化环境保护与可持续发展。在乡村旅游开发过程中，必须始终贯彻生态优先、绿色发展的原则。政府应加强对乡村旅游项目的环保监管，确保项目开发与生态保护相协调。企业和农户也应增强环保意识，采取节能减排、资源循环利用等措施，降低对环境的负面影响。通过共同努力，实现乡村旅游业的可持续发展。

五、"社区主导＋农户"开发模式

晋江市围头村三面环海，背倚山峦，海岸线蜿蜒曲折，是一个典型的闽南渔村。由于其地理位置紧邻金门，被誉为"海峡第一村"。全村共有1270户，人口约4300人，其中常住居民约占70%。20年前，围头村因村委会领导层管理不力、频繁更迭以及征地拆迁和姓氏间的矛盾冲突，导致社区凝聚力逐渐减弱。直至 2006 年，新一届领导班子上任，他们怀揣着对家乡的深厚情感和强烈的责任感，结合以往的商业经验，提出了"二次创业"以振兴乡村的策略。自那时起，村委会成为主导力量，一方面，通过推广"战地文化"来解决社区矛盾，增强民众团结；另一方面，着手全面的环境整治，包括清理海岸垃圾、迁移海滩烧烤区等，充分开发滨海旅游资源和战地文化，实施以旅游带动村庄发展的策略。村委会积极争取政府财政支持，完善旅游基础设施和服务（景区免费开放），将海产养殖与乡村旅游相结合，发展休闲渔业，促进村民就业于旅游业。通过"党委引领、村里搭台、村民唱戏"，鼓励群众发展乡村旅游配套产业。目前，全村经营渔家乐、农家乐 30 多家，村民真正从乡村旅游发展中得到实惠，激发了群众参与开发和保护的积极性，不断丰富乡村旅游产业的规模和业态。2018 年，围头村乘着晋江市农村"三块地"改革（农村土地征收、集体经营性建设用地入市、农村宅基地）的东风，腾出三宗闲置宅基地，加上周边部分集体建设用地，面积共计 5.243 亩，成功推动首宗集体经营性建设用地入市，引进七匹狼七栖围头礁石酒店项目，不仅实现村集体经济增收 182 万元，还有效带动村民就地就业，成功入选"晋江经验"典型案例，并登上了央视《新闻联播》。①

在这一模式下，村委会负责景区的规划与建设，整合社区资金、土地及其他资源，开展旅游项目开发，为村民参与旅游活动提供平台。由于前任村委会领导的管理不善和不当行为，村民间的矛盾加剧，社区凝聚力受损，导致村庄的桥接型和连接型社会资本遭到严重破坏。新任村支书提出"二次创业"，结合其背景和商业经验，积极向政府争取资金支持，并与外部企业及海外侨胞合作，争取资金援助。同时，在内部，通过举办节庆活动和推广"战地文化"来化解社区矛盾、增强民众团结，为乡村旅游的发展打下坚实基础。可以看出，围头村的社会资本结构是以新任村支书为核心的村委会所主导，村庄层面的桥接型和链接型社会资本主要围绕村委会建立。在这种结构下，桥接型和链接型社会资本依赖于村委会的社会网络关系，由社区内部自下而上构建，具有一定的稳定性。然而，这种社会资本结构在很大程度上依赖于村委会乃至村支

① ［泉州市乡村旅游典型案例］晋江市金井镇围头村：闽台文旅融合 打响海峡名村［EB/OL］.（2024 - 06 - 21）. https：//baijiahao. baidu. com/s? id =1802436634939553556306&wfr = spider&for = pc.

书的个人能力和社交网络才能发挥其作用，具有一定的局限性。

六、"协会+公司+农户"开发模式

（一）案例分析①

水际村坐落于三明市泰宁县，毗邻世界自然遗产、国家5A级旅游景区大金湖。该村沿湖而建，呈狭长形态，包括四个自然村，共计144户家庭，居住人口为544人。1980年，由于河流截流筑坝工程，水际村的主要农田被水淹没，村民不得不迁往高地，往昔的鱼米之乡遂演变为交通不便的孤岛。然而，进入20世纪90年代，随着泰宁县提出以旅游促进县域经济发展的战略，大金湖景区的建立为水际村的乡村旅游带来了新的发展机遇。村中渔民向香客收取的摆渡费用引起了村干部的注意，经过深入讨论，村委会提出了以旅游带动村庄发展、以产业富裕村庄的发展策略，并与私人合作开发了首个旅游项目。项目的成功极大激发了村民参与旅游经营的热情，他们开始销售手工艺品、经营游船，以及开办农家乐和民宿。基于此，村民自发或与政府合作成立了渔业协会、家庭旅馆协会和游船协会，有效解决了大部分村民的就业问题。2022年，水际村的家庭旅馆协会会员已达78户，拥有床位1100个，年游客接待量达15万余人次，户均年收入3万~4万元；水际村渔业协会，农户100%参与入股，辐射周边六个乡镇1476户，每股每年可分红2600元；游船协会总资产超2亿元，拥有1700余个船位。②依托大金湖丰富的水域资源和自然景观，水际村借助三大协会的平台，积极融入大金湖景区的渔业、家庭旅馆与餐饮、游船与购物等第三产业，走出了一条"旅游助农、旅游兴农、旅游富农"的发展道路。

水际村的乡村旅游发展，除了得益于上级政府的政策和资金支持外，很大程度上归功于村内"精英"发起成立的三大协会。无论是渔业协会下属的鱼产品加工企业、家庭旅馆协会，还是游船协会下属的邮轮公司，均由社区"精英"牵头成立，并在政府的扶持下鼓励村民加入或投资，使大多数村民能够从乡村旅游中受益。可见，水际村推动乡村旅游发展的社会资本结构是以社

---

① 彭华，何瑞翔，翁时秀. 乡村地区旅游城镇化的多主体共治模式——以福建泰宁水际村为例[J]. 地理研究，2018，12（37）：2383－2898.

② 江河奔腾看中国｜福建泰宁：省级贫困村靠旅游变身"首富村"［EB/OL］.（2022－10－07）. https://www.sohu.com/a/590791922_260616.

区"精英"或能人为领导核心，自上而下形成的。社区内部的纽带型和桥接型社会资本促进了社区"精英"的形成，进而推动了社区桥接型和链接型社会资本的扩展。这种社区内部自下而上的社会资本结构相对稳定，能够在乡村旅游开发过程中真正将社区和村民的利益纳入考虑，提高村民的主动性和参与度，推动社区积极参与乡村旅游发展。

（二）"协会＋公司＋农户"开发模式的优缺点

"协会＋公司＋农户"开发模式作为乡村旅游开发的一种形式，融合了多方面的力量，其目的在于通过协同合作促进乡村旅游的可持续发展。该模式通常涵盖了行业协会、企业以及当地农户，他们紧密协作，共同致力于乡村旅游的开发与运营。

从优势角度分析，"协会＋公司＋农户"开发模式能够充分利用各方的专长。行业协会通常具备强大的组织协调能力，能够有效地整合资源，并制定统一的发展战略。企业则拥有专业的运营管理及市场推广技能，有助于提升旅游产品的品质和市场竞争力。农户作为地方资源的直接掌控者，能够提供丰富的乡土文化和自然资源，从而增强旅游的吸引力。此模式有助于实现资源的高效配置，促进各方利益的最大化。

然而，从劣势角度审视，"协会＋公司＋农户"开发模式在实际操作过程中也面临若干挑战。第一，各方的利益诉求可能存在差异，这可能导致合作过程中出现矛盾和冲突。行业协会和企业可能更倾向于追求经济效益，而农户则可能更重视保护乡土文化和生态环境。第二，该模式对协调和管理能力要求较高，若沟通不畅，可能会导致项目进展迟缓甚至失败。此外，农户在合作中可能处于较为不利的地位，面临利益分配不均的风险。

综上所述，"协会＋公司＋农户"开发模式在资源融合、利益共享等方面展现出显著的优势，但同时也需要应对合作过程中出现的矛盾和挑战，确保各方利益的均衡以及项目的顺利进行。

（三）"协会＋公司＋农户"开发模式的对策

针对"协会＋公司＋农户"这一乡村旅游开发模式，我们提出三条建议，以确保其顺利实施并取得预期成效。首先，协会应充分发挥其组织协调功能，整合资源，提供统一的指导与支持。协会可通过举办培训活动，提高农户的服务水平和专业技能，同时协助公司深入了解农户的需求与期望。其次，作为开发主体的公司应承担投资与运营责任，确保项目顺利推进。公司应与农户建立稳固的合作关系，尊重其利益与权益，确保他们在开发中获得合理的收益。同时，公司应注重环境保护与可持续发展，避免对乡村环境造成损害。最后，作为乡村旅游核心参与者的农户应积极参与开发，提供优质农产品与服务。农户可通过加入协会获取更多信息与支持，提升自身竞争力。同时，农户还应致力于提升服务意识与技能，以满足游客需求。

第四章 福建省乡村旅游高质量发展的条件分析

第一节 福建省乡村旅游高质量发展的优势

一、旅游资源丰富，类别多姿多彩

福建省旅游资源丰富且独特，奇山秀水美不胜收，文物古迹遍布八闽。福建省乡村旅游的自然资源丰富主要表现在森林资源、海洋资源和生物资源等方面。福建省是我国南方重点林区之一，气候温和，雨量充沛，自然条件优越，省内森林面积大，森林覆盖率、植被生态质量指数、生态文明指数均居全国前列，武夷山国家公园是全国首批设立的五个国家公园之一，全省九市一区全部获评国家森林城市，所有县（市）全部获评省级森林城市。其中，宁德市八地打造"城市绿肺"，着力于森林资源的开发和保护；龙岩市是全国森林覆盖率最高的城市，有梅花山、梁野山两个国家级自然保护区，以及龙岩、上杭西普陀、漳平天台山、永定王寿山四个国家森林公园，连城冠豸山一个国家地质公园，生态环境良好。福建省海洋资源丰富，海域面积13.6万平方千米，大陆海岸线3752千米、居全国第二位，海岸线长且曲折，可建万吨级以上泊位的深水岸线210.9千米、居全国首位，全省有海岛2214个、居全国第二位，具有发展海洋经济的独特优势。① 福建省侵蚀和堆积海岸相间，海蚀、海滩景观优美，休闲旅游价值高。同时，福建省有众多美丽的渔村，如奇达村、宁德

① 海岸线［EB/OL］.（2022 – 07 – 14）. https：//fgw. fujian. gov. cn/ztzl/hxlsjjsyqzt/haxjj/202207/t20220714_5953615. htm.

三都岛流水坑村、东风村等，古老的渔村和海景共同组成的独特风光，可依靠其特有的海洋资源大力发展乡村旅游，吸引众多游客。福建省生物景观的多样性、珍稀性在全国少有。生物资源多种多样，野生动植物资源和野生动物资源十分丰富，是我国生物多样性丰富的一个省份。

福建省的乡村旅游资源包括山川、水域、森林、海岛渔村以及民俗文化等，呈现出多样化且交错分布的格局。自然景观与人文景观的结合相得益彰，展现出鲜明的主体资源特色和丰富的辅助资源。在福建省东部地区，马尾船政文化、坊巷古居、昙石文化以及寿山灵石寻宝文化相互映衬，共同塑造了福州三坊七巷、宁德白水洋风景区等具有独特自然人文特色的景观。在北部地区，武夷山脉的恩赐使得南平、三明等地的农业休闲资源在绿色森林的衬托下更显魅力。作为国内主要茶叶产地之一，武夷山大红袍享誉全球，茶文化亦是名扬四海。在南部地区，莆田的妈祖文化旅游资源依托于青云山、十八重溪、云顶、鸳鸯溪等绿色山林风光，更显其独特魅力；泉州与厦门鼓浪屿均被列为世界文化遗产。至于西部地区，热情好客的客家文化与灿烂的红色文化相得益彰。福建省的乡村文化既保留了中原文化的传统，又对外开放，吸收了海外文化的精髓，形成了我国独特的乡村文化区域，为福建省乡村旅游的发展提供了坚实的基础。

二、交通区位条件良好

福建省的地形以山地和丘陵为主，构成该省地形骨架的西、中两大山脉带均呈东北至西南走向，与海岸线平行，展现出"八山一水一分田"的地理特征。因此，交通开发程度对于福建省旅游资源的开发具有至关重要的作用。福建省交通条件便利，已初步构建起铁路、公路、水路、航空相结合的综合交通网络，并正在加速推进铁路进出省通道建设，以及"一纵两横"高速公路和国防交通设施建设。海峡西岸经济区的"三纵八横"高速公路主体格局以及贯穿南北、连接东西的"八纵九横"省级交通线和公路网已初具规模，高速公路网络四通八达，形成了福州至周边城市的"四小时交通经济圈"，实现了全省各县市通高速公路的目标。近年来，随着多条铁路的开通，福建省亦实现了"市市通高铁"的目标，成为全国首个实现此目标的省份。

自党的十八大以来，福建省交通运输厅不断推进交通运输的高质量发展，福建成为全国首个实现市通高铁、县通高速、镇通干线、村通客车的省份，其综合交通发展水平已跃居全国领先地位。目前，全省高速公路通车里程已达6156千米，路网密度在全国名列前茅，81.1%的陆域乡镇能够在30分钟内接入高速公路。普通国省道通车里程超过11000千米，实现了全省主要产业基地和重要景区的全面覆盖。福建省首创的农村公路路长制、灾毁保险等经验在全国范围内得到推广，9.8万千米的农村公路连接县、乡、村，为农村地区带来了持续的人气和经济效益。同时，所有设区市均建有便捷换乘的综合客运枢纽，所有机场、动车站、客运码头均100%配套了公路客运场站，中心城区实现了公交站500米全覆盖。全省新能源公交车占比超过80%，在全国排名第四，福州、厦门已进入"地铁时代"，武夷新区开通了轻轨交通，有效促进了群众绿色便捷出行。百人以上的岛屿均拥有陆岛交通码头，500人以上的岛屿则开通了班轮服务。①

在乡村建设方面，福建省农村公路总规划里程达12.5万千米，已建成9.8万千米，占全省公路总里程比重超80%。目前，全省已经实现97%的乡镇通三级及以上公路、83%的陆域乡镇30分钟上高速、63%的建制村通双车道公路，农村居民的出行条件得到进一步改善。高品质的农村路网修到园区、景区、家门口，连上产业园、种植园、养殖区。福建省在全国率先推行"路长制""乡村道专管员"机制，建立路长联席会议、动态清单管理、联合执法、定期检查和通报约谈五项制度，平均每30千米一名专管员，实现网格化管理。② 创新实施农村公路灾毁保险制度，采取政府购买服务方式，有效提高农村公路抗灾毁能力。③

三、自然人文资源条件良好

福建位于中国东南沿海，其东北部与浙江接壤，西北部与江西毗邻，西南

---

① 75年！福建高速：大道贯八闽 山海皆可平［EB/OL］．（2024-10-10）．https：//jtyst. fujian. gov. cn/ztzl/jtqswzn/202410/t20241010_6540760. htm.

② 福建农村公路通车里程达9.8万公里 未来3年将实施"八大行动"［EB/OL］．（2024-09-21）．https：//news. fznews. com. cn/dsxw/20240921/01yvue9695. shtml.

③ 我省农村公路灾毁保险项目正式签约［EB/OL］．（2024-08-13）．https：//jtyst. fj. gov. cn/zwgk/jtyw/jtyw/202212/t20221206_6072842. htm.

部与广东相连，东南部则隔台湾海峡与台湾相望。全省地形特征为西北部较高，东南部较低，整体呈现出依山傍海的地理格局。省内山地和丘陵面积约占总面积的 90%，武夷山脉贯穿北部，导致闽北与闽南的乡村建筑风格存在差异。

闽北地区多处于谷地和山地之中，乡村建筑风格与古代中原地区相似，建筑样式较为统一，主要采用砖木结构，以灰砖、青瓦和夯土墙为特色，形成了一种古朴且具有浓郁乡土气息的民居风格，其中福州市的三坊七巷是其典型代表。而闽南地区多位于东南沿海，平原面积相对较大，乡村建筑因此展现出开放性和多元性。闽南传统民居的墙体较薄且通透，红砖墙面由松枝烧制而成，不仅坚固耐用、防水性能佳，而且色彩鲜艳，斜纹自然美观。工匠们运用红瓦和红砖精心拼砌出各种图案，装饰外墙和建筑构件，展现出极强的艺术魅力。

武夷山不仅是福建省也是全国极为重要的茶叶产地，为南平等闽北地区的乡村民居增添了茶文化的元素。闽南地区处于沿海地区，相对开放，海丝文化也赋予了该地区乡村独特的风情。在厦门、漳州等地，除了可见到以"宫殿式"古大厝、临街骑楼为主流建筑外，还有中国传统建筑、中西合璧建筑、侨乡特色建筑等多种风格。此外，闽南地区还拥有独特的民俗信仰，妈祖文化尤为突出。在莆田、泉州的乡村地区，妈祖庙是常见的特色建筑。

闽西地区则以红色文化著称。龙岩市是革命战争早期的重要革命根据地，曾是中央苏区的核心区域，也是古田会议的召开地，在中国共产党和工农红军的发展史上占据着极其重要的地位。龙岩市长汀县至今保存着福建省苏维埃旧址、红军桥、福音医院等红色历史遗迹。除了红色文化资源，闽西地区还拥有丰富的客家文化，客家风情浓郁，永定、连城等地尤为典型。连城的培田古民居和永定的土楼群是客家建筑的代表。热情好客的客家人以及独特的客家菜肴为闽西地区的乡村增添了独特的魅力。

四、客源市场较为广阔

福建地处长江三角洲与珠江三角洲两大经济区的衔接地带，地理位置极为重要。两大三角洲地区经济繁荣，旅游需求旺盛。除了本省的旅游资源外，福建作为连接两大经济区的交通枢纽，自然成为众多游客出行的优选目的地。此外，福建与台湾隔海相望，是全国距离台湾最近的省份，同时也是众多台湾同胞的祖籍地。闽台两地地理相邻，人民情感相通，血脉相连。近年来，福建不断举办寻根问祖、族谱对接、信俗交流等活动，加强涉台文物保护工作，支持非物质文化遗产和民间艺术的交流，促进了中华优秀传统文化在闽台两地的共同传承，使福建成为台胞来大陆旅游的重要市场。福建是全国知名的侨乡，现旅居世界各地的闽籍华人华侨达 1580 万人，闽籍港澳同胞达 120 万人，[①] 这为吸引海外华侨华人回乡参观提供了有利条件。

第二节　福建省乡村旅游高质量发展的劣势

一、旅游产品开发深度不够，欠缺多样性

福建省乡村旅游核心产品体系已初步构建，但其策划与包装尚显不足；乡村人文旅游资源的开发程度较低，核心旅游产品的竞争力有待提升，旅游产品主题仍需要进一步强化。福建省内各乡村旅游地虽拥有独特的旅游资源，但目前旅游产品的开发仍局限于传统模式，主要以静态观光为主导，缺乏对文化内涵的深入挖掘，规模效应有限，难以对区域旅游市场产生显著的规模效应。乡村旅游发展亟须加强对文化内涵的挖掘与运用。目前，多数旅游景点因缺乏文化深度而出现同质化现象，如生态茶园、樱花园、油菜花园等在全国范围内广泛分布，缺乏鲜明特色，导致游客停留时间短，重复访问率低。此外，品牌建设不足，知名度有待提高；传统民俗风情资源的利用不足，民间艺术逐渐流失，乡村民间工艺品的商业开发程度较低；乡村旅游民俗产品开发往往注重形式而忽视内容，商业化程度较高。例如，乡村休闲娱乐类旅游开发主要集中在就餐、住宿体验上，多停留在"住农家屋、吃农家饭、享农家乐"的基础层面；沿海地区则未能充分挖掘海水、阳光、沙滩及渔村风俗的价值，陆上和水上休闲娱乐活动的多样性也有待提升。

---

① 这就是福建 [EB/OL]. (2022 - 09 - 16). http：//www.fujian.gov.cn/zjsfj.

二、缺乏管理型人才，产品管理与服务不够完善

乡村旅游的固有特性导致其管理通常以村庄为基本单位，而不同村庄的发展差异可能会导致基础设施建设、接待标准、旅游从业人员的培训力度等参差不齐的情况，难以提升管理水平。同时，旅游服务人员多为当地居民，其教育程度普遍偏低，专业旅游管理人才短缺导致乡村旅游发展过程中出现的专业问题难以得到妥善解决，从而影响服务质量的稳定性。此外，一些新兴的乡镇旅游项目在起步阶段缺乏有效的政策支持和规范化的管理措施，尚未建立起严格的行为准则来指导和规范旅游活动，导致实现乡村旅游高质量发展面临挑战。

三、旅游配套设施不够完善

福建省乡村旅游地区的基础设施普遍较为落后，诸如景区停车场、游客服务中心、公共卫生设施等均存在不完善之处，设施简陋，缺乏配套的公共交通系统。同时，基础设施布局也存在不合理，如高速公路沿线缺乏对景区的广告宣传和交通指引标志，也没有相应的旅游巴士。乡村旅游区的厕所卫生状况堪忧，第三卫生间配置不足，垃圾桶分布不合理，未能为游客提供便利。省内旅行社众多，但地接旅游线路繁杂，资源分配不均衡，尚未形成统一的合力和完整的产品体系。农家乐的住宿条件普遍档次不高，难以吸引并留住游客。此外，景区购物、娱乐等产业链条尚不完善，旅游六要素——吃、住、行、游、乐、购的发展也不均衡。

四、宣传促销较为缺乏

福建省在乡村旅游推广方面存在不足，传统宣传手段（如横幅、立式广告牌、画册等）形式单一且成本较高。在信息化高度发达的当下，福建省在网络营销方面的应用尚显不足，数字媒体等现代科技手段在整体宣传促销中的作用有限，亟须加强宣传推介的联动性和互动性，以扩大旅游宣传的影响力。福建省乡村旅游的宣传内容相对单一，主要侧重于美食、美景、历史文化等传统元素，缺乏创新和个性化特色，难以吸引不同的旅游者。因此，有必要深入挖掘本地文化内涵，打造更具个性化特色的旅游品牌，以吸引更多旅游者的目光。福建省的旅游宣传策略缺乏整合性，各旅游景点的宣传方式和执行手段缺

乏统一性，难以形成有效的营销合力。为此，建立一个完善的旅游营销体系，整合各地旅游资源，形成强大的区域品牌效应显得尤为重要。以福建土楼为例，包括龙岩永定土楼和漳州南靖土楼，通过整合两地的旅游资源，可以打造福建土楼的独特名片。

第三节　福建省乡村旅游高质量发展的机遇

一、经济发展迅速，乡村旅游市场不断扩大

新冠疫情后，经济逐渐开始复苏，人们对旅游的需求呈爆发式增长。根据2023年福建省国民经济和社会发展统计公报，2023年福建省全年生产总值达到5.44万亿元，GDP增速为4.50%，人均GDP达到12.99万元，人均GDP增速为4.50%。[①] 随着经济水平的不断上升，居民对于旅游的需求逐渐提升。同时，由于城市工作压力大，人们在休息的时候更希望能够离开城市，走进乡村，得到精神上暂时的休憩，因此越来越多的人选择到乡村旅游，这为乡村旅游发展提供了有力的动力。据福建省文化和旅游厅统计，在2024年春节期间，福建省的乡村旅游市场尤为活跃，全省接待游客数量高达3257.47万人次，实现旅游收入277.18亿元。[②] 乡村旅游成为全省旅游经济发展的重要支撑，能有效助力乡村振兴。

二、政策支持

党的十九大报告明确指出，"三农"问题乃国家发展和民生福祉之根本，必须持续将解决"三农"问题作为全党工作的核心任务，并推行乡村振兴战略。2021年2月21日，《中共中央 国务院关于全面推进乡村振兴加快农业农村现代化的意见》正式发布，这是进入21世纪以来第18个指导"三农"工

---

① 2023年福建省国民经济和社会发展统计公报 [EB/OL]. (2024-03-14). https://tjj.fujian. gov.cn/xxgk/tjgb/202403/t20240313_6413971.htm.

② 2024年春节假日福建省文旅市场情况 [EB/OL]. (2024-02-17). https://wlt.fujian.gov.cn/wldt/btdt/202402/t20240217_6395998.htm.

作的中央一号文件。

　　为贯彻国家乡村振兴战略，福建省政府及文化和旅游厅积极致力于推动乡村旅游，更新相关政策以促进乡村旅游繁荣发展，助力乡村振兴。2021年12月1日，《福建省乡村振兴促进条例》正式生效。该条例强调全面实施乡村振兴战略，持续强化山海协作和对口支援，严格保护乡村建设的历史文化底线，推动乡村旅游高质量发展，以促进共同富裕。福建省以其多元文化特色著称，不仅拥有传统的八闽乡村特色传统文化，还蕴含着海丝文化和闽西特有的红色革命文化。因此，该条例要求各地区严格保护乡村建设的历史文化底线，保护和传承八闽乡村的优秀传统文化、红色文化，以及优秀的农业文化。同时，加强历史文化名镇名村、传统村落、民族村寨、文物古迹、历史建筑、传统风貌建筑和农业遗迹的保护管理与合理利用，加大对非物质文化遗产传承人和传统工匠的保护力度，推动乡村文化遗产的保护、传承和发展。2022年3月，福建省委、省政府发布了《关于做好2022年全面推进乡村振兴重点工作的实施意见》，提出要扎实有序地推进乡村发展、乡村建设、乡村治理的重点工作，发展壮大文旅等产业，推动乡村振兴取得新的进展，加快农业农村现代化的步伐。该意见明确指出，要推进特色现代农业的高质量发展，同时完善乡村旅游基础设施，支持创建全国休闲农业重点县、乡村旅游重点镇村，培育一批美丽休闲乡村、休闲农业示范点和金牌旅游村，加大乡村气候资源的开发利用，鼓励发展森林生态旅游，探索渔旅结合的新模式。

　　在政府政策的支持下，福建省各市积极回应，共同推动福建省乡村旅游高质量发展。2022年5月7日，福州市文化和旅游局、财政局联合发布《福州市积极应对疫情影响促进旅游业复苏九条措施》，其中规定：自文件发布之日起至2022年12月31日，对该市旅行社组织福州本地游客参与乡村旅游线路、乡村旅游精品示范村、红色旅游线路等旅游活动的，按照每人10元的标准给予旅行社奖励（申报奖励基数不低于1000人），单个旅行社累计奖励不超过20万元；对于各县（市）区开展乡村旅游主题活动、徒步旅游活动的，按照1∶1的比例给予配套补助，每个县（市）区补助累计不超过15万元，已申报新春文化旅游月活动奖补、旅游品牌宣传资金补助的项目不再重复补助。通过奖励政策的方式，促进乡村旅游的发展。

　　目前，乡村旅游正加速进行升级和转型。所谓升级，即提升服务质量和档次；转型，则意味着改变发展模式和丰富产品种类。为了激发消费潜力，在政府资金支持下，已经推出了一系列促进乡村旅游发展的政策，包括发放消费券、惠民卡等。部分景区景点还推出了医务人员免费参观的优惠政策，这无疑是对景区的一次有力宣传，能够吸引更多游客，为乡村旅游的发展带来新的机遇。

第四节　福建省乡村旅游高质量发展的挑战

一、周边地区竞争激烈，分散了客源

从全国角度来看，众多乡村旅游目的地星罗棋布，区域间的旅游竞争越发激烈。福建周边地区，如江西、浙江、广东以及台湾等，均为乡村旅游发展的核心区域。这些地区与客源市场距离较近，可能会导致市场份额的分散。以台湾地区为例，其乡村旅游主题鲜明，乡村民宿独具特色，甚至在某些单一主题上能够做到深入挖掘，达到极致，充分展现了"小而精"的特色，这恰恰是福建省乡村旅游所欠缺的。尽管福建省拥有丰富的乡村旅游资源，但目前乡村旅游开发仍面临产品初级化、建设标准化、模式单一化等问题。如何解决这些在发展过程中出现的问题，并凸显自身优势以吸引旅游消费者，是福建省乡村旅游可持续发展的关键所在。福建省应避免与周边地区乡村旅游景区产生恶性竞争，而应与之建立竞合关系，将威胁转化为机遇，实现相互之间的合作共赢。

二、城镇化导致原始村落村貌遭到破坏

在福建省积极推进城镇化进程的背景下，许多传统村落逐渐消失，取而代之的是鳞次栉比的高楼大厦。与此同时，这些村落所蕴含的传统文化和历史建筑遭到了破坏，村落的原始风貌亦不复存在。城镇化对传统村落产生了深远的影响，许多村民为了生计选择外出务工，并在工作地定居，进而将户籍迁入城市，导致传统村落逐渐变得空旷。以漳州市洪坑村为例，该村落是住房城乡建设部公布的第二批"中国传统村落名录"中的一个，占地 130 公顷。其中，

建于康熙六十年（1721 年）的"鸿湖乐居"尤为引人注目。然而，遗憾的是，这个曾经居住着 18 户人家的古建筑群已人去楼空，部分房间已经坍塌，横梁歪斜地倚靠在墙上，窗棂摇摇欲坠，石缝间生长的野草似乎在默默诉说着这座土楼的往昔。①

当前，乡村旅游开发趋向于城市化，迎合旅游者的消费心理，却忽视了村落原有的风貌，新建或改建的接待设施与当地村落景观格格不入，这不仅削弱了乡村旅游的独特魅力，也降低了其资源的吸引力。因此，发展乡村旅游应保留地方特色，实现村落文化的"活态"传承，使人们既能欣赏到自然山水之美，又能感受到浓郁的乡愁。

三、旅游消费者对乡村旅游的要求提高

随着居民收入水平的提升，旅游消费者对旅游品质和品位的追求日益增长，他们更加注重个性化和多样化的旅游体验，期望在"吃、住、行、游、购、娱"各方面获得综合性的满足。对于乡村旅游而言，不仅需要提供清新的自然环境，还应具备高质量的服务水平。然而，目前福建省的乡村旅游产品大多仍局限于观赏性质，缺乏丰富的娱乐体验项目，无法充分满足旅游消费者对多样化旅游产品的需求。此外，人才短缺、创新意识不足以及旅游服务人员素质参差不齐等问题导致旅游消费者体验不佳。福建省乡村旅游服务人员在数量和素质上均未能满足未来发展的需求。

四、保护和开发之间的矛盾

文化遗产的原真性是其价值评估与保护工作的核心原则之一。传统乡村在文化遗产领域具有不可估量的价值，其建筑、文化及自然景观均展现出独特的魅力。近年来，随着乡村旅游和新农村建设的推进，传统村落经历了开发和旅游活动的洗礼，吸引了众多外来游客。这些游客带来的思想文化对村落传统文化产生了一定的影响。随着传统文化的商业化运作，村落经济水平得到提升，但同时也引发了对传统文化原真性保护的担忧。开发活动往往伴随着外界对传

---

① 太痛心！《大鱼海棠》中的土楼在现实中竟残败成这个样子［EB/OL］.（2017 - 06 - 01）. https：//www. nbd. com. cn/articles/2017 - 06 - 01/1112910. html.

统村落的冲击和改变，而原真性保护则要求保持村落的原始状态，从某种意义上讲，开发与原真性保护之间存在矛盾。对传统村落进行原真性保护，实际上是对历史遗产的维护。然而，随着人们生活水平的普遍提高，原有的生产生活方式已无法满足现代需求，变革因此而生。旅游开发有助于提升经济水平和改善基础设施，但同时也对传统村落文化的原真性保护构成了干扰。从传统村落原真性保护的角度来看，其未来的发展面临着"后继无力"的困境。

　　乡村旅游开发在一定程度上会对当地生态环境产生影响，过度开发势必导致生态环境的破坏。然而，若对旅游资源实施过度保护，则可能需要限制游客数量，甚至关闭某些景点，这无疑会限制旅游资源的开发和利用。乡村旅游开发可能带来资源污染，增加环境自我净化的负担，也可能导致当地物价上涨，影响居民生活。目前，福建省在乡村旅游开发方面面临着经济效益、社会效益与生态效益之间的矛盾，如何实现三者有机结合，是福建省乡村旅游发展所面临的重大挑战。

第五章　福建省乡村旅游资源的评价和空间分布分析

第一节　福建省乡村旅游资源的定性分析

福建省自然与人文历史等基础条件非常优越，素有"东南山国"之称。福建是我国四大林区之一，森林覆盖率达 62.96%，居全国第一。福建省内山岭耸峙，低丘起伏，河谷与盆地错综其间，山地、丘陵面积约占全省总面积的90%。[①] 全省地势西北高、东南低，呈"依山傍海"态势，地跨闽江、晋江、九龙江、汀江四大水系，跨南亚热带和中亚热带，生态景观复杂多样，蕴藏着丰富的野生动植物资源，是我国生物多样性丰富的一个省份。福建省的人文历史遗迹也较为丰富，有着独特的人文魅力。福建是我国重点侨乡，福建人移居海外的历史悠久。福建省位于东海与南海的交通要冲，距南亚、西亚、东非和大洋洲较近，特殊的地理位置使福建在历史上成为"海上丝绸之路""郑和下西洋"的起点和商贸集散地，是中国与世界交往的重要门户。[②] 依山傍海、山峦起伏、溪河纵横的自然条件，加上重视环境保护，空气质量优良，文化底蕴深厚，使福建形成人与自然和谐相处的良好环境，全省乡村旅游资源非常丰富，初步形成了全省乡村旅游点、线、面发展的格局和多层次、多类型的乡村旅游产品体系。福建省乡村旅游主要资源空间分布如表 5 - 1 所示。

---

① 福建省情简介 [EB/OL]. (2005 - 06 - 15). https：//news. sina. com. cn/c/2005 - 06 - 15/162269 51293. shtml.

② 居东海与南海要冲 福建成中国改革开放前沿阵地 [EB/OL]. (2004 - 06 - 14). https：// www. chinanews. com/news/2004year/2004 - 06 - 14/26/448283. shtml.

表 5 - 1　　　　　　　　　　福建省九市旅游资源空间分布

城市	自然资源	历史人文资源	特产	风味小吃
福州市	乡村休闲娱乐（休闲农庄、城郊餐饮苑），乡村森林、海滨景观，乡村农业景观，温泉	乡村民风民俗、历史文化街区（三坊七巷）、古典园林（西湖公园）、历史遗址（仓山旧领事馆区遗址）、寺庙（涌泉寺）	寿山石雕、软木画、福州角梳、脱胎漆器、福州纸伞、连江鲍鱼、福州橄榄、福州茉莉花茶、罗源秀珍菇、永泰芙蓉李、漳港海蚌	同利肉燕、永和鱼丸、红艳安平拌粉干、叶家花生汤、咸时、福州鱼丸、福州捞化、太极芋泥、鼎边糊、鸡茸鱼唇
莆田市	乡村滨海景观，山地景观，乡村地文、水文和森林景观，森林公园，地质公园（鹅尾海蚀地质公园）	历史古文化村（澄渚村）、宗教文化（湄洲岛妈祖文化）、遗址遗迹（天妃故里遗址公园）	兴化桂圆、度尾文旦柚、兴化米粉、南日鲍鱼、南日紫菜、莆田红毛菜、莆田枇杷、莆田荔枝、莆田龙眼、南日海带	莆田卤面、天九湾炝肉、焖豆腐、西天尾扁食、莆田煎包、红团、温汤羊肉、莆田泗粉、套肠、葱饼
泉州市	城郊休闲农业、滨海自然风光（滨海公园）、山地森林景观（清源山）、火山岩石地貌（石牛山风景区）	乡村民风民俗（传统服饰，特色饮食，乡村民俗）、民族村落（南美村）历史古建筑（安平桥）、海丝文化、文物古迹	安溪铁观音、永春老醋、永春芦柑、安溪黄金桂、永春佛手茶、惠安石雕、德化白瓷、德化黑鸡、湖头米粉	姜母鸭、面线糊、马蹄饼、橘红糕、盐炒米、泉州爆米糍、东璧龙珠、浮粿、九重粿、泉州润饼、醋肉
厦门市	海滨自然景观（白城沙滩）、岛屿岩石景观（鼓浪屿）、生态景观（天竺山森林公园）	遗址遗迹（胡里山炮台）、寺庙（南普陀寺）、文化教育（集美学村）、艺术街区（艺术西区）	黄胜记猪肉干、南普陀素饼、日光岩馅饼、银祥姜母鸭、太祖牛轧糖、厦门泡面、鱼皮花生、厦门珠绣、古龙肉酱	厦门沙茶面、厦门海蛎煎、厦门春卷、厦门姜母鸭、土笋冻、厦门烧肉粽、沙茶里脊串、花生汤
漳州市	地质地貌景观（滨海火山自然生态风景区）、生物景观（漳江口红树林自然保护区）、水文地理景观（林进屿、漳州江东水利风景区）	建筑与设施景观（南靖土楼、漳州古城）、历史遗迹景观（诏安明代牌坊群）、文化艺术景观（沈耀初美术馆）	东山鲍鱼、东山芦笋、云霄枇杷、平和坂仔香蕉、浮宫杨梅、平和琯溪蜜柚、漳州芦柑、漳州八宝印泥、华安玉、白芽奇兰茶、金定鸭、诏安红星青梅	漳州卤面、漳州手抓面、漳州猫仔粥、豆花粉丝、白水贡糖、石码五香、枕头饼、东山小管、龙文盐鸡、漳州生烫、面煎粿、鸡仔胎、四果汤

续表

城市	自然资源	历史人文资源	特产	风味小吃
龙岩市	自然保护区（梅花山），地质地貌景观（龙崆洞）、生态旅游景观（梁野山）、山地森林景观（连城冠豸山）	革命纪念地旅游区（古田旅游区）、历史文化名村（培田古村落）、工业旅游区（紫荆山工业园）、建筑与设施景观（永定土楼）、民风民俗（洪坑土楼群）	龙岩沉缸酒、长汀河田鸡、龙岩花生、水仙茶、地瓜干、长汀豆腐干、猪胆干、永定红柿、武平仙草、上杭萝卜干、永定菜干、连城白鸭、龙岩山麻鸭、龙岩泡鸭爪、漳平青仁乌豆	豆腐饺、盐酒河田鸡、龙凤腿、麦打滚、干蒸猪肉、鸡肠面、麒麟脱胎、烧大块、簸箕粄、烧肝花、芋子饺、煎薯饼、泡猪腰、余牛肉、清汤粉、太平宴、洋鱼、什锦、酥肉、牛肉丸、龙岩水饺
三明市	地质地貌景观（天鹅洞、寨下大峡谷）、生物景观（淘金山）、水文地理景观（上清溪）、山地森林（泰宁新兴旅游区）	文物古迹（朱子文化园）、历史文化村落（桂峰古村）、饮食文化（沙县小吃文化城）、红色旅游（建宁中央苏区反"围剿"纪念园）	扁肉、永安吉山老酒、大田高山茶、郑湖水柿、明溪肉脯干、河龙贡米、建宁白莲、宁化米仁、龙池砚、明溪金线莲、尤溪板鸭、沙县玉露酒、大田糟兔	泥鳅粉干、蕨须包、蛋菰、宁化鱼生、碧玉卷、芝麻咸饼、沙县扁肉、暖菇包、仙草膏、沙县烧麦、烙粑、永安粿条、将乐擂茶
南平市	山地森林景观（宝山风景名胜区）、地质地貌景观（武夷山、溪源峡谷旅游区）、生态旅游（邵武瀑布林生态旅游景区）	主题园区（自邀小镇汽车主题乐园、武夷山茶博园）、古镇古村落（邵武和平古镇）、历史文化（武夷山朱熹理学）	小湖水仙茶、武夷岩茶、顺昌海鲜菇、浦城桂花、建阳桔柚、邵武笋干、闽北花猪、建瓯北苑贡茶、五夫白莲、武夷黄酒、二色杨梅	笋燕、建瓯光饼、岚谷熏鹅、建瓯板鸭、顺昌灌蛋、笋饼、峡阳桂花糕、文公菜、南平菊花鱼
宁德市	乡村休闲农业（赤溪村），乡村海岛景观（东安村），水文地理景观（白水洋鸳鸯溪、九龙漈风景名胜区）、地质地貌景观（太姥山）	历史建筑（福安乐善桥、大京古堡）、宗教文化（周宁般若寺）、文化名人（蔡威事迹展览陈列馆）、传统文化（鲤鱼溪景区）民族民风（中华畲家寨）	古田银耳、福鼎白茶、福鼎芋、屏南老酒、天山绿茶、福安葡萄、柘荣太子参、古田红曲、天山红、糖塔、惠泽龙酒、桐江鲈鱼、古田脐橙、杉洋麦芽糖	福鼎肉片、宁德肉丸、光饼、挂霜芋、寿宁米糕、周宁乌蛋粿、福安海蛎包、福安七层糕、魔芋糕、畲族乌米饭、福安肉糕、甜糟焯蛋、大肠粉扣

资料来源：笔者根据福建省文化和旅游厅公布的信息整理得出。

一、福州市乡村旅游资源①

福州市是福建省省会，古称闽都，全市下辖六个市辖区、六个县，代管一个县级市，总面积 11968.53 平方千米，全市常住人口为 842 万人，户籍人口 723.4 万人。福州市经济基础优越，生态优美、环境宜人，自然休闲条件舒适，历史悠久，人文古迹类景区较多，乡村旅游资源丰富，多集中于农业产业化与产业庄园类、乡村民俗类、乡村休闲娱乐类、乡村历史遗址遗迹类、乡村红色旅游类等。结合全省"百镇千村"品牌创建工作，福州市推动形成省级乡村旅游休闲集镇 10 个、乡村旅游特色村 91 个，其中星级乡村旅游休闲集镇三个、星级旅游村四个，市级乡村旅游精品示范点 11 个，闽台乡村旅游实验基地五个。② 福州市打造了一批乡村旅游品牌，有力地推动了县域的全域旅游发展。福州市乡村旅游景区较为分散，主要可以分为三大组团，东部组团在空间范围上包括罗源县、连江县、长乐区和福清市四个沿海县（市）区，中部组团在空间范围上包括闽侯县和晋安区，西部组团在空间范围上包括闽清县和永泰县。在福州，形成了以东部罗源畲山水景区、福清天生农庄、奇达村等，中部闽侯县孔元村等，南部后溪旅游区等为主的乡村旅游目的地。

在自然景观方面，晋安区九峰村有独特山水景观和古堤坝；连江县北茭村位于半岛末端，有石头老屋；奇达村是著名的渔村，有原生态景致；永泰县乡村被群山环绕。在田园景观方面，有大片农田、果园、茶园等，如永泰垱演村的油菜花田和果园。在人文景观方面，有传统古村落，如永泰月洲村是传统村落，闽清攸太村的建筑极具特色，仓山阳岐村是严复故里。此外，庄寨建筑主要在永泰县，如爱荆庄获亚太地区文化遗产保护优秀奖；琴江满族村保留军事建筑格局和独特建筑风格。在民俗风情方面，罗源八井村畲族村的特色活动非常有名。在特色产业方面，沿海乡村（如福清玉楼村、罗源北山村）以海产养殖捕捞、农（渔）家乐为主导，永泰梧桐嵩口古镇可围绕特色古民居建筑群发展，垱演村可发展生态农业和研学旅游。

---

① 笔者根据实地调研、福州市文化和旅游局公布的相关信息整理。

② 福州：文旅融合发力 乡村旅游振兴 [EB/OL]. (2019-04-01). https://www.mct.gov.cn/whzx/qgwhxxlb/fj/201904/t20190401_841264.htm.

二、莆田市乡村旅游资源^①

莆田市地处福建省沿海中部，地理优势明显，现辖一县、四区、两个管委会，陆域面积 4200 平方千米，海域面积 1.1 万平方千米，户籍人口数为 366.69 万人，常住人口 322 万人。莆田市历史底蕴深厚，史称"兴化"，建制至今已有 1500 多年，素有"海滨邹鲁""文献名邦"之美称，以妈祖文化闻名于世。^② 莆田市人文历史遗存众多，自然条件优越，拥有丰富的民俗风情和田园特色风光。这些资源为乡村旅游的发展提供了坚实的基础。例如，湄洲岛、南日岛等海岛资源为游客提供了独特的滨海旅游体验；而涵江区的白塘湖、大洋乡等地则以其秀美的田园风光和丰富的农业资源吸引了大量游客。莆田市的乡村旅游活动涵盖了观光、休闲、娱乐、体验等多个方面。例如，在湄洲岛，游客可以参加妈祖诞辰纪念活动、海鲜美食节等，感受海岛风情和传统文化；在南日岛，游客可以体验赶海、垂钓等海洋活动，享受海岛生活的乐趣；在涵江区，游客可以参加"莆阳赏秋，白塘月色"文旅消费季活动，欣赏白塘秋月的美景，品味中秋民俗风情。此外，还有诸如"溪缘谷"露营地的古风韵境体验、钟山镇南兴村的艺术创作和农文创成果展等，都为游客提供了丰富多彩的乡村旅游体验。

在自然景观方面，有九华山、壶公山等山脉，峰峦起伏、森林茂密、溪流潺潺、空气清新，还有凌云殿等名胜古迹，菜溪岩、汀港山等景区山势险峻、景色秀丽，而蔡陂水库水平如镜。此外，还有河流湖泊，以及大片农田、果园、茶园等，一派秀丽的田园风光。在人文景观方面，有不少传统古村落，如天马村、洋尾村。这里有保存完好的古厝群、古建筑，风格独特、工艺精湛。此外，还有天花圣寺、广化寺等文物古迹，其中释迦文佛塔是全国重点文物保护单位。莆田还是革命老区，有丰富的红色文化遗迹。在民俗风情方面，湄洲岛是妈祖诞生地和文化发祥地，每年会举办盛大的祭祀活动；莆仙戏是一个古老的剧种，被誉为"宋元南戏的活化石"。在特色产业方面，莆田市的木雕历

---

① 笔者根据实地调研、莆田市文化和旅游局公布的信息整理。

② 莆田市人民政府．区划概况［EB/OL］．（2023－04－03）．https：//www.putian.gov.cn/zjpt/qhgk/201507/t20150731_198961.htm.

史悠久、技艺精湛；银饰工艺发达，产品种类繁多。

三、泉州市乡村旅游资源①

泉州别称"鲤城"，全市共辖四个市辖区、三个县级市、五个县，总面积
11015 平方千米，户籍人口 771.3 万人，常住人口 887.9 万人。泉州历史悠久，经
济开发早在周秦时期就已开始，孕育了璀璨的民俗文化，如蟳埔女习俗、惠安女习
俗和梨园戏等。泉州是古代"海上丝绸之路"重要节点、国务院首批公布的 24 个
历史文化名城之一、首届"东亚文化之都"，区位优势与交通优势明显。② 泉州拥
有三个全国乡村旅游重点村，分别是惠安大岞、晋江围头、德化佛岭。③ 泉州
市乡村旅游大力发展集休闲度假、民俗体验、文化传承等于一体的复合型休闲
旅游模式，有"网红"簪花的蟳埔村、闽南骑楼古街的茂霞村、坐拥东亚文
化之都的土坑村、古老彩色村庄的樟脚村、中国咏春拳第一村的大羽村等。

在自然景观方面，乡村山水秀丽，如德化湖坂村的石牛山、岱仙湖等，适
合登山、徒步等活动。在田园景观方面，最出名的是安溪铁观音茶园，在这里
游客可以参观茶园，了解茶叶的种植和制作过程，品尝正宗的安溪铁观音。同
时，沿海地区渔业资源丰富，有全国最美渔村——惠安县大岞村，这也是泉港
区惠屿岛和崇武（国家）中心渔港所在地。在人文景观方面，有融合闽南文化
和南洋建筑风格的传统古村落，如晋江梧林、惠安大岞村，历史底蕴深厚。南安
沙溪村还保留了革命遗迹。泉州的民俗文化丰富，如蟳埔女习俗、永春纸织画
等，还有各种特色传统节日和民俗活动，如崇武大岞村妈祖祭拜活动，民间艺术
南音、高甲戏等也广泛流传，剪纸等传统手工艺和德化白瓷也非常有特色。

四、厦门市乡村旅游资源④

厦门又称"鹭岛"，是福建省副省级城市、经济特区，位于台湾海峡西岸
中部、闽南金三角的中心，全市市域面积 1700.61 平方千米，海洋面积约 390

---

① 笔者根据实地调研、泉州市文化和旅游局公布的信息整理。
② 泉州概况［EB/OL］.（2024 – 08 – 22）. https：//www. quanzhou. gov. cn/zfb/zjqz/qzgk/.
③ 泉州两村入选全国乡村旅游重点村［EB/OL］.（2020 – 09 – 08）. https：//www. quanzhou. gov. cn/
lyb/lyxw/202009/t20200908_2420814. htm.
④ 笔者根据实地调研、厦门市文化和旅游局公布的信息整理。

平方千米，由福建省东南部沿厦门湾的大陆地区和厦门岛、鼓浪屿等岛屿以及厦门湾组成。厦门市设有六个市辖区，26 个街道，12 个镇，379 个社区，147 个村。户籍人口 282.8 万人，常住人口 528 万人。① 厦门市交通线路和方式众多，交通系统完善，非常便利。厦门气候温和多雨，海洋生物资源丰富，景色秀丽，旅游资源众多，是全国著名的旅游城市之一。近年来，厦门不断加大扶持力度，推动乡村产业高质量发展。其乡村旅游空间布局分散在区域周边，翔安香山景区和大帽山境田园综合体、同安竹坝百利种苗园区、集美鹰坑谷民俗文化园、海沧洪塘村等是主要的乡村旅游目的地。

在自然景观方面，厦门山水优美，如同安区顶村村、海沧区天竺山森林公园等，此外还有奇特的地质景观，如同安区军营村七彩池。在田园景观方面，有大片的农田、果园、茶园，如集美区田头村、翔安区大宅乡村旅游示范区，游客还可以在这里进行采摘。在人文景观方面，有不少传统古村落保留着闽南特色建筑，如翔安区沙美村、同安区莲花村。厦门民俗文化丰富多样，如送王船等。部分乡村还有红色文化景点，如翔安区沙美村农民协会旧址。在特色产业资源方面，特色农业产业包括集美区田头村仙景芋种植示范基地、同安区隘头村"温泉 + 民宿"产业等；此外，翔安区澳头村的渔业产业发达，可发展休闲渔业旅游。

五、漳州市乡村旅游资源②

漳州市地处福建省闽南地区南端，自古以来就是闽、粤、赣的交通要冲。漳州市下辖四个市辖区、七个县，西北多山，东南临海，地势从西北向东南倾斜。全市陆地面积 1.29 万平方千米，陆地东西最大横距约 130 千米，南北最大纵距约 190 千米，海域面积 1.86 万平方千米，海岸线长 715 千米，户籍人口 526.2 万人，常住人口 507 万人。漳州市是国务院公布的历史文化名城，自建州开始，迄今已有 1338 年历史，文化底蕴深厚，民俗风情多姿。③ 1300 多年的文化积淀、依山傍海的地理位置、四季如春的气候条件赋予了漳州独具特

---

① 厦门市 2021 年国民经济和社会发展统计公报 [EB/OL]. (2022 - 03 - 23). http：//www. tjcn. org/tjgb/13fj/36991. html.

② 笔者根据实地调研、漳州市文化和旅游局公布的信息整理。

③ 中国历史文化名城——漳州古城 [EB/OL]. (2019 - 06 - 17). https：//www. zhangzhou. gov. cn/ cms/html/zzsrmzf/2015 - 01 - 21/445117191. html.

色的三大旅游资源，海滨风光秀丽、神奇，花果生态绚丽、诱人，民俗史迹悠久、璀璨，是集观光、休闲、度假、健身于一体的旅游胜地。漳州市乡村旅游布局相对分散，各乡村旅游地相隔较远，呈点状分布。漳州人文旅游资源独具特色，以田螺坑土楼群、塔下村、云水谣古镇等为主体的历史文化遗址是其乡村旅游的主要目的地。

在自然景观方面，漳州山水风光秀丽，生态良好，如平和县的乡村的山区、东山县部分村落的海滨风光，以及云霄县椽树村；部分乡村有特殊地质景观，如长泰林溪村的温泉。在田园景观方面，广阔的农田、果园、茶园等可开展农事体验，如平和县六成楼花溪梦田。在人文景观方面，传统古村落（如龙海区埭美古村、南靖县梅林镇官洋村、东山樟塘镇南埔村等）的建筑风格独特；民俗文化丰富多彩，传统节日习俗和民间艺术表演层出不穷；同时，红色文化资源丰富，如谷文昌纪念馆。在特色产业资源方面，特色农业产业有平和蜜柚等农产品，同时还可以发展旅游项目，如云霄县椽树村的枇杷产业和漳州市蜗牛村的田园综合体；渔业产业发达，如东山县东沈村；此外，还可以开发乡村体验旅游活动，如长泰区岩溪上蔡村的慢生活、东山县铜兴村的"美丽庭院"和东山岛杏陈镇磁窑村的磁窑文化体验。

六、龙岩市乡村旅游资源①

龙岩市位于福建省西部，地处闽、粤、赣三省交界，通称"闽西"，是全国早期"打开山门，拥抱世界"的革命老区、山区地市之一，是原中央苏区核心区，是红军的故乡、红军长征的重要出发地之一，享有"二十年红旗不倒"赞誉。龙岩市是国家园林城市、国家森林城市，森林覆盖率达 79.21%，共有自然保护区三个，其中国家级三个；自然保护区面积 4.88 万公顷；有风景名胜区三处，其中国家级一处、省级两处，风景名胜区总面积 1.33 万公顷；大气、水质、生态质量位居福建省前列。龙岩市下辖两个市辖区、四个县，代管一个县级市，总面积 19028 平方千米，总人口 273 万人。②

---

① 笔者根据实地调研、龙岩市文化和旅游局公布的信息整理。

② 龙岩市第七次全国人口普查公报 ［EB/OL］. （2021 – 05 – 24）. http：//xxgk. longyan. gov. cn/tjj/gkml/3000/202105/t20210524_1788390. htm.

在自然景观方面，龙岩有得天独厚的自然风光，如连城冠豸山、上杭梅花山、武平梁野山等，以及丰富的温泉资源。龙岩将田园景观与特色农业相结合，如漳平南洋镇的茶旅生态小镇、连城县莒溪镇璧洲村的百亩荷花池及特色农业等，在这里游客可体验多种活动。在人文景观方面，传统古村落众多，各有特色，如连城县培田村的明清古民居建筑群、漳平东湖村的清代古民居、世界文化遗产——永定土楼群及永定区岩太村的土楼和梯田、新罗区竹贯村的历史古迹等。此外，龙岩红色文化资源丰富，如上杭古田镇五龙村、武平捷文村、长汀中复村、新罗区山塘村等，承载着革命先辈的奋斗精神。龙岩的客家文化深厚，长汀被誉为"世界客家首府"，上杭被誉为"客家族都"。客家土楼、美食、歌舞等，以及独特的民间传统节日和非遗技艺，可为游客展示客家文化的魅力。

七、三明市乡村旅游资源①

三明市位于福建省西部和西北部，武夷山脉和戴云山脉之间，总面积2.29万平方千米，下辖一市、两区、八县，户籍人口287万人，常住人口249万人。三明市拥有泰宁（世界自然遗产地、世界地质公园）、尤溪联合梯田（全球重要农业文化遗产）等三个世界级品牌、一个国家5A级旅游景区、21个国家4A级景区和200多个国家级旅游品牌。② 三明市物产丰富，竹、木、菇、闽笋、建莲、金橘、猕猴桃、花奈、天然宝石以及"汀州八干"的明溪肉脯干、宁化辣椒干、田鼠干在国内外久负盛名。三明市乡村旅游资源丰富，乡村旅游目的地较多，有以历史文化闻名的文化传承型美丽乡村桂峰村，有以饮食文化闻名的产业融合型美丽乡村俞邦村，还有以文化创意闻名的休闲旅游型美丽乡村小蕉村等。针对旅游资源丰富、交通区位优越的村落，三明市做好休闲旅游文章，发展周末游、短途游、亲子游等新型业态。

在自然景观方面，泰宁大金湖是福建最大的人工湖，有"天下第一湖山"的美誉，九龙潭是泰宁地质公园的核心景区，将乐玉华洞是福建最大、最长的石灰岩溶洞。泰宁县杉城镇际溪村有独特的丹霞地貌和丰富的文化资源，将乐

---

① 笔者根据实地调研、三明市文化和旅游局公布的信息整理。
② 三明市国家A级旅游景区一览表［EB/OL］．（2024-02-29）．https：//www.sm.gov.cn/zw/ztzl/xxwltjg/zs_38163/202402/t20240229_2004806.htm.

县常口村生态优美，田园风光秀丽，适合发展绿色经济。在田园景观方面，沙县夏茂镇的万亩稻田、大田县桃源镇蓝玉村等都是游客的好去处。在人文景观方面，尤溪县洋中镇桂峰村是历史文化名村和传统村落，这里的建筑风格独特；永安小陶镇新西村的古建筑群有108座清代建筑，充分展示了古代工匠的智慧。在民俗风情方面，有桃源里东坂古寨的畲族文化和独特的土堡建筑安良堡。在特色产业资源方面，沙县区俞邦村是"沙县小吃第一村"，发展了多条旅游线路；三元区中村乡顶太村是富硒土黄酒酿造产业示范基地，有传统酿酒工艺和酒文化展示；三元区小蕉村发展生态农业；清流县林畲镇石下村的温泉资源丰富，吸引了众多游客。

八、南平市乡村旅游资源[①]

南平市是福建省辖地级市，地处福建省北部、闽江源头，位于闽、浙、赣三省交界处，俗称"闽北"，下辖二区、三市、五县，人口319万人，面积2.63万平方千米。南平市境内山峰耸峙，低山广布，河谷与山间小盆地错落其间，具有中国南方典型的"八山一水一分田"特征。南平市是国家级生态示范区、全国绿色发展示范区、闽江发源地、福建生态屏障，地球同纬度生态环境最优越的地区之一。南平市拥有武夷山（全国仅有的四个"世界自然与文化遗产地"之一）等旅游资源150多处。早在2014～2017年，全市就已建成省级乡村旅游休闲集镇11个，特色村77个，乡村旅游经营单位20个，国家级旅游扶贫试点村八个，省级旅游扶贫重点村六个。[②] 例如，延平区九龙村文化积淀深厚，拥有丰富的人文历史遗址，通过挖掘当地以土厝为主的人文文化，开发乡村旅游，吸引了越来越多的游客前往体验"诗与远方"的诗意田园生活。从石圳湾景区到凤头楠木林景区，可以体验茶乡酒镇之旅，其中石圳村是全国乡村旅游重点村，村内有廖俊波同志先进事迹馆、朱子书院、中华紫薇园等特色景点，有石圳酥饼和石圳豆腐丸等特色风味美食。

在自然景观方面，南平多山，如武夷山及其周边乡村，如光泽县山头村，

---

① 笔者根据实地调研、南平市文化和旅游局公布的信息整理。
② 发展闽北乡村旅游 助推乡村振兴战略［EB/OL］.（2018－12－27）. https：//www.np.gov.cn/cms/html/npszf/2018－12－27/1183993698.html.

可大力发展旅游项目；此外，还有广阔的田园风光，如建阳区扁溪村、政和县念山村的梯田。在人文景观方面，传统古村落武夷山市下梅村是万里茶路的起点，政和县锦屏村有众多历史文化景观和悠久的茶文化；此外，南平的民俗风情浓郁，如舞龙舞狮、傩舞等民俗活动以及建盏烧制、竹具工艺等传统手工艺，其中光泽县油溪村有特色民俗活动，建阳区后井村是宋代建盏主要生产地，政和县是中国竹具工艺城。南平是革命老区，红色文化资源丰富，如大安红色旅游景区等。在特色产业资源方面，以特色农产品和传统手工艺发展乡村旅游项目，如政和县锦屏村的茶叶产业、建阳区扁溪村的草莓种植。

九、宁德市乡村旅游资源①

宁德市俗称"闽东"，位于福建省东北部，全市陆地面积1.35万平方千米，海域面积4.46万平方千米。宁德市下辖一区、两市、九县。② 宁德市是中国东南沿海休闲度假和生态旅游的胜地，闽东群山环绕，面向大海，山川俊秀，海域辽阔，岛屿星罗，融"山海川岛湖林洞"为一体的旅游资源十分丰富。三沙镇东壁村，依山面海，过去家家户户"靠海吃海"，以发展紫菜产业和内海捕捞业为生。近年来，乘着霞浦全域旅游的"东风"，东壁村也发展起"摄影＋民宿"产业，吃上了"旅游饭"。宁德市还以甘国宝文化、乡村文创和黄酒文化为重点，打造甘棠乡小梨洋村、巴地村、漈下村，熙岭乡龙潭村、四坪村和代溪镇北墘村旅游线路。宁德市大力实施以文化人、以文惠民、以文兴业工程，繁荣特色乡村文化，有力赋能闽东乡村振兴。目前，已统筹资金12.49亿元，实施乡村旅游项目964个，建成"金牌旅游村"112个，全国乡村旅游重点村六个，两条线路入选全国乡村旅游精品线路；实施文旅经济，提升"十百千"工程，推出宁味千鲜、宁韵百宿、宁秀百村、宁来畅游、宁派好礼等"＋文旅"新供给；建设东南沿海最美滨海风景道，开通"澳内游""海上逐日"旅游航线。2023年，全市乡村旅游收入突破100亿元，游客数、

---

① 笔者根据实地调研、宁德市文化和旅游局公布的信息整理。

② 2023年宁德市国民经济和社会发展统计公报［EB/OL］.（2024 - 03 - 26）. http：//tjj. ningde. gov. cn/xxgk/tjxx/tjgb/202404/t20240401_1926328. htm.

收入同比分别增长49.9%和33.2%，均居福建省第二。①

宁德自然景观丰富，依山傍海，如霞浦渔村独特的滩涂、福鼎嵛山岛的美景、周宁九龙漈瀑布、柘荣鸳鸯草场、福鼎太姥山及蕉城区上金贝村等。在人文景观方面，传统古村落众多，如屏南棠口村、寿宁县下党乡、屏南县龙潭村；民俗风情浓郁，是畲族主要聚居地，如猴盾村等畲族村落，以及"三月三"等民俗活动；红色文化资源丰富，如寿宁下党乡、蕉城洪坑村是红色旅游胜地。在特色产业资源方面，茶产业发达，如福鼎白茶茶园；果蔬种植丰富，有多个特色水果和蔬菜基地；同时还大力发展乡村旅游新业态，如屏南乡村的"文创＋乡村"、霞浦乡村的"摄影＋民宿"等多种产业融合发展模式。

第二节　福建省乡村旅游资源的定量分析

一、福建省乡村旅游资源分类

（一）福建省乡村旅游资源分类体系

本研究基于福建省乡村旅游资源的形态、特征、功能以及其利用现状，并参照国家旅游资源分类标准，构建了福建省乡村旅游资源分类体系。该体系将福建省乡村旅游资源细分为乡村民俗资源、乡村人文资源、乡村聚落资源、乡村历史遗迹、乡村自然资源五大主类，以及11个亚类和34个基本类。此外，本研究还收集了各分类下的典型代表案例，对福建省乡村旅游资源的功能与类型进行了系统分类与总结（见表5－2）。

（二）分类体系说明

表5－2所列内容采用字母进行标识，例如，ABC代表A主类项下的B亚类项中的C基本类项。针对福建省乡村旅游资源分类，将借鉴此分类体系，保留主类的名称与标识，同时依据其发展与变化的特性，对亚类与基本类的名称、数量及标识进行调整。新增的基本类标识将被纳入现有体系之中。

---

① 牢记嘱托，奋力走好闽东特色乡村振兴之路［EB/OL］.（2024－07－25）. https：//www.ningde.gov.cn/zwgk/gzdt/jryw/202407/t20240725_1958653.htm.

表 5-2   **福建省乡村旅游资源分类体系**

主类	亚类	基本类	典型代表
乡村民俗资源（A）	精神民俗（AA）	特色文化（AAA）	客家文化、妈祖文化
		民间艺术（AAB）	南音、中国传统木结构营造技艺
		传统节日（AAC）	拗九节、妈祖节
	物质民俗（AB）	特色美食（ABA）	佛跳墙、擂茶
		文化产品（ABB）	八宝印泥、脱胎漆器
乡村人文资源（B）	名人记录（BA）	名人名家（BAA）	朱熹、郑成功、林则徐
	名人文化（BB）	名人故居（BBA）	朱熹故居、苏颂故居、施琅故居
		书院（BBB）	蓝田书院
		名人事迹（BBC）	杏林始祖
乡村聚落资源（C）	聚落景观（CA）	民俗文化村（CAA）	洪坑土楼群民俗文化村
		特色小镇（CAB）	上杭古田红色特色小镇
		田园综合体（CAC）	武夷山五夫镇
		休闲农庄（CAD）	九野农园、东南花都
		历史文化公园（CAE）	永安吉山抗战文化公园
乡村历史遗迹（D）	历史古迹（DA）	古城遗址（DAA）	城村汉城遗址
		石窟（DAB）	合掌岩石窟、宝盖山石窟公园
		墓群遗址（DAC）	浦城管九村土墩暮
		宗庙祠堂（DAD）	林坊乡林氏宗祠、上杭李氏大宗祠
		红色遗址（DAE）	长乐南阳村、长汀南山中复村
		历史文物（DAF）	土楼古建筑群、梁厝古村落古建筑群
		遗址公园（DAG）	万寿岩考古遗址公园
	民俗古建筑（DB）	会馆（DBA）	仓山安澜会馆
		道观寺院（DBB）	开元寺、南普陀寺
	景观附属建筑（DC）	亭台楼阁（DCA）	泰宁尚书第、白云乡姬岩
		博物馆（DCB）	中国闽台缘博物馆

续表

主类	亚类	基本类	典型代表
乡村自然资源（E）	景区公园（EA）	植物造景公园（EAA）	泉州芳草园、福安园
		湿地公园（EAB）	长汀汀江国家湿地公园
		森林公园（EAC）	武夷天池国家森林公园
		水利风景（EAD）	山美水库水利风景区
	地貌资源（EB）	峡谷（EBA）	溪源峡谷
		山川瀑布（EBB）	福鼎九鲤溪瀑
		岩洞（EBC）	宁化天鹅洞、将乐玉华洞
	水域景观（EC）	湿地（ECA）	闽江河口湿地
		河流（ECB）	古溪星河、鲤鱼溪

资料来源：笔者根据相关资料整理。

二、福建省乡村旅游资源评价的 AHP 分析

（一）构建评价体系

1. 指标选取

本研究遵循构建评价指标体系的基本原则，通过文献回顾和综合借鉴等手段，依据福建省乡村旅游资源的特性，选取了福建省乡村旅游资源评价指标体系的综合层、要素层和指标层中的评价因子。首先，将福建省乡村旅游资源评价设定为最高层级的目标。其次，选取了乡村旅游资源、乡村旅游设施与服务、乡村旅游资源开发条件这三个主要因素，作为评价体系的综合层。再次，将综合层进一步细化为要素层：乡村旅游资源要素层细分为资源价值和资源丰富度；乡村旅游设施与服务要素层细分为基础设施和旅游服务；乡村旅游资源开发条件要素层细分为可达性、内部条件和外部条件。最后，要素层又被进一步细化为更具体的指标层，如资源价值要素层细分为资源观赏价值、资源科学价值、资源人文价值和资源民俗价值等（见表 5 - 3）。

表 5 – 3　　　　　　　　　福建省乡村旅游资源评价指标体系

目标层	综合层	要素层	指标层
福建省乡村旅游资源评价（A）	乡村旅游资源（B1）	资源价值（C1）	资源观赏价值（D1）
			资源科学价值（D2）
			资源人文价值（D3）
			资源民俗价值（D4）
		资源丰富度（C2）	景观知名度（D5）
			资源奇特度（D6）
			资源完整性（D7）
			资源文化性（D8）
	乡村旅游设施与服务（B2）	基础设施（C3）	公共卫生设施（D9）
			景区内基础设施（D10）
		旅游服务（C4）	饮食（D11）
			住宿（D12）
			购物（D13）
			娱乐（D14）
	乡村旅游开发条件（B3）	可达性（C5）	交通条件（D15）
			与客源地距离（D16）
		外部条件（C6）	地方政策（D17）
			区位条件（D18）
		内部条件（C7）	客源地市场规模（D19）
			游客吸引力（D20）
			市场知名度（D21）

2. 确定评价指标权重

在本研究中，依据既定的评价指标体系，我们设计了一套包含两个部分的专家咨询调查问卷。问卷的第一部分为《福建省乡村旅游资源开发指标体系咨询调查表》（问卷 1），第二部分为《福建省乡村旅游资源评价指标体系权重调查表》（问卷 2）。问卷 1 详细涵盖了三个层面的咨询内容，具体包括综合层咨询表三项、要素层咨询表七项以及指标层咨询表 21 项。问卷 2 则由 11 个评价矩阵组成，其评分内容涉及综合层、要素层和指标层三个层面的因子。

本研究成功收集到 15 份有效问卷，问卷回收率为 100%。2023 年 2~4 月，15 位专家对调查问卷进行了详尽的评审和打分。随后，我们对问卷评分结果进行了综合整理，并基于这些数据构建了相应的判断矩阵。

（二）构建判断矩阵

判断矩阵是层次分析法（AHP 分析法）的核心构成要素。在构建评判矩阵的过程中，采用一致性矩阵法，该方法避免了对所有因素进行同时比较，而是选择逐一比较各个因素。通过引入相应的比例尺度，最大限度地简化了参数间比较的复杂性，从而提高了计算的精确度。随后，参照重要性标度表，可以得到判断矩阵中的相关数据（见表 5-4）。

表 5-4　　　　　　　　　　重要性标度含义（标度说明）

分值	含义
1	表示两个元素相比，具有同等重要性
3	表示两个元素相比，前者比后者重要
5	表示两个元素相比，前者比后者明显重要
7	表示两个元素相比，前者比后者强烈重要
9	表示两个元素相比，前者比后者极端重要
2、4、6、8	表示上述相邻判断的中间值
用倒数表示（如1/3）	后者比前者重要

1. 计算判断矩阵因子权重

在矩阵的每一个层级中，单一排序用来决定相关要素在这个层级中的重要性的权重值。对于判断矩阵 A，计算满足 $AW = \lambda \max W$ 特征根特征向量，其中 $\lambda \max$ 是 A 的最大特征根，W 为对应 $\lambda \max$ 的正规化特征向量，也是单排序的权重值。

计算过程如下：

首先，将 A 的元素按列进行归一化处理，即求：

$$a_{ij} / \sum_{k=1}^{n} a_{kj}(1,2,\cdots,n)$$

其次，将处理后的判断矩阵按行进行，求和：

$$w_i = \sum_{i=1}^{n} A_{ij}(i = 1,2,\cdots,n)$$

最后，将向量做归一化处理：

$$w_i = W_i \bigg/ \sum_{j=1}^{n} W_{ij}(i = 1,2,\cdots,n)$$

2. 层次单排序与一致性检验

为验证所得专家评分数据的可靠性和科学性，并对其进行研究，当计算出最大特征根 λmax 之后，由于在判断矩阵的阶数 n 大于 2 时，通常很难构造出具有一致性的矩阵，故必须对所得结果进行一致性检验。一致性检验的程序如下：

第一步，计算一致性指标 CI（consistency index）。

$$CI = \frac{\lambda max - n}{n - 1}$$

第二步，查阅平均随机一致性指标（RI）值表（见表 5 - 5），确定判断矩阵不同阶数平均随机一致性指标 RI。例如，对于 3 阶的判断矩阵，查表得到的平均一致性指标 $RI = 0.58$。

表 5 - 5　　　　　　　　　RI 值

	1	2	3	4	5	6	7	8	9
RI	0	0	0.58	0.90	1.12	1.24	1.32	1.41	1.45

第三步，对一致性比例 CR（consistency ratio）进行计算，并进行判断。

$$CR = \frac{CI}{RI}$$

当 $CR < 0.1$ 时，认为判断矩阵的一致性是可以接受的；当 $CR > 0.1$ 时，认为判断矩阵不符合一致性要求，并且需要对该判断矩阵进行重新修正。

通过收集并处理相关数据，得到最终结果（见表 5 - 6）。

表 5 - 6　　　　　　　　　　**福建省乡村旅游资源评价指标权重**

目标层	综合层（B）		要素层（C）		指标层（D）	
	综合层	权重	要素层	权重	指标层	权重
福建省乡村旅游资源评价（A）	乡村旅游资源（B1）	0.63	资源价值（C1）	0.83	资源观赏价值（D1）	0.55
					资源科学价值（D2）	0.07
					资源人文价值（D3）	0.21
					资源民俗价值（D4）	0.17
			资源丰富度（C2）	0.17	景观知名度（D5）	0.53
					资源奇特度（D6）	0.12
					资源完整性（D7）	0.29
					资源文化性（D8）	0.07
	乡村旅游设施与服务（B2）	0.26	基础设施（C3）	0.75	公共卫生设施（D9）	0.80
					景区内基础设施（D10）	0.20
			旅游服务（C4）	0.25	饮食（D11）	0.20
					住宿（D12）	0.59
					购物（D13）	0.06
					娱乐（D14）	0.14
	乡村旅游开发条件（B3）	0.11	可达性（C5）	0.62	交通条件（D15）	0.83
					与客源地距离（D16）	0.17
			外部条件（C6）	0.28	地方政策（D17）	0.75
					区位条件（D18）	0.25
			内部条件（C7）	0.10	客源地市场规模（D19）	0.14
					游客吸引力（D20）	0.62
					市场知名度（D21）	0.24

三、福建省乡村旅游资源评价结果分析

（一）评价层因子分析

1. 综合层（B）评价因子

根据表 5 - 6 的分析结果，可以明确地看出，在综合评价层面，乡村旅游

资源的权重占据首位，这反映出在福建省乡村旅游的发展过程中，乡村旅游资源是其核心特征和主要优势所在。因此，乡村旅游资源的开发必须依托于其固有的资源基础，并发挥其内在的吸引力。观察当前福建省乡村旅游的发展状况，可以发现大部分乡村旅游资源都得到了妥善保护，并且具备巨大的发展潜力。权重排名第二的是乡村旅游设施与服务，这表明在乡村旅游的开发过程中，相关配套设施的建设尚需进一步完善，尚有提升空间。而乡村旅游开发条件的权重最低，这表明在市场资源配置方面，乡村旅游资源存在一定的不足，且各地区的相关政策亟须更新。综上所述，福建省的乡村旅游资源虽然丰富，但其开发程度尚不充分，配套设施尚不完善，且开发条件有待改善。

2. 要素层（C）评价因子

矩阵评价体系中，在综合层乡村旅游资源（B1）中，资源价值（C1）的权重为0.83，资源丰富度（C2）的权重为0.17。这表明，资源价值（C1）在乡村自然资源评价体系中占据核心地位，这与社会大众选择乡村旅游资源目的地的偏好相吻合，同时也进一步凸显了资源价值开发的重要性。在乡村旅游设施与服务（B2）层面，基础设施（C3）的权重为0.75，旅游服务（C4）的权重为0.25。显然，基础设施建设对于乡村旅游的发展至关重要，这反映了当前游客对基础设施的强烈需求。因此，在发展乡村旅游时，应重视旅游基础设施建设，并努力提升旅游相关服务的质量。在乡村旅游开发条件（B3）方面，可达性（C5）的权重最高，为0.62，而外部条件（C6）和内部条件（C7）的权重分别为0.28和0.10。由此可见，可达性是乡村旅游开发条件中的核心要素。因此，在乡村旅游开发过程中，应进行详尽的可达性调查分析，并制定相应的可行性方案。

3. 指标层（D）评价因子

根据矩阵数据分析，在要素层资源价值（C1）中，资源观赏价值（D1）的权重为0.55，位居首位，其次是资源人文价值（D3），权重为0.21。可见，在资源价值评估过程中，资源观赏价值占据显著地位，这与当前社会大众对旅游需求的主流趋势相吻合。同时，这也反映出公众精神文化需求的提升，人们对精神和审美方面的追求逐年增长。在要素层资源丰富度（C2）中，景观知名度（D5）的权重为0.53，资源完整性（D7）的权重为0.29，这在很大程度上揭示了当前乡村旅游资源宣传的紧迫性。在网络化社会背景下，提升景观知名度是确保旅游资源持续吸引力的关键。同时，保护乡村旅游资源，维持其原始风貌，保持资源的完整性亦至关重要。在要素层基础设施（C3）中，公共卫生设施（D9）的权重最高，达到0.80。这表明游客对清洁卫生的公共设施有着较高的期待，若不及时改善，将对旅游发展产生不利影响。在要素层旅游服务（C4）中，住宿（D12）的权重最高，其次是饮食（D11），分别为0.59和0.20。这说明，在乡村旅游资源开发中，食宿等基本服务仍占据核心地位。在要素层可达性（C5）中，交通条件（D15）的权重最高。在要素层外部条件（C6）中，地方政策（D17）的权重最高。在要素层内部条件（C7）中，游客吸引力（D20）的权重最高。由此可见，便捷的交通条件有助于节省游客时间，便利其前往游览；地方政府的积极政策能够为乡村旅游的发展提供有力支持，增加对游客的吸引力。

（二）福建省乡村旅游资源评价结果分析

经AHP分析法分析，福建省乡村旅游资源开发的关键因素包括资源观赏价值高、景观知名度高的旅游资源，公共卫生设施完善、食宿条件优良的乡村旅游设施与服务，以及交通便捷、政策便民、游客吸引力强的开发条件。同时，矩阵数据分析表明，仍需要对福建省乡村旅游发展进行深入研究，持续探索开发条件与机遇，并依托现有资源环境创新旅游产品。总体而言，AHP分析法揭示了福建省乡村旅游资源的丰富性、高价值以及巨大的开发潜力和上升空间，适宜发展乡村旅游项目。

四、福建省乡村旅游资源开发的对策与建议

（一）整合乡村旅游资源，"点线面"开发乡村旅游业态

鉴于福建省乡村旅游资源丰富且分布广泛，建议根据各地特色文化整合资源，实现点与线的串联，线与面的连接，从而打造具有地区特色的独特乡村旅游产品。例如，以"归田园居""红色文化复兴之旅"等主题为核心，系统推进福建省各地区乡村旅游资源的开发，塑造乡村特色，增强地区吸引力，丰富"全福游""清新福建"等旅游品牌形象。此外，应针对地域特色，推动区域合作，如与浙江、广州、瑞金等周边省市合作，优化乡村旅游产品结构，形成复合型新业态，提高资源配置效率，全面提升福建省乡村旅游的综合竞争力。同时，还应整合区域内部资源。例如，龙岩与梅州、瑞金等地接壤，可实施跨

省联动，创建红色旅游线路、客家旅游线路。同时，作为闽西红色文化遗址地，龙岩可依托县乡间的地理优势，结合红色文化内涵，针对不同年龄层，开发适合青年的红色研学之旅、适合中老年的红色记忆之旅等旅游项目。因此，福建省应进一步加强区域间的联系与合作，结合地方特色，打造多功能乡村旅游景区。

（二）根据地方特色，构建特色乡村旅游产品体系

福建省应依托其现有优势，完善乡村旅游产品体系，致力于打造具有福建特色的乡村旅游品牌，并发挥其积极的示范效应。通过整合福建独有的红色文化、客家文化、森林康养等资源，实现资源的最优化配置，以满足游客日益多元化的消费需求。同时，应加强对核心产品的深度开发，延伸产业链，促进景区资源的联动效应，持续在内容和形式上进行创新和改革，以丰富和完善乡村旅游产品体系。针对不同客源市场，可开发多样化的产品，如为中老年群体量身打造的朝圣、生态观光、休闲度假相结合的朝圣康养之旅、森林康养中心等。此外，应充分利用闽东南沿海地区的地理优势，深入挖掘海水、阳光、沙滩以及渔村文化的价值，打造沿海渔村康养休闲度假产品。对于青年群体，则可开发更符合其游玩需求的"文化＋旅游＋互联网"产品。同时，将乡村旅游资源与现代科学技术相结合，提升旅游产品的趣味性，如运用 VR 技术，让游客体验红军长征的历程，以及提供亲手编织竹编鞋等互动性强的旅游体验产品。

（三）加强乡村旅游配套设施建设

在乡村旅游资源开发以及农村人居环境整治过程中，交通规划占据着至关重要的地位。完善的交通网络是乡村与外界沟通的基石。通过对福建省乡村旅游资源评价结果的深入分析，我们发现，在旅游资源评估体系中，乡村旅游开发条件所占权重相对较低，这表明福建省在乡村旅游资源开发相关的配套设施建设方面尚存在较大的提升空间。因此，在福建省乡村旅游的发展进程中，加强乡村旅游配套设施的建设，提升乡村旅游的可达性和市场知名度，显得尤为关键。

针对交通设施建设，应在现有的交通网络基础上，进一步完善"水、陆、空"一体化的交通网络体系。特别是在沿海地区，应构建专用码头并设置旅游专线邮轮。目前，全省已实现县县通高速公路的目标，各市均已配备便捷的综合客运枢纽。接下来，应以各乡村旅游目的地为核心，构建更为高效和快速的旅游交通网络，以期在交通方面节约时间成本。对于那些开发潜力巨大、发展前景广阔的乡村景区周边道路，应进行详尽的调查研究，分析山区道路的地形特点，对乡村公路进行改造。同时，推动农村地区区域间交通线路建设，如城际公交等，以更好地连接各个景区。

此外，乡村旅游辅助设施的建设也不容忽视。近年来，游客的出行方式日益多元化，自驾游和露营旅游日渐流行。因此，乡村地区应重点建设停车场、加油站、食宿接待设施等，以满足游客对于多样化出行方式和体验形式的需求。

（四）提高乡村旅游宣传质量，优化促销产品体系

首先，应积极利用福建省的旅游网站、官方社交媒体平台以及当前流行的网络平台等各类网络媒介，加强福建省乡村旅游的推广力度，深入探索福建省乡村的独特魅力，并创新宣传手段。官方机构应实时跟踪并报道省内乡村旅游的最新动态，确保游客能够及时获取最新信息，从而提升乡村旅游市场的知名度。同时，传统纸质媒体也应主动深入农村进行采访，制作乡村旅游的专题报道；旅行社应向旅游者提供全面细致的乡村旅游产品，以增强对游客的吸引力，实现提升产品市场知名度的目标。各级政府应实现协同合作，共同致力于福建省乡村旅游产品的宣传推广工作。

其次，应利用有利的金融政策，吸引大型企业参与乡村旅游产品的共同开发，形成乡村旅游开发产业的规模效应。鼓励与乡村旅游相关的各类企业进行合作，实现互利共赢，推动乡村旅游产品的网络预订服务建设，为游客提供便捷高效的"一站式"服务。

（五）完善管理体制，提供规范化服务

目前，福建省乡村旅游资源的发展尚处于中期阶段，其基础管理体系和服务品质亟须进一步规范和提高。一方面，福建省相关部门应加强对乡村旅游资源规划的监管力度，坚决遏制无序开发，确保规划指标的切实可行。同时，应全面开展对福建省乡村旅游发展的普查，重点考察资源状况、政策环境、制度建设和服务水平等方面，对发现的问题进行详细记录并持续跟踪，以完善解决方案。另一方面，针对福建省乡村旅游面临的问题，应鼓励社会企业进行合资、重组或兼并，以加强乡村地区基础设施建设，提高服务人员的专业水平和素质，从而整体提升福建省乡村旅游的服务质量。

第三节　福建省乡村旅游示范村的空间分布和影响因素

一、研究对象与研究方法

(一) 研究对象

自 2016 年起，福建省启动了乡村旅游示范村的评选工作。依据福建省文化和旅游厅于 2020～2023 年发布的官方统计数据，2020 年度共有 25 个村落荣获福建省乡村旅游示范村称号，2021 年度增至 40 个，2022 年度与 2023 年度均有 40 个村落获此殊荣。截至 2023 年，福建省累计评定 205 个乡村旅游示范村。为了剔除疫情带来的影响，确保研究结果能更准确地反映福建省乡村旅游示范村近年来的发展趋势，本研究选取了 2020～2023 年的 145 个乡村旅游示范村作为分析对象。

(二) 数据来源

本研究所涉及的乡村旅游示范村相关数据均源自福建省文化和旅游厅、福建省农业农村厅等官方机构所公布的资料，所需要的统计资料则来自《2021年福建省统计年鉴》及《2023 年福建省统计年鉴》。至于福建省乡村旅游示范村的地理位置信息，本研究通过百度地图的坐标拾取功能进行采集。而ArcGIS10.8 软件所用的制图数据，主要来源于地理空间数据云、中国科学院地理科学与资源研究所等权威数据源。

(三) 研究方法

1. 核密度分析

核密度估计法是对所研究地区中点要素的发生概率进行分析，核密度值越大，表示点分布越密集，说明事件发生的可能性越高，反之则越低。本研究采用该方法对福建省乡村旅游示范村的空间分布进行密度分析。计算公式为：

$$f(x) = \frac{1}{nh} + \sum_{i=1}^{n} K\left(\frac{x - x_i}{h}\right) \tag{5-1}$$

其中，n 为乡村旅游示范村的数量，$(x - x_i)$ 表示 x 估值点到 x_i 测量点的距离值，h 为带宽度，$f(x)$ 为核密度估计值。如果 $f(x)$ 的值越大，表明乡村旅游示范村的分布越集中。

2. 最近邻指数

最近邻指数用于分析点要素在研究区域内的相互邻近程度。本研究采用这一方法来判断福建省的全国乡村旅游示范村在全省的空间分布形态。计算公式为：

$$\overline{r_E} = \frac{1}{2}\sqrt{n/A} \tag{5-2}$$

$$R = \frac{\overline{r_1}}{\overline{r_2}} \tag{5-3}$$

其中，n 为乡村旅游示范村的数量，r 为点要素之间的实际最邻近距离值，A 为福建省区域面积，r_E 为最邻近距离值，R 为最邻近指数。当 $R = 1$ 时，各个点要素的分布为随机状态；当 $R < 1$ 时，表示研究区内的空间分布为集聚的状态；当 $R > 1$ 时，表示研究区内的空间分布为均匀或分散状态；当 $R = 0$ 时，则表示各个村落在福建省内呈现为完全集中分布状态。

3. 不均衡指数

不均衡指数用于分析不同区域内点要素的分布均衡程度。可根据计算结果，可绘制洛伦兹曲线，并通过曲线的弯曲程度来表征福建省的全国乡村旅游示范村分布的均衡性。其计算公式为：

$$S = \frac{\sum_{i=1}^{n} Y_i - 50(n+1)}{100 \times n - 50(n+1)} \tag{5-4}$$

其中，Y_i 为各市乡村旅游示范村所占比重从大到小排序后，第 i 位市域的累计比重；n 为研究市域个数；S 为不均衡指数。S 值为 $0 \sim 1$。当 $S = 0$ 时，表明示范村平均分布在各个市域中；当 $S = 1$ 时，则表明示范村全部集中在一个市域中。

4. 地理联系率

地理联系率是一个用于衡量两个地理要素在空间分布上相互关系的指标。本研究采用地理联系率来反映福建省乡村旅游示范村与其所在市的经济、人口等要素在空间分布上的联系程度。其计算公式为：

$$V = 100 - \frac{1}{2} \sum_{i=1}^{n} |x_i - y_i| \tag{5-5}$$

其中，x_i 为第 i 个地区的乡村旅游示范村占总数的比例；y_i 为第 i 个地区的乡村常住人口、地区生产总值或 5A 级景区数量的占比；V 为地理联系率。V 值为 0～100，值越接近 100，则说明要素之间地理联系越紧密。

二、福建省乡村旅游示范村空间分布特征分析

（一）空间分布形态

应用 ArcGIS10.8 软件的"空间统计"工具，本研究对福建省乡村旅游示范村数据进行了最近邻指数的计算。通过将 145 个乡村旅游示范村的地理位置坐标输入从软件获取的福建省地理矢量图中，进行深入的技术分析。依据公式（5-2）和公式（5-3），计算得出最近邻指数 R 为 0.89。该值小于 1，说明福建省乡村旅游示范村在地理空间分布上呈现出明显的集聚分布特征。

（二）空间分布均衡度

将福建省乡村旅游示范村的位置数据导入 ArcGIS10.8 软件，生成福建省乡村旅游示范村统计数据（见表 5-7）。泉州市、宁德市、三明市及漳州市四地共计有 74 个示范村，占全省示范村总数的 51.03%。相比之下，莆田市与厦门市的乡村旅游示范村数量少，仅占全省总数的 6.2%。依据表 5-7 所呈现的乡村旅游示范村统计数据，通过应用不均衡指数的计算公式（5-4），计算得出的 S 值为 0.78，这一结果进一步揭示了福建省乡村旅游示范村在各个地市级城市的分布情况。

表 5-7　　　　　　　　　福建省乡村旅游示范村数量统计

地区	数量（个）	占比（%）
厦门市	9	6.2
福州市	16	11.23
莆田市	9	6.2
龙岩市	17	11.77

地区	数量（个）	占比（％）
泉州市	19	13.15
南平市	15	10.34
漳州市	18	12.48
三明市	19	13.15
宁德市	18	12.48
总计	145	100

（三）空间分布密度

将福建省乡村旅游示范村的地理数据导入 ArcGIS10.8 软件，通过与福建省地理位置矢量图进行叠加分析，依据公式（5－1）对全省示范村进行了核密度估计的计算与分析，从而生成了福建省乡村旅游示范村核密度图。该核密度图显示，在厦门市与泉州市的交界地带以及莆田市与泉州市的交界地带，存在两个高密度集聚区域；漳州市、泉州市、莆田市与福州市的连片区域中，分布着两个次级密度集聚区域；而南平市、三明市、龙岩市由于地理位置靠近内陆且地域面积广阔，其示范村的分布相对较为分散。

三、福建省乡村旅游示范村空间分布的影响因素分析

本研究综合运用地理学、数学计算、统计分析以及旅游学等方法，对地形地貌、人口经济、交通区位、文化及政策等因素如何影响福建省乡村旅游示范村的空间分布进行了深入分析。

（一）地形地貌因素

福建省地处我国东南沿海，其主要地形特征为平原与丘陵。本研究利用 ArcGIS10.8 软件，将福建省乡村旅游示范村的地理位置数据与该省 30 米分辨率的数字高程模型（DEM）数据进行了叠加分析。分析结果显示，在福建省的 145 个乡村旅游示范村中，有 120 个位于平原或丘陵地带，占总数的 82.76%；另外 25 个则位于海拔 500～1000 米的区域，占 17.24%。研究结果进一步揭示，超过 70% 的示范村集中分布在东南部滨海平原地区以及闽西、闽北和闽中等主要山脉区域。综合上述分析，可以得出结论：福建省的绝大多

数乡村旅游示范村均位于平原与丘陵地区。

（二）人口经济因素

根据我国经济发达城市的现状分析，经济繁荣的城市往往伴随着人口的大量聚集。本研究旨在探究福建省地区经济发展水平、人口规模与乡村旅游示范村分布之间的关系。本研究以 2020 年福建省地区生产总值和 2022 年各市人口数据为基础（见表 5-8），采用地理联系率公式（5-5）对福建省地区经济、人口与示范村之间的关联性进行了量化分析。计算结果显示，经济的地理联系率（*VE*）达到 99.68，接近理论最大值，这表明乡村旅游示范村与其所在地区的经济水平之间存在极为紧密的联系。据此可以推断，福建省经济较为发达的区域具备更为优越的经济条件，能够为当地政府在乡村旅游示范村的建设与开发方面提供有力支持。同时，这些区域也更有可能投入更多的资金和资源用于乡村旅游的宣传与推广，进而促进整个乡村旅游产业的发展。

表 5-8　　　　　　　　　福建省各市地区生产总值及常住人口

地区	地区生产总值（亿元）	常住人口（万人）
福州市	10020.02	844.8
厦门市	6384.02	478.73
莆田市	2643.97	204.77
三明市	2702.19	158.88
泉州市	10158.66	887.90
漳州市	4545.61	506.80
南平市	2007.40	265.20
龙岩市	2870.90	271.60
宁德市	2619.00	315.60
总计	43903.89	4188

资料来源：《2020 年福建省统计年鉴》《2022 年福建省统计年鉴》。

通过应用公式（5-5）进行计算，得出人口地理联系率（*VP*）为 90.87，此结果表明，福建省乡村旅游示范村与其所在区域的人口规模之间存在显著的关联性。审视我国乡村旅游发展的现状，可以发现乡村旅游的蓬勃发展在很大程度上归功于本地居民的旅游需求。城市居民在策划旅游活动时，通常会考虑出行距离和时间成本，因此更偏好选择位于城市近郊的乡村作为旅游目的地。这种偏好不仅为乡村地区带来了可观的旅游收益，同时也推动了当地旅游业的全面发展。因此，可以明确地看出，一个地区的经济繁荣程度和人口规模对于乡村旅游示范村的空间分布有着决定性的影响。经济较为发达的地区能够提供更完善的基础设施和旅游服务，从而吸引更多的游客；而人口密集的地区则意味着拥有更大的潜在游客市场，为乡村旅游提供了稳定的市场需求。综合上述分析，地区的经济发展水平及其人口规模是影响福建省乡村旅游示范村空间分布的关键因素。

（三）交通因素

交通条件对于乡村旅游的发展具有决定性的影响，它直接关系到乡村旅游的可达性、游客的体验质量以及旅游资源的开发程度。福建省的公路网络广泛分布，交通路线纵横交错，几乎覆盖了全省所有乡村地区，形成了一个发达的交通网络。从总体上看，福建省的乡村旅游示范村主要沿公路干线分布，部分示范村靠近高铁干线，这种分布模式有利于提升旅游目的地的可达性，便于游客更便捷地抵达乡村旅游示范村。根据《2023 年福建省统计年鉴》中关于各市地区公路通车里程及其面积的数据分析，通过计算得出各市地区的公路密度（见表 5-9）。从表 5-9 中可以看出，莆田市和厦门市的公路密度较高，交通可达性较强。然而，这两个地区的乡村旅游示范村数量在全省排名中却相对落后，均为九个。相比之下，南平市、三明市和龙岩市虽然在全省公路密度排名中位置靠后，但其乡村旅游示范村的数量却相对较多。初步分析表明，福建省的交通分布主要受到省内地形地貌的影响。公路密度较低的地区交通可达性较弱，但这些地区的乡村受到的外来干扰因素较少，导致旅游开发程度相对较低。这也意味着这些地区的乡村旅游示范村在自然生态资源和文化资源的保护方面更为全面，相较于其他交通发达的城市，符合乡村旅游示范村评选标准中文化赋能方面标准的村落数量更多。此外，泉州市交通发达，乡村旅游示范村数量最多。究其原因，泉州市保存了较为完整的闽南文化传承，受妈祖文化的影响，能够吸引更多的旅游者前来游览和体验。综合来看，交通是影响福建省乡村旅游示范村分布的关键因素之一，而文化因素在其中也扮演着极其重要的角色。

表 5 – 9　　　　　　　　　2023 年福建省各市地区公路通车及公路密度

地区	面积 （平方千米）	公路通车 里程（千米）	公路密度 （每百平方千米的 公路总里程数）	公路密度 排名
泉州市	11000	18877	171.61	1
莆田市	4100	6549	159.73	2
厦门市	1700	2135	125.59	3
福州市	12000	12298	102.48	5
宁德市	13400	12522	93.45	6
龙岩市	19000	15039	79.15	7
三明市	22900	16016	69.94	8
南平市	26300	16231	61.71	9

资料来源：《2023 年福建省统计年鉴》。

（四）文化因素

文化因素在评定乡村旅游示范村的过程中扮演着至关重要的角色。福建省的乡村旅游示范村展现了若干经典的发展模式，这些模式阐释了如何借助文化和旅游的融合来促进乡村的振兴。例如，龙岩市培田村充分利用其卓越的客家民俗文化、红色革命文化、名人文化以及耕读文化，促进了旅游与村庄优秀传统文化的深度融合与发展。通过利用培田村独特的民族传统节庆、民风民俗等特色文化资源来设计旅游产品，不仅保护了民族民间非物质文化遗产，还实现了其传承与发扬。

综上所述，文化因素在乡村旅游示范村的评定中占据核心地位，其影响不仅体现在文化和旅游资源的开发与利用上，还体现在对传统文化的保护与传承上。这些因素共同促进了乡村旅游的高质量发展，并对乡村振兴产生了积极的推动作用。

（五）政策因素

政策对乡村旅游示范村的空间分布产生了显著影响。乡村旅游逐渐成为推动乡村振兴的关键力量。政府通过一系列政策和措施，有效促进了乡村旅游的发展和品质提升。在中央层面，制定了一系列具体的规划和措施，如《"十四五"旅游业发展规划》和中央一号文件，旨在推动乡村旅游高质量发展。这些规划和文件突出了乡村旅游在乡村振兴中的关键作用，并提出了具体的政策和措施。福建省为了推动乡村旅游示范村建设，提出在发展过程中深度挖掘本地特色资源，创新丰富业态类型，提升服务水平，打造精品休闲农业发展模式，发挥联农带农作用，引领乡村产业高质量发展，有序推进产业与乡村的融合，打造"一村一品"，实现产业强村。福建省各市也纷纷出台政策，推动乡村建设。例如，2023 年 9 月 28 日，龙岩市委、市政府印发《关于推行"156"乡村建设工作机制促进乡村全面振兴的实施意见》，提出实施"156"乡村建设工作机制，围绕乡村生活、生产、生态等领域实施"八大工程"，致力于打造"特色产业强村富民、特色风貌美丽宜居"的宜居宜业和美丽乡村。综上所述，政府通过政策引导、资源投入和规划指导等手段，对乡村旅游示范村的空间分布格局产生了重要影响，同时也推动了当地的乡村振兴。

四、结论和建议

（一）结论

本研究利用 ArcGIS 软件，采用核密度分析、最近邻指数、不平衡指数等工具，对 2020～2023 年福建省乡村旅游示范村的空间分布特征及其影响因素进行了深入分析，并得出以下结论：首先，在空间分布方面，福建省乡村旅游示范村总体上呈现出显著的集中与分散并存的格局。核密度分析结果显示，厦门市与泉州市交界地带、莆田市与泉州市交界地带存在两个高密度集聚区，而在漳州市、泉州市、莆田市与福州市的连片区域则存在两个次级密度集聚区。其次，地形地貌对福建省乡村旅游示范村的空间分布特征具有决定性的影响。分析表明，大部分城镇均建于地势较低的平原和丘陵地带。通过福建省乡村旅游示范村与地形地貌的空间分布关系图及统计分析可以发现，超过 70% 的示范村分布在东南部的滨海平原地区及山区。最后，人口规模、经济发展水平、交通区位条件、文化资源的挖掘与开发以及地方政府实施的发展政策也是影响乡村旅游示范村分布的重要因素。

（二）建议

1. 乡村旅游示范村整体空间优化

福建省乡村旅游示范村应依托其地方特色，利用交通区位优势，采取点、线、面相结合的策略，以优化乡村旅游空间布局。首先，应实施"以重带轻，由重哺轻"的策略。以福建省乡村旅游示范村的高密度及次高密度集聚区为发展核心，构建特色旅游观光区和游览区，推动乡村旅游发展。利用这些核心区域的高知名度、资源丰富性和交通便利性，促进福建省内各乡村旅游资源的开发。同时，应充分利用地形地貌特征，如在平原地区发展农家乐、农事体验活动；在山地丘陵地区发展果林产业体验活动和生态资源的开放利用，并结合地方特色文化资源，打造具有特色的乡村旅游区。其次，应采取"以点到线，由线至面"的点轴发展模式。通过增加对具有特色资源的乡村旅游示范村的政策支持、人才培养和资金投入，促进乡村经济增长和提升旅游知名度，进而带动周边乡村的乡村旅游发展和基础设施建设，逐步构建乡村旅游精品路线。利用福建省的交通区位优势，形成一系列具有独特特色的乡村旅游圈，从而实现福建省各乡村的共同繁荣。

2. 基于乡村旅游的发展优化途径

首先，利用文化资源的差异性，开发具有地方特色的旅游产品，如庄寨文化的保护与开发，以及通过文化工作者创作动漫宣传片、闽剧等，传播本土优秀传统文化。其次，关于文化的活态传承。以龙岩市永定区南江村为例，该村落依托其深厚的客家文化底蕴，挖掘文旅资源，如八角楼、"女儿林"和传承红色精神的经德堂等，讲述南江村的故事，为乡村旅游注入人气与活力。最后，提升农民的精神风貌和社会文明程度。通过整合资源、部门联动，打造旅游新业态、新载体，提升农民的精神风貌和乡村社会文明程度。

（1）改善生态环境，建设宜居乡村。生态宜居是乡村振兴的关键内容。良好的生态环境是乡村振兴的宝贵财富。在发展过程中，必须尊重自然、顺应自然、保护自然，合理运用乡村生态资源，以实现乡村百姓富、生态美的和谐统一。将各生态系统视为一个有机生命共同体，统一保护和改善。对于乡村存在的环境问题，需要进行综合治理。控制环境污染源，对生活废水、生活垃圾进行统一处理；提出农业绿色发展目标，推进有机肥替代化肥、将畜禽粪污处理转化为有益材料；加强农村水资源保护工作，积极推行河流治理方案制度。例如，厦门市翔安区新圩镇面前埔村不断完善农村基础设施，合理规划和运用生态系统，人居环境得到了极大提升。

（2）挖掘自身优势，打造特色发展模式。在探索特色发展模式的过程中，应以充分利用和挖掘自身独特优势为基础。每个村庄都有其不可复制的自然资源、文化遗产和社区特色，这正是打造特色发展模式的基石。例如，泉州市安溪县虎邱镇湖西村村党支部通过解析自身优势，提出发展方向方针，精准定位，运用多种渠道和措施，带领村民一同发展旅游业，探索出"支部带头—集体带动—党员表率—全民参与"的运作模式，动员和号召广大村民积极参与；打造佛茶旅游"山水朝圣—白石岩"文化品牌，坚持"以农民为主体，让农民共同富裕"理念，探索产业"众筹"让村民变股民的发展模式，全面推进湖西村的乡村旅游发展，实现湖西村的美丽蝶变。又如，龙岩市新罗区苏坂镇黄地村因地制宜，合理开发自然生态资源，盘活闲置的土地资源，并结合美丽乡村建设的战略方针，大胆实践创新，引入果林、医药等产业产品，变稻田为荷塘，变荒山为果园，形成"一廊二塘三花四果"的产业发展模式，进一步拓宽了村民的致富之路，推进特色乡村休闲旅游产业与乡村振兴深度融合发展。

（3）加强宣传推广与品牌建设。宣传推广和品牌建设对于乡村旅游发展至关重要。应加大宣传力度，提高知名度和影响力；遵守规范标准，加强品牌打造和建设。比如，采取多元营销策略，打造品牌，提升乡村旅游的知名度。例如，福建省文化和旅游厅推出以"全福游、有全福——山海乡村寻福季"为特色的乡村旅游主题活动，同时依托特色资源推出多条乡村旅游精品线路，使福建省乡村旅游发展日益红火。同时，可以利用互联网和社交媒体等渠道发布乡村旅游信息，吸引游客关注。例如，在社交媒体平台，借助自身的账号渠道，每日更新省内的旅游景点和特色项目，吸引游客前往游览。加强与媒体的合作，举办各类旅游推广活动，提升乡村旅游品牌形象，如打造特色旅游节庆活动，如乡村音乐节、民俗文化节等。同时，还需要丰富旅游业态和产品。福建省各村落应通过深化农文旅融合，推动乡村旅游业态创新，如举办各种文化旅游节、发展特色旅游产品等，以吸引更多游客。例如，龙岩市永定区龙潭镇以蝴蝶兰为媒，举办文化旅游节，带动当地经济发展。

第六章　乡村旅游发展对旅游地居民幸福感和适应性的影响分析

第一节　乡村旅游发展对旅游地居民幸福感的影响分析

一、研究设计

（一）研究对象

本研究选取龙岩市连城县培田村、新罗区培斜村以及长汀县涵前村的居民作为调查对象，采用实地考察与问卷调查等方法，对旅游目的地居民幸福感的影响因素进行了深入探讨。培田村依托其丰富的古民居资源、油菜花田观光、客家农耕文化、药膳饮食知识以及草药小镇建设项目等，以中医药文化为切入点，吸引了众多游客前往体验当地特色旅游项目，并因此荣获"全国乡村旅游重点村""中国美丽休闲乡村""全国乡村治理示范村"等荣誉称号。培斜村作为省级、市级、区级新农村建设的试点村之一，也获得了"全国乡村旅游重点村""2021年全国乡村特色产业亿元村""省级生态村"等荣誉，成为以产业为支撑的闽西地区知名的"竹席之乡""小康村""金牌旅游村"。涵前村位于长汀县汀江的源头，是汀江源龙门3A级旅游风景区的核心区域。该村落以"龙门"这一标志性自然景观为象征，在长汀十二景中占据重要地位，并且是"天下客家第一漂"旅游项目的主要聚集地之一。凭借其独特的生态环境和丰富的旅游资源，涵前村荣获了"福建省生态村"和"福建省乡村旅游示范点"等多项荣誉。

（二）问卷设计

问卷的结构主要分为三个部分。第一部分旨在收集旅游地居民的基本人口统计学信息，包含五个调查项目：性别、年龄、教育水平、月收入以及是否从

事与旅游相关的职业。第二部分专注于探讨旅游发展对乡村旅游目的地居民幸
福感的影响,量表基于经济、社会、文化和环境四个维度,设计了 12 个相关
问题。第三部分则致力于测量居民的幸福感,量表结合幸福感研究领域内广泛
认可的享乐论和实现论,从快乐幸福感和自我实现幸福两个维度出发,设计了
九个问题。本问卷统一使用七级李克特量表作为评估工具,提供了七个选项以
量化居民的幸福感受,这些选项依次为"非常不同意""不同意""比较不同
意""中立""比较同意""同意""非常同意"。这些选项对应 1～7 的分值,
分值越高,表明居民的幸福感越强烈。

(三) 数据收集

研究人员于 2023 年 10 月 5 日～10 月 11 日对培田村、培斜村以及涵前村
进行了实地调研,共发放问卷 200 份 (其中,培田村 83 份,培斜村 59 份,涵
前村 58 份),回收问卷 196 份。经过筛选,剔除无效样本,最终获得有效问卷
173 份,有效率达到约 88%。

二、研究假设

参考秦雯 (2021) 以及李东和、郭梦莹等 (2022) 的研究成果,选取经济、
社会、文化、环境四个影响因素构建理论模型,提出研究假设 (见图 6 -1)。

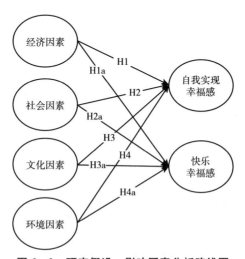

图 6 -1　研究假设:影响因素分析路线图

（一）经济因素对居民幸福感的影响

通常情况下，随着个人经济收入的增加，居民的幸福感也会相应提升，两者之间存在正相关性，即正向影响。学术界对于经济收入与幸福感之间的关系进行了广泛研究，其中最为人所熟知的是伊斯特林悖论（Easterlin，1974）。伊斯特林悖论指出，居民的幸福感并不会与收入增长成正比上升，甚至可能出现幸福感略微下降的现象，这一现象也被称为"幸福—收入之谜"。国内学者罗楚亮（2009）在分析不同地区平均收入与生活质量满意度时，从经济学视角出发，认为个人收入受边际效应的影响，绝对收入对居民幸福感提升的作用小于相对收入，且绝对收入带来的幸福感提升幅度相对稳定，不受次数限制，而相对收入在经历相同刺激后，对居民幸福感提升的作用会逐渐减弱。基于上述文献回顾，本研究提出以下假设：

H1：经济因素对乡村旅游地居民自我实现幸福感有正向影响。

H1a：经济因素对乡村旅游地居民快乐幸福感有正向影响。

（二）社会因素对居民幸福感的影响

依据社会表征理论，过往研究已证实，旅游业的发展能够促进当地公共基础设施与服务设施的完善、提升社会治安以及完善社会保障体系，进而显著增进居民的幸福感。此外，学者们还发现，旅游业的发展对旅游目的地居民的生活方式产生了深远影响（努内兹，1963；Butler，1974）。由于外来游客的到访及旅游设施的建设，当地居民的生活习惯可能发生改变，娱乐活动也可能增多，使居民生活更加多姿多彩，幸福感得以进一步提升。然而，游客的到来也可能侵占居民原有的生活空间，对居民的幸福感产生负面影响（张彦等，2014；曾阳，2019）。在投入与产出循环中，随着旅游地各项旅游设施的完善和旅游业的大力发展，该地区的声誉和知名度势必得到提升（菲利普，1993；欧阳润平等，2012），从而增强旅游地居民的自豪感（欧阳润平等，2012），进一步提高旅游目的地居民的幸福感（高园，2012）。基于上述文献回顾，本研究提出以下假设：

H2：社会因素对旅游地居民自我实现幸福感有正向影响。

H2a：社会因素对旅游地居民快乐幸福感有正向影响。

（三）文化因素对居民幸福感的影响

旅游对目的地文化的影响不容小觑。王雪华（1999）指出，旅游活动能够显著提升当地居民的道德文明和文化素养。这一点在王忠福（2009）对旅游目的地居民感知的研究中得到了进一步的证实，他发现旅游活动促使当地居民在行为举止上更加文明礼貌，并加深了对本地历史文化的认识。随着居民道德文化水平的提升，为了确保旅游业的稳定和持续发展，当地会加大对文化遗产的保护力度，并举办多样化的休闲文化活动，以增强对游客的吸引力。这些措施在满足游客需求的同时，也使当地居民受益（贝斯库利德斯，2002；王忠福，2009）。随着旅游业的持续发展，越来越多的外来游客涌入，不同文化的汇集促进了当地文化与外来文化的交流与融合（Butler，1974；王忠福，2009），但同时也可能对当地传统民俗产生影响，进而影响旅游目的地居民的幸福感（高园，2012）。基于上述文献回顾，本研究提出以下假设：

H3：文化因素对旅游地居民自我实现幸福感有正向影响。

H3a：文化因素对旅游地居民快乐幸福感有正向影响。

（四）环境因素对居民幸福感的影响

在当今旅游业蓬勃发展的背景下，社交媒体上频繁出现有关旅游活动对目的地环境造成负面影响的报道，学术界也不断探讨旅游发展对环境的潜在危害。巴特勒（Butler，1974）率先指出，旅游活动可能导致当地居民失去对自然资源的控制权。后续研究进一步揭示，旅游发展确实会导致目的地人口密度增加、水资源紧张、公共休闲设施使用机会减少，从而加剧了居民对资源控制权的丧失，给当地居民带来困扰。此外，旅游业的扩张还伴随着垃圾量的增加、噪声污染、水质污染和大气污染的加剧，这些因素共同作用，使居民的生活环境质量下降。显然，这些环境问题对居民的幸福感产生了负面影响。然而，随着中国旅游业的持续发展，相关环境问题已引起地方政府的高度关注。为了促进旅游业的健康、可持续发展，并保障居民的幸福生活，政府正致力于解决这些环境问题，并加强对自然资源的保护。因此，本研究旨在探讨现有环境状况对旅游目的地居民幸福感的影响因素。基于对现有文献的分析，本研究提出以下假设：

H4：环境因素对旅游地居民自我实现幸福感有正向影响。

H4a：环境因素对旅游地居民快乐幸福感有正向影响。

三、实证分析

（一）样本人口描述性统计分析

在本次调查所收集的问卷数据中，受访者的性别构成相对平衡，男性受访者共计96名，女性受访者则为77名。在年龄分布方面，大多数受访者处于中青年区间，18岁以下的受访者占8.09%，即14名；18~30岁的受访者占比最高，达到40.46%，共70名；31~50岁的受访者有53名，占30.64%；51岁及以上的受访者占20.81%，共36名。在教育程度方面，受访者的学历普遍较高。小学学历的受访者占17.92%，初中学历的受访者占15.61%，高中学历的受访者占24.28%，本科（专科）及以上学历的受访者占比最高，达到42.2%。关于受访者的月收入情况，数据显示，月收入在5000元以下的受访者数量最多，占样本总量的52.6%；月收入为5001~10000元的受访者有66名，占38.15%；月收入超过10000元的受访者相对较少，仅占9.25%。从受访者的居住类型来看，约56.07%的受访者从事与旅游相关行业，而其余43.93%的受访者则未从事旅游相关行业。

（二）信度检验

本研究运用SPSS28.0软件执行了信度分析（见表6-1），所得Cronbach's α系数如下：经济因素（ECO）的系数为0.913，社会因素（SOC）的系数为0.896，文化因素（CUL）的系数为0.868，环境因素（ENV）的系数为0.900。居民获得感的测量题项信度系数均超过0.7，因此，测量题项无须调整。

量表整体的Cronbach's α系数为0.979，信度系数介于0~1，数值越接近1，表明可靠性越高。本次分析的信度结果为0.979，显示出较高的信度。因此，样本数据满足信度检验的要求，证明所使用的测量工具具有可靠性。

表6-1　　　　　　　　　　　信度分析

变量	测量题项	Cronbach's α
经济因素（ECO）	您在本村的收入提高	0.913
	您的家庭收入渠道增加	
	您从本村获得旅游相关的分红	

续表

变量	测量题项	Cronbach's α
社会因素（SOC）	本村环境卫生条件改善	0.896
	您在本村的居住条件改善	
	本村基础设施改善	
文化因素（CUL）	本村传统文化风俗得到保护	0.868
	本村休闲文化活动变得丰富	
	村民素质提高	
环境因素（ENV）	本村水源污染情况得到改善	0.900
	本村空气污染情况得到改善	
	本村噪声污染还能忍受	
自我实现幸福感（EUD）	您曾参与村里的旅游决策	0.939
	您曾参与村里的旅游监督	
	您提出的建议能得到旅游相关部门的重视	
	您在本村有更多的工作机会	
	您掌握了更多旅游相关知识和专业技能	
	您有更高的个人成就感	
快乐幸福感（HWB）	您对当前的生活感到满意	0.853
	您经常感到开心	
	您很少感到难过	
量表整体信度		0.979

（三）效度检验

为确保问卷数据的真实性和准确性，并使其能有效反映研究核心内容，本研究运用 SPSS28.0 软件执行了详尽的探索性因子分析，对问卷效度进行了严格审查和检验（见表 6-2 和表 6-3）。此步骤旨在保障数据的可靠性，为后续研究奠定坚实基础。

表 6-2 影响因素的 KMO 检验和 Bartlett 球形检验

KMO 值	Bartlett 球形检验		
	近似卡方值	df	p 值
0.969	1996.513	66	0.000

表6-3　　　　　　　　幸福感量表的 KMO 检验和 Bartlett 球形检验

KMO 值	Bartlett 球形检验		
	近似卡方值	df	p 值
0. 958	1328. 241	36	0. 000

在进行统计分析时，KMO 检验系数是评估数据是否适宜进行因子分析的关键指标，其值域介于 0～1。若该系数越接近 1，则意味着问卷的效度越高。本研究中，影响因素的 KMO 检验系数为 0.969，而幸福感量表的 KMO 检验系数为 0.958，均显示出问卷具有较高的效度。此外，Bartlett 球形检验的显著性结果几乎为 0，这一结果进一步证实了数据的适宜性。综上所述，样本数据顺利通过了 KMO 检验和 Bartlett 球形检验，表明问卷具备良好的效度，适合进行因子分析。

（四）验证性因子分析

为确保旅游地居民主观幸福感量表的科学性和适用性，本研究采用探索性因子分析方法，对其进行了深入的分析（见表6-4）。计算结果显示，该量表的 Cronbach's α 系数表现出良好的内部一致性。随后，本研究运用主成分分析法对量表进行了进一步的探索，成功地提取了六个公因子。此外，量表的 KMO 样本测度值也满足了统计学要求，这进一步证实了该量表适用于后续的因子分析。

表6-4　　　　　　　　　　　　　因子载荷系数

因素 （潜变量）	测量项 （显变量）	非标准载荷系数 （Coef.）	标准误 （Std. Error）	z 值 （CR 值）	p 值	标准载荷系数 （Std. Estimate）	SMC
经济因素	您在本村的收入提高	1. 000	—	—	—	0. 859	0. 738
	您的家庭收入渠道增加	0. 981	0. 064	15. 350	0. 000	0. 869	0. 755
	您从本村获得旅游相关的分红	1. 128	0. 066	17. 035	0. 000	0. 917	0. 841

续表

因素 （潜变量）	测量项 （显变量）	非标准载 荷系数 （Coef.）	标准误 （Std. Error）	z 值 （CR 值）	p 值	标准载 荷系数 （Std. Estimate）	SMC
社会因素	本村环境卫生条件改善	1.000	—	—	—	0.849	0.720
	您在本村的居住条件改善	0.865	0.062	13.893	0.000	0.830	0.688
	本村基础设施改善	1.171	0.071	16.554	0.000	0.914	0.836
文化因素	本村传统文化风俗得到保护	1.000	—	—	—	0.860	0.739
	本村休闲文化活动变得丰富	0.849	0.062	13.637	0.000	0.808	0.653
	村民素质提高	0.858	0.061	14.087	0.000	0.823	0.678
环境因素	本村水源污染情况得到改善	1.000	—	—	—	0.880	0.775
	本村空气污染情况得到改善	0.807	0.050	16.117	0.000	0.872	0.760
	本村噪声污染还能忍受	0.911	0.058	15.671	0.000	0.860	0.739
自我实现 幸福感	您曾参与村里的旅游决策	1.000	—	—	—	0.877	0.769
	您曾参与村里的旅游监督	0.887	0.057	15.573	0.000	0.849	0.721
	您提出的建议能得到旅游相关部门的重视	0.838	0.058	14.411	0.000	0.816	0.666
	您在本村有更多的工作机会	1.039	0.065	16.050	0.000	0.862	0.743
	您掌握了更多旅游相关知识和专业技能	1.045	0.063	16.544	0.000	0.875	0.765

因素 （潜变量）	测量项 （显变量）	非标准载 荷系数 （Coef.）	标准误 （Std. Error）	z 值 （CR 值）	p 值	标准载 荷系数 （Std. Estimate）	SMC
快乐 幸福感	您有更高的个人 成就感	0.767	0.053	14.596	0.000	0.821	0.675
	您对当前的生活 感到满意	1.000	—	—	—	0.838	0.702
	您经常感到开心	0.996	0.077	13.017	0.000	0.807	0.652
	您很少感到难过	0.912	0.072	12.672	0.000	0.794	0.630
二阶因素	经济因素	1.000	—	—	—	0.951	0.904
	社会因素	1.012	0.077	13.224	0.000	0.969	0.939
	文化因素	1.100	0.079	13.862	0.000	0.988	0.976
	环境因素	1.061	0.078	13.614	0.000	0.952	0.905
	自我实现幸福感	1.088	0.076	14.315	0.000	0.988	0.975
	快乐幸福感	0.881	0.067	13.159	0.000	0.980	0.961

注：—表示该项为参照项。

在评估测量关系时，所有测量项的标准化载荷系数绝对值均显著超过 0.6 的基准，并呈现出统计显著性，这充分表明测量关系具有良好的可靠性和有效性。

（五）假设检验

接下来，对前面提出的八个假设进行详细分析，其分析结果应从标准化回归系数表中获取（见表 6-5）。在该标准化回归系数表中，标准化路径系数的大小反映了相应题项的影响力度，数值越高，表明题项的影响力度越大；CR，即临界值比率，其功能与 t 值相似，若 t 值介于 1.95~2.59，则当 p 值小于 0.05 时，影响关系被认为是显著的；若 t 值大于 2.59，则当 p 值小于 0.01 时，影响关系被认为是显著的（荣泰生，2009）。其中，p 值代表概率。

表 6 – 5 模型回归系数汇总

X→Y	非标准化路径系数	SE	z 值（CR 值）	p 值	标准化路径系数
经济因素→自我实现幸福感	0.032	0.056	0.576	0.565	0.035
社会因素→自我实现幸福感	0.212	0.083	2.564	0.010	0.221
文化因素→自我实现幸福感	0.098	0.077	1.263	0.207	0.099
环境因素→自我实现幸福感	0.632	0.062	10.176	0.000	0.623
经济因素→快乐幸福感	−0.005	0.064	−0.079	0.937	−0.006
社会因素→快乐幸福感	0.216	0.095	2.275	0.023	0.248
文化因素→快乐幸福感	0.265	0.089	2.978	0.003	0.297
环境因素→快乐幸福感	0.377	0.071	5.280	0.000	0.410

注：→表示路径影响关系。

经济因素对自我实现幸福感产生影响时，此路径并没有呈现出显著性（z = 0.576，p = 0.565，大于0.05），因而说明经济因素对自我实现幸福感并不会产生影响关系。

社会因素对于自我实现幸福感影响时，标准化路径系数值为0.221，大于0，并且此路径呈现出0.05水平的显著性（z = 2.564，p = 0.010，小于0.05），因而说明社会因素会对自我实现幸福感产生显著的正向影响。

文化因素对自我实现幸福感产生影响时，此路径并没有呈现出显著性（z = 1.263，p = 0.207，小于0.05），因而说明文化因素对自我实现幸福感并不会产生影响。

环境因素对自我实现幸福感产生影响时，标准化路径系数值为0.623，大于0，并且此路径呈现出0.01水平的显著性（z = 10.176，p = 0.000，小于0.01），因而说明环境因素会对自我实现幸福感产生显著的正向影响。

经济因素对快乐幸福感产生影响时，此路径并没有呈现出显著性（z = −0.079，p = 0.937，小于0.05），因而说明经济因素对快乐幸福感并不会产生影响。

社会因素对快乐幸福感产生影响时，标准化路径系数值为0.248，大于0，并且此路径呈现出0.05水平的显著性（z = 2.275，p = 0.023，小于0.05），因而说明社会因素会对快乐幸福感产生显著的正向影响。

文化因素对快乐幸福感产生影响时，标准化路径系数值为 0.297，大于 0，并且此路径呈现出 0.01 水平的显著性（z = 2.978，p = 0.003，小于 0.01），因而说明文化因素会对快乐幸福感产生显著的正向影响。

环境因素对快乐幸福感产生影响时，标准化路径系数值为 0.410，大于 0，并且此路径呈现出 0.01 水平的显著性（z = 5.280，p = 0.000，小于 0.01），因而说明环境因素会对快乐幸福感产生显著的正向影响。

四、结论与建议

（一）结论

本研究以社会交换理论及居民幸福感理论为基础，将居民幸福感细分为快乐幸福感与自我实现幸福感两个维度。本研究从经济、社会、文化、环境四个层面出发，构建了乡村旅游目的地居民幸福感的影响模型，并提出了八项假设。通过因子分析和回归系数分析方法，对假设进行了实证检验。研究结果显示，社会、文化、环境三个因素对乡村旅游目的地居民的快乐幸福感具有显著影响，而社会和环境两个因素则对居民的自我实现幸福感具有显著影响。

第一，经济因素与居民的自我实现幸福感及快乐幸福感之间未显示出显著的相关性。这表明，尽管经济发展至关重要，但它并非决定居民幸福感的唯一因素。居民可通过自我规划和不懈努力来提升生活质量，从而获得更高的自我实现幸福感，而不仅仅依赖于表面的愉悦与满足。

第二，社会因素与居民的自我实现获得感和快乐获得感均显著相关。鉴于乡村基础设施和旅游设施相较于城市尚不完善，乡村旅游的发展促进了这些设施的完善，为当地居民带来了更为便捷和丰富的生活体验，从而提升了他们的幸福感。这一结果与先前的研究（David，2010；高圆，2012）相一致，进一步证实了完善的社会环境和设施能够显著提升居民的享乐幸福感，并使他们感到更加舒适和满足。

第三，文化因素与居民的快乐幸福感显著相关，但与自我实现幸福感之间未见显著联系。乡村旅游地通过大力宣传本土文化，增强了居民对当地丰富文化底蕴的自豪感；同时，休闲文化活动的举办也为居民提供了参与机会，这些都极大地丰富了居民的生活，提升了他们的快乐幸福感。然而，这些文化活动往往缺乏对文化深层内涵的系统、深入解读，因此难以通过文化带来心理层面的提升，进而增强居民的自我实现幸福感。

第四，环境因素与居民的自我实现获得感和快乐获得感显著相关。随着旅游业的发展，环境保护与可持续发展日益受到关注。乡村旅游地环境的改善与保护不仅提高了居民的生活质量，还增强了他们的社会责任感和成就感，使他们的生活更加充实和有意义，进而提升了自我实现幸福感。

（二）建议

1. 社会因素

首先，必须完善基础设施建设。应增加对乡村交通、水电、通信等基础设施的投资力度，以改善居民的生活条件，并便利游客的往来，为乡村旅游的发展提供坚实的基础保障。同时，建设休闲广场、健身设施等公共活动空间，以促进居民之间的交流与互动。

其次，应提供就业与创业机会。为此，需提供针对乡村旅游相关领域的专业培训和教育课程，帮助居民提升服务技能、经营管理能力和文化传承创新能力。建立在线学习平台，以提高居民的就业技能，使他们能够在乡村旅游产业链中找到适合自己的工作岗位，如导游、服务员、手工艺人等。此外，设立创业扶持基金，鼓励居民自主创业，开办农家乐、民宿、特色商店等。

再次，加强社区治理。应建立健全社区管理机制，提高社区治理水平，保障居民的合法权益，增强居民对社区的归属感和认同感。在乡村旅游规划和发展的决策过程中，应充分听取居民的意见和建议，确保他们对家乡的发展拥有话语权和主导权。

最后，促进社会公平。应制定合理的利益分配机制，确保乡村旅游发展的收益能够公平地分配给居民，以减少贫富差距。同时，关注弱势群体，为他们提供必要的帮助和支持。

2. 文化因素

首先，必须致力于保护和传承本土文化。为此，应构建一套文化保护体系，确保乡村的历史遗迹、传统技艺以及民俗风情得到妥善保护和传承。同时，应激励当地居民积极参与文化传承活动，从而培养他们对本土文化的自豪感。其次，加强文化教育也很重要。通过开展文化教育活动，提升居民的文化素养，增进他们对本土文化的认知和欣赏。此外，将本土文化内容融入学校教育体系，有助于培养下一代对家乡文化的热爱之情。再次，应定期举办具有地方特色的文化节庆活动，如庙会和民俗表演，以丰富居民的精神文化生活。同时，组织文化交流活动，促进不同地区文化的交流与融合。最后，推动文化创新也不可或缺。应鼓励居民将传统文化与现代元素相结合，创新文化产品和服务，如开发文化创意商品、打造特色文化体验项目等，以促进文化的持续发展。

3. 环境因素

首先，必须强化生态保护措施。应制定并严格执行生态保护政策，对森林、河流、土地等自然资源实施严格的保护措施，以维护乡村生态系统的平衡。同时，推广生态农业和可持续发展策略，以减少农业面源污染。其次，改善环境卫生状况。建立完善的垃圾处理和污水处理设施，加强公共卫生基础设施建设，确保乡村环境整洁。此外，应开展环境卫生教育和宣传，提升居民的环境保护意识，并培养其良好的卫生习惯。再次，应致力于乡村景观的美化。进行乡村景观的规划与设计，打造美丽且适宜居住的乡村环境，如通过种植花卉、树木和建设景观步道等方式。同时，保护乡村的独特风貌，防止过度开发和城市化趋势。最后，推动绿色旅游的发展。推广绿色旅游理念，引导游客文明旅游，以减少对环境的负面影响。开发绿色旅游产品，如生态观光、徒步旅行、自然教育等，使居民和游客在欣赏自然美景的同时，增强环保意识。

第二节　乡村旅游发展对农户适应性的影响因素分析

一、研究区域概况

在进行研究区域的选择时，本研究遵循原则：第一，确保以保护为先决条件。乡村旅游的发展与保护之间存在着相互促进和相互限制的复杂关系。只有在保护的基础上，乡村旅游的发展才具备可持续性。第二，以具有代表性的案例为研究基础。选取典型案例是分析乡村旅游与传统村落农户生计模式的关键前提。第三，以解决实际问题为研究导向。研究过程中所面临的各种问题是客观存在的，因此，研究应以问题解决为核心。

综合考虑旅游目的地的知名度、游客偏好以及旅游资源的独特性，本研究选取福建省内的四个传统村落作为调研对象，包括厦门市同安区陈化村、三明市泰宁县桃坑村、南平市松溪县江口村以及宁德市屏南县降龙村。

二、研究设计

（一）问卷设计

本研究借鉴了吴吉林等（2017）关于传统村落农户适应性研究中提出的六种农户生计适应类型，作为问卷设计的理论基础。问卷内容主要分为三个部分：首先，涉及样本农户的人口统计学特征，包括性别、年龄、教育程度、职业状态、家庭月收入以及参与乡村旅游相关工作的年限等信息。其次，关于传统村落乡村旅游现状的调查，内容涵盖是否存在独特的自然景观或生态资源，是否拥有古老建筑、文化遗产或传统工艺品，是否实施了乡村旅游相关的扶持政策或项目，主要活动内容和需要加强的发展领域等。最后，关于乡村旅游发展对传统村落农户适应性影响因素的探讨，包括农户适应性、自然资源条件、政策环境、经济状况、人力资源和物质条件六个维度，共计19个指标选项。所有19项均采用李克特五级量表进行评分，即设定5分、4分、3分、2分、1分五个等级，分别代表"非常同意""同意""不确定""不同意""非常不同意"。通过对被调查者在各个项目上的选择进行统计分析，旨在掌握他们对特定事项或观点的总体态度和倾向。在此基础上，探究福建省乡村旅游发展对传统村落农户参与乡村旅游决策模式的影响及其适应性状况。

（二）问卷发放

2023年2月15日~2024年3月12日，研究人员在四个传统村落随机进行了问卷调查，总计发放了227份问卷（陈化村49份、桃坑村53份、江口村60份、降龙村65份）。有效问卷共计203份，有效率为89.43%，样本数量充足，能够广泛反映真实有效的信息。同时，研究人员还从相关政府部门及村委会获取了传统村落的基本统计数据、旅游资源统计资料、旅游发展统计数据、传统村落保护政策及相关材料等。

（三）研究方法

本研究采用SPSS28.0统计软件对收集的原始数据进行赋值，并执行了KMO信效度检验与Bartlett球形检验。检验结果显示，KMO信效度检验系数为

0.847，高于 0.7 的阈值，而 Bartlett 球形检验的显著性水平（Sig.）为 0，表明变量之间具有较强的相关性，数据模型具有合理性。在对数据进行极大值标准化处理以消除量纲影响后，通过 SPSS28.0 的相关性分析，排除了与乡村旅游对农户适应性影响相关性较弱的变量。随后，对五个自变量进行了相关性分析，并进行了回归运算。本研究从适应性角度出发，选取自然、人力、物质、经济、政策五个维度作为指标层，构建了影响因素分析的指标体系。通过问卷调查和实地考察，运用相关分析确定了适应力的相关性，并通过 ANOVA 显著性检验，最终通过回归模型计算出影响因素的回归系数，进而分析了影响农户适应性的因素。

三、实证分析

（一）样本人口描述性统计分析

1. 性别、年龄

从性别来看，男性占比 48.28%，女性占比 51.72%，女性受访者数量略多。从年龄段来看，20~30 岁的受访者最多，占 32.51%，其次是 41~50 岁的受访者，占 27.09%，可见受访者中青年及中年人群的比例相对较高。

2. 教育水平

受访者以大专/本科学历为主，占比高达 52.71%，其次是高中/职高学历，占 41.87%，二者均接近半数。这反映了受访者中，中等偏上教育水平居多。

3. 家庭收入

203 人中，有 49.26% 的受访者的家庭月收入为 5001~8000 元，其次是家庭月收入为 8001~10000 元的受访者，占 22.17%。这显示出相对均衡的家庭月收入分布。但同时也有一定比例的受访者属于较低收入群体，家庭年收入低于 5000 元，占比为 19.7%。

4. 从事乡村旅游工作相关年限

受访者中，从事乡村旅游工作相关年限为 1~3 年和 4~6 年的最多，分别占 32.51% 和 26.6%，其总和超过半数，其次是 7~10 年和 11 年及以上，分别占 24.14% 和 12.81%。这表明，多数受访者已有较长时间接触并参与乡村旅游相关工作的经验。

（二）相关分析

相关分析（Correlation Analysis）主要用于研究两个或多个变量之间的关系程度。最常用的相关系数是皮尔逊相关系数（Pearson's correlation coefficient），它衡量的是两个连续变量之间的线性关系。其值的范围为 $-1 \sim 1$，-1 表示完全负相关，1 表示完全正相关，0 表示无相关。鉴于此，本研究对自然资源条件、政策环境、经济状况、人力资源、物质条件对乡村旅游传统村落农户适应性之间的相关情况进行了分析（见表 6–6）。

表 6–6　　　　　　　　　　农户适应性的相关分析

变量	农户适应性	自然资源条件	政策环境	经济方面	人力方面	物质条件
农户适应性	1					
自然资源条件	0.451**	1				
政策环境	0.448**	0.433**	1			
经济状况	0.430**	0.384**	0.408**	1		
人力资源	0.488**	0.375**	0.390**	0.405**	1	
物质条件	0.469**	0.460**	0.436**	0.380**	0.410**	1

注：** 表示在 0.01 水平上（双侧）显著。

从表 6–6 可以看出，乡村旅游传统村落的自然资源条件、政策环境、经济状况、人力资源、物质条件对农户适应性均呈现出显著的正向相关关系（p 值均小于 0.01），其相关系数分别为 0.451、0.448、0.430、0.488 和 0.469。这说明，这些变量数值的提高（或改善）通常会伴随农户适应性的增强。除此之外，乡村旅游传统村落的自然资源条件、政策环境、经济状况、人力资源、物质条件各变量之间也呈现出显著的正向影响关系。

（三）回归分析法

本研究以乡村旅游传统村落农户适应性量表的平均值作为因变量，以传统村落的自然资源条件、政策环境、经济状况、人力资源、物质条件量表的平均值作为自变量构建线性回归模型，探究传统村落农户适应性的影响因素状况（见表 6–7）。

表6-7　　　　　　　　　　　回归 ANOVA

模型	平方和	自由度	均方	F	显著性	R^2
回归	85.055	5	17.011	26.315	0.000	0.400
残差	127.349	197	0.646			
总计	212.404	202				

从回归 ANOVA 表看出，F 检验的统计量为 26.315，显著性为 0.000，R^2 为 0.400，说明了此回归模型较好，可以做进一步的分析。乡村旅游传统村落农户适应性影响因素的回归系数（见表6-8）。

表6-8　　　　　　　　农户适应性影响因素回归系数

变量	未标准化系数		标准化系数	t	显著性	共线性统计	
	B	标准误差	Beta			容差	VIF
常量	0.427	0.263		1.627	0.105		
自然资源条件	0.165	0.069	0.16	2.401	0.017	0.685	1.46
政策环境	0.156	0.07	0.149	2.241	0.026	0.684	1.462
经济状况	0.142	0.065	0.143	2.205	0.029	0.722	1.386
人力资源	0.232	0.063	0.239	3.676	0.000	0.721	1.388
物质条件	0.167	0.063	0.178	2.637	0.009	0.671	1.491

注：因变量为农户适应性。

从表6-8可知，在对农户适应性进行回归分析时，传统村落的自然资源条件、政策环境、经济状况、人力资源以及物质条件等因素的方差膨胀因子（VIF）值均低于2。这表明，这些自变量之间不存在多重共线性问题。此外，所有变量对农户适应性的影响均具有统计学上的显著性，其 p 值均小于 0.05。这表明，在显著性水平为 0.05 的条件下，这些变量对农户适应性具有显著的正向影响。具体而言，其回归系数分别为 0.65、0.156、0.142、0.232 和 0.167。基于这些回归系数，我们可以构建如下线性回归模型：

$$y = 0.427 + 0.165x_1 + 0.156x_2 + 0.142x_3 + 0.232x_4 + 0.167x_5$$

在本研究中，x_1、x_2、x_3、x_4、x_5分别代表传统村落的自然资源条件、政策环境、经济状况、人力资源以及物质条件。回归分析结果显示，自然资源条件对农户适应性的影响最为显著，其回归系数为 0.65。这反映出农户对自然资源的依赖性较高，优质的自然资源条件（如肥沃的土地、充足的水源等）能够显著提升农户的适应能力。人力资源的回归系数为 0.232，位居第二，表明人力资源是影响农户适应性的一个重要因素。具备较高教育水平和技能水平的农户通常能更有效地利用现有资源，提升生产效率，增强自身的适应能力。政策环境的回归系数为 0.156，表明良好的政策环境（如政府支持、政策优惠、法规完善等）能够为农户提供稳定的外部条件，降低不确定性和风险，进而提升农户的适应能力。经济状况的回归系数为 0.142，说明经济状况（如收入水平、市场状况等）能够直接影响农户的生活质量和生产活动。良好的经济状况能够为农户提供更多的资源和机会，提升他们的适应能力。物质条件的回归系数为 0.167，表明物质条件能够提高农户的生产效率和生活质量，从而增强他们的适应能力。因此，在制定相关政策时，乡村旅游传统村落应全面考虑这些因素，采取综合措施，以提升村落农户的适应能力。

（四）实证结果

1. 自然资源条件

自然资源条件的回归系数为 0.65，表明其为一个绝对强度的影响因素。自然资源条件涵盖了村庄是否具备独特的自然景观或生态资源。大多数村落都拥有独特的自然景观或生态资源，可能包括壮丽的自然风光，也可能是丰富的生态系统或其他令人向往的自然资源。这些特色有望吸引游客，推动生态旅游的发展，或提供休闲娱乐的机遇。应当使农户意识到这些因素对村落及其居民所带来的积极效应，从而激发他们自发地开发和保护自然资源。

2. 人力资源

人力资源的回归系数为 0.232，表明其为一个显著影响因素。该因素涵盖了农户是否曾参与乡村旅游建设或发展。目前，积极参与乡村旅游的农户数量尚有增长潜力。农户通过支持乡村旅游项目、提供资源或参与当地旅游业发展，对推动乡村旅游的进展、促进地方经济和社区繁荣以及提升农户适应能力具有积极作用。因此，有必要提升农户对乡村旅游重要性的认识。

3. 物质条件

物质条件的权重为 0.167，表明其为一个中等程度的影响因素。该因素涵盖乡村是否拥有古迹、文化遗产或传统手工艺品，以及是否正在或计划改善物质条件以适应日益增长的游客需求，其显著性依次递增。部分村落拥有体现历史和文化价值的传统元素，如古老的建筑结构和文化遗产，这些元素在一定程度上展现了乡村的历史底蕴和文化特色。然而，也有一些村落缺乏此类古老元素。一些农户已经意识到乡村旅游的潜在商机，并积极采取措施改善物质条件以更好地迎合游客需求，而另一些农户则尚未有此类计划或采取相应的措施。因此，有必要提供更多的发展机会，并鼓励更多农户认识并抓住这些机会。

4. 政策环境

政策环境的影响权重为 0.156，表明其为一个中等程度的影响因素。该因素涵盖了是否存在针对乡村旅游的扶持政策或项目。所在地区为乡村旅游的发展提供了一定的政策或项目支持，包括财政资助、培训支持、宣传推广等，目的是推动乡村旅游的进一步发展。然而，部分农户对这些政策缺乏了解，甚至完全不知情。因此，有必要向农户提供更为全面和详尽的政策宣传，并提升他们对乡村旅游重要性的认识。

5. 经济状况

经济状况的影响权重为 0.142，表明其为一个相对较弱的影响因素。该因素涵盖了农户家庭的年收入状况。据统计，接近一半的农户家庭处于较低收入水平，尚未充分享受到参与乡村旅游所带来的经济利益。因此，有必要向农户提供更多的乡村旅游相关机会和政策支持，以确保参与农户能够获得相应的经济收益，进而提升其家庭收入水平和当地的经济效应。

四、结论与建议

本章通过实证分析得出，自然资源条件和人力资源是乡村旅游农户适应性的主要影响因素，物质条件和政策环境是中等影响因素，而经济状况则是相对次要的影响因素。然而，传统村落也面临着过度开发、环境污染、教育水平较低、市场竞争激烈等挑战。为了更好地适应乡村旅游的发展，应着重从自然和人力资源入手，辅以物质和政策支持。

（一）自然人文资源层面

1. 加强生态保护

在旅游开发及游客活动的影响下，生态环境较为脆弱的传统村落难以维持其稳定性。可以参考长沙市望城区光明村的做法，制定严格的自然环境保护政策，限制不合理的开发行为，以保护福建省传统村落的自然景观和生态平衡。通过加强环保宣传、完善基础设施、推动产业融合等措施，可以提高农户的生态适应性，从而实现乡村旅游的可持续发展。

2. 打造生态旅游产品

一些村落，如陈化村，自然景观较为单一，自然资源的丰富程度有待提高，可供游客参与的自然活动项目相对有限。此类传统村落可依托福建省丰富的自然资源，开发一系列生态旅游活动，如徒步旅行、鸟类观赏、农业体验等，以增强游客的参与感和体验质量。此外，可与自然保护区、风景名胜区建立合作关系，共同开发生态旅游路线，有助于实现资源的共享和双方的互利共赢。

3. 完善公共设施

针对福建省乡村旅游中尚未完善的传统村落公共设施，可借鉴浙江省乌镇的旅游开发模式，提升基础设施、卫生、住宿、餐饮、休闲娱乐及安全设施的品质与服务水平。农户应积极适应旅游业的发展趋势，通过房屋改造和旅游设施建设，改善住宿和餐饮服务，以满足游客的需求。同时，应制定村落物质建设规划，科学合理地规划物质设施的布局和建设标准。

4. 加强维护管理以及文化传承

一些乡村（如桃坑村与江口村）有众多古建筑群和文物保护单位，亟须加强物质文化遗产的维护工作。应当对福建省传统村落中的古建筑进行修缮，并合理利用，将其开发成为旅游景点或文化体验场所。同时，应深入挖掘并传承福建省传统村落的文化遗产，如民俗节庆和传统手工艺，以增强乡村旅游的文化魅力。此外，应制定相关制度，明确责任主体，并进行定期的维护检查工作。

随着乡村旅游的蓬勃发展，农产品的加工销售以及文化传承在物质和经济方面均取得了显著成效，实现了物质与经济效益的双重提升。福建省传统村落有独特文化传统，可借鉴云南省石林彝族自治县糯黑村的经验，通过文化传承与保护、社区参与合作、社会保障和福利等措施，让农户在文化和社会层面更好地适应乡村旅游的发展。这不仅有助于保护和传承文化传统，还通过旅游活动增加了经济收入和社会福利，促进了文化的交流与融合。

建议将福建省的文化特色融入乡村旅游的各个层面，以提升旅游产品的文化价值和吸引力。同时，加强福建省乡村旅游品牌建设，提高其知名度和影响力，以吸引更多游客。此外，应建立有效的机制，确保农户在乡村旅游发展中的权益得到保障，并探索农户与旅游企业、政府之间的合作模式，实现资源共享、风险共担、利益共赢。

（二）人力资源层面

1. 加强人才培养

针对传统村落培训资源匮乏，经营管理能力欠缺等问题，设计符合农户需求的旅游经营与服务培训课程，涵盖产品开发、客户服务技巧、市场营销策略等，提升农户的经营能力；设立人才奖励机制，对在乡村旅游发展中有突出贡献的人才给予奖励，提供人才发展空间，为人才创造良好的职业发展路径和晋升机会；加强人才关怀，在生活、工作等方面为人才提供必要的支持和帮助；还可以建立人才库，对各类人才进行分类管理和跟踪服务。

2. 吸引外部人才和鼓励人才返乡

一些乡村（如江口村和降龙村）虽有特色产业，但存在人才吸引不足、创新能力有限等问题，可参考广西阳朔县历村的做法，开展人才返乡计划，鼓励本村外出人才返乡创业就业；出台激励措施，吸引有旅游管理经验的人才，为乡村旅游注入新活力；采取培训学习、人才引进、创新经营模式等措施，更好地适应乡村旅游的发展，实现经济效益和社会效益双丰收。

3. 建立人才交流机制

可以建立线上线下人才交流平台，促进农户与专家之间的知识与经验交流，形成学习共享的良好氛围，促进乡村与城市之间人才的互动交流；搭建人才信息平台，以方便人才与农户、企业对接；建立实习基地，吸引旅游专业学生到村落实践，同时为农户提供培训资源。

（三）政策层面

1. 制定专项扶持政策

本研究发现，四个传统村落普遍存在政策缺乏针对性和扶持力度不足等问题，可借鉴安徽宏村的经验，制定严格的保护与开发政策、培训与扶持政策、社区参与政策、利益共享政策等，以帮助农户更好地适应乡村旅游发展中的变化，通过提供旅游服务增加收入，同时保护和传承当地传统文化。政府应积极出台税收减免、财政补贴等扶持政策，减轻农户经营负担。

2. 强化政策宣传和解读

针对福建省传统村落的政策，应加强相关政策宣传，确保政策落地；有必要组建专门宣传团队，挑选熟悉政策且沟通能力强的人员深入村落进行面对面宣传；制作宣传手册，详细阐释政策内容、申请流程、优惠条件等，发放给农户，并定期在村落中开展集中宣讲活动，邀请专家或相关部门人员讲解，通过村里的广播、微信群、公众号等，持续发布政策信息和解读文章；在村落显眼位置设置固定咨询点，安排专人随时解答农户疑问；宣传人员定期逐户走访，根据每户实际情况，有针对性地解读政策要点和适用条款，并组织农户集中学习政策相关知识，确保理解透彻。

3. 加强政策执行监督

在福建，有意发展乡村旅游的传统村落存在监管政策不完善等问题，应制定乡村旅游传统村落的专项发展规划，明确其发展方向，加强规划实施的监督和评估，确保规划目标的实现；建立乡村旅游与传统村落农户之间的协调机制，加强沟通与协作，共同推动乡村旅游的可持续发展。

（四）经济层面

1. 构建多元化投资渠道

部分乡村（如陈化村、桃坑村和江口村）以农业为主要产业，存在招商引资困难的问题，可借鉴云南汤堆村近年来"农旅结合"模式的成功路径，鼓励社会资本进入，引导企业与农户合作；政府和相关部门应增加对乡村旅游基础设施建设、项目开发等的资金投入，改善整体经济环境。

2. 推动产业融合

应让农户积极参与，大力发展乡村旅游。依托福建省的农业特色，开发具有地方特色的农产品，提升品牌影响力和市场竞争力；发展与乡村旅游相关的住宿、餐饮、交通等产业，形成产业链上下游的紧密合作，提升综合效益；建立利益联结机制，确保农户能够充分分享乡村旅游带来的经济收益，如采用股份合作等形式；打造具有地方特色的乡村旅游品牌和产品，提升竞争力和附加价值。

3. 加大资金投入，降低利益风险

对于利益分配不均、经济可持续性不强等问题，应加大资金投入，政府和相关部门应增加对乡村旅游基础设施建设、项目开发等的资金投入，改善整体经济环境；加强金融扶持，为农户提供低息贷款、小额信贷等金融服务，解决资金难题；建立经济互助组织，鼓励农户之间开展经济合作与互助，共同应对挑战；引导农户合理规划和经营，降低经济风险。

第七章　福建省乡村旅游高质量发展评价和乡村振兴耦合分析

第一节　基于游客感知的福建省乡村旅游高质量发展评价

一、研究对象

本研究选取了福建省龙岩市南江村、宁德市龙潭村、宁德市东壁村以及三明市桂峰村等作为研究对象。

南江村位于龙岩市永定区湖坑镇南溪地区，是闽西地区知名的革命老区，也是南溪革命基点村的重要代表之一。该村以独特的客家土楼而著称，这些土楼不仅具有极高的历史价值，还彰显了客家人的智慧与勤劳，堪称中华建筑文化的瑰宝。南江村的客家土楼特色鲜明，生态旅游资源丰富，已被列入第三批全国乡村旅游重点村名单。

龙潭村位于宁德市屏南县熙岭乡，旧称龙潭里村，是一个拥有丰富历史文化底蕴的古老村落。该村被认定为福建历史文化名村和传统古村落，并荣获金牌旅游村称号。龙潭村历史悠久，村内文物古迹众多，展现了深厚的文化传承，入选第二批全国乡村旅游重点村名单。

东壁村位于宁德市霞浦县三沙镇，享有"八山一水一分田"的美誉，依山傍水，自然风光秀丽。东壁村物产资源丰富，历史悠久，入选第四批全国乡村旅游重点村名单。

桂峰村是福建省三明市尤溪县洋中镇的一颗璀璨明珠，是典型的高山型传统村落。村落依山而建，错落有致地分布在山间，与自然景观和谐相融，展示了人与自然的和谐共生，体现了古人对地理环境的深刻理解和巧妙利用。桂峰村保存有多处历史文化特色建筑，现存清代前古建筑39座。2019年7月23日，桂峰村被文化和旅游部、国家发展改革委列入第一批全国乡村旅游重点村名录。①

二、研究设计

（一）研究方法

重要性—绩效分析法（IPA分析法）通过李克特量表对游客对旅游要素的重要性与实际满意度之间的差异进行量化评估。该方法通过问卷调查方式收集数据，并将所得数据映射至二维象限图中，以明确区分出四个关键区域：优势保持区、供给过渡区、持续改善区和急需整改区。本研究采用IPA分析法对福建省乡村旅游的游客感知价值进行深入研究，通过对比游客对旅游产品或服务属性重要性的期望与实际满意度之间的差异，揭示当前乡村旅游发展中的问题，旨在为分析福建省乡村旅游在游客感知价值方面的问题提供客观依据，并据此提出具有针对性的发展策略。

（二）问卷设计

在深入和广泛查阅并研究相关文献资料之后，结合福建省乡村旅游的实际情况，最终确定了问卷的三个关键组成部分。第一部分关注人口统计学特征，目的是收集福建省乡村旅游游客的基本背景信息，包括性别、年龄、职业、学历、月收入以及客源地等。第二部分关注游客消费特征，涵盖出游频率、出游和停留时间、单次旅游消费、参与方式、交通工具选择以及总体满意度等多个方面。第三部分为游客的整体感知与分析，主要参考了林勇泰（2019）、伍韫玉等（2023）和李慧颖（2022）的研究，将游客感知指标细分为四个维度：基础设施、乡村景观与文化、游乐项目与购物、餐饮住宿，并提出了13项评价指标。采用李克特5级量表对13项指标进行量化评估，包括1分（非常不满意/不重要）、2分（不满意/不重要）、3分（一般）、4分（很满意/很重要）和5分（非常满意/非常重要）。

1. 问卷发放

2023年7月8～16日，研究人员分别走访了四个全国乡村旅游重点村，并

---

① 文化和旅游部　国家发展改革委关于公布第一批全国乡村旅游重点村名单的通知［EB/OL］.（2020－12－13）. https：//zwgk. mct. gov. cn/zfxxgkml/zykf/202012/t20201213_919371. html.

发放了 260 份问卷调查（南江村 59 份、龙潭村 62 份、东壁村 68 份、桂峰村 71 份）。问卷回收后，共获得有效问卷 240 份，有效回收率为 95%。此外，研究人员还随机对各景区的游客进行了半结构化的访谈，以更详尽地掌握福建省乡村旅游游客的需求与感知，进而深入探究乡村旅游领域存在的问题。

2. 问卷信度检验

将数据输入 SPSS29.0 软件后，分析结果显示，问卷在重要性和满意度两个维度上的 Cronbach's α 系数分别为 0.897 和 0.755，均高于 0.7 的阈值标准，表明该问卷具备良好的信度，适宜于开展后续研究。

（三）问卷统计与分析

1. 人口统计学特征

在性别构成方面，女性游客的比例为 46.43%，略低于男性游客。在年龄分布方面，18~28 岁的游客占 21.43%，29~40 岁的游客占 55.84%。可见，青年与中年游客构成了福建省乡村旅游市场的核心群体。在职业分布方面，由于福建省民营经济繁荣，企业人员在游客中的比例较高，达到 38.80%。在教育背景方面，拥有大专或本科学历的游客占多数。这部分人主要来自城市地区，通常面临较大的工作压力，但有相对稳定的休息日。在客源地方面，福建省乡村旅游的游客主要以本地居民为主，占比高达 80.84%，外地游客相对较少。在月收入方面，福建省居民的收入水平较高，月收入在 4000 元以上的游客比例较大，这与样本调查群体的基本特征相符。

2. 游客消费特征分析

在出游频率方面，年出游次数达到两次及以上的游客比例高达 82.31%。关于出游及停留时间的选择，32.63% 的游客偏好于双休日出行，54.06% 的游客倾向于在法定节假日出游。在停留时间的分布方面，选择 1~2 天的游客占据绝大多数，占 91.91%。在旅游消费方面，单次旅游消费在 301~500 元的游客占 57.95%。在出游方式方面，自驾游成为游客的主要出行方式，占 64.12%。在游客活动选择方面，主要集中在欣赏田园风光、采摘农业产品、品尝农家美食等传统活动。在旅游信息获取方面，有 8.44% 的游客对乡村旅游景点了解较少，33.60% 了解程度一般。通过朋友推荐获取旅游信息的游客比例最高，达到 48.54%，而通过微信公众号、微信群、朋友圈等社交平台获取旅游信息的游客占 24.03%。

3. 游客整体感知与分析

在对福建省乡村旅游整体满意度的评估中，20.45% 的游客给出了一般的评价，而认为比较满意和非常满意的游客比例分别为 48.21% 和 25.49%。同时，有 3.08% 和 2.76% 的游客表示不满意和非常不满意。由此可见，游客对福建省乡村旅游的总体评价倾向于正面，游客对乡村旅游景点的实际体验大体上满足了他们的预期。尽管如此，仍有改进的空间，以进一步提升游客的满意度。

三、实证分析

（一）因子分析

1. KMO 检验和 Bartlett 球形分析

本研究将相关数据导入 SPSS29.0 软件进行分析，结果显示，13 项评估指标的 KMO 值为 0.739。此外，Bartlett 球形检验的显著性值（Sig.）为 0，远低于 0.05 的阈值，表明数据已达到显著性水平，并且数据分布呈现正态性，非常适合执行因子分析。

2. 公因子提取

在完成信度检验和 KMO 检验后，我们对 13 项评估指标进行了深入分析。通过应用主成分分析法和最大方差正交旋转法，我们成功地提取了特征值大于 1 的公因子，并进行了适当的旋转处理。

细致分析结果后，我们发现"停车便利程度"和"工作人员服务态度和水平"这两项指标的公因子载荷值相对较低，均未达到理想的 0.5 以上，因此剔除这两项指标，并进行了新一轮的分析。

经过调整，剩余 11 项指标展现了较高的信度，其 Cronbach's α 系数达到 0.732，充分证明了这些指标的一致性和可靠性，非常适合进行后续的分析。同时，KMO 系数为 0.698，Bartlett 球形检验的显著性值（Sig.）也显著小于 0.05，进一步证实了数据的显著性和正态分布的特性，非常适合进行因子分析。

通过深入分析这 11 项评估指标，我们成功地识别并提取了四个公因子，这些公因子的特征值均大于 0.5。其中，第一个公因子在调整后的解释总方差特征值方面表现尤为突出，达到了 3.048，其累计方差贡献率也高达 18.631%，是方差贡献率最高的公因子。其余三个公因子的调整后解释总方差特征值分别为 1.375、1.154 和 1.053，其累计方差贡献率也逐渐递增，分别为 33.735%、

48.683%和60.275%。这充分说明了这四个公因子能够共同解释这11个变量中高达60.275%的信息，完全符合作为公因子的要求（见表7-1）。

表7-1　　　　　　　　　　调整后旋转成分矩阵

测量指标	成分			
	1	2	3	4
交通便利性和道路通畅	0.622			
移动通信信号	0.680			
公共厕所数量与卫生状况	0.785			
乡村自然风光的观赏性		0.768		
乡村文化内涵		0.765		
特色节日与民俗活动		0.517		
景区门票与项目设施价格			0.722	
娱乐项目多样性和参与性			0.763	
地方特产价格和品质			0.535	
餐饮卫生和口味特色				0.727
住宿卫生与价格				0.511
解释的总方差				60.275%

3. 公因子命名

首个公因子"基础设施"由"交通便利性和道路畅通""移动通信信号""公共厕所数量与卫生状况"三项指标构成，其方差解释比例达到18.631%，主要揭示了乡村旅游基础设施的状况。第二个公因子"乡村景观与文化"包含"乡村自然风光的观赏性""乡村文化内涵""特色节日与民俗活动"三项核心指标，方差解释比例高达33.735%，反映了乡村旅游在景观与文化方面的独特吸引力。第三个公因子"娱乐项目与购物"由"景区门票与项目设施价格""娱乐项目多样性和参与度""地方特产价格和品质"三项指标组成，方差解释比例高达48.683%，反映了乡村旅游在娱乐项目与购物方面的吸引力。第四个公因子"餐饮住宿"包含"餐饮卫生和口味特色""住宿卫生与价格"两项指标，直接反映乡村旅游游客的餐饮与住宿体验。综合以上分析，福建省乡村旅游景区游客满意度测评指标可归纳为"基础设施""乡村景观与文化""娱乐项目与购物""餐饮住宿"四个主要公因子。问卷中的 13 项指标最终被划分为 4 项一级指标和 11 项二级指标，共同构成了福建省乡村旅游游客感知测评体系（见表 7-2）。

表 7-2　　　　　　　　　景区游客满意度测评体系

一级指标	二级指标
基础设施	交通便利性和道路通畅
	移动通信信号
	公共厕所数量与卫生状况
乡村景观与文化	乡村自然风光的观赏性
	乡村文化内涵
	特色节日与民俗活动
娱乐项目与购物	景区门票与项目设施价格
	娱乐项目多样性和参与性
	地方特产价格和品质
餐饮住宿	餐饮卫生和口味特色
	住宿卫生与价格

（二）t 检验

1. 单样本 t 检验

为探究 11 项评价因素在游客心中的重要性，本研究运用 SPSS29.0 软件，对所收集的 240 份问卷数据进行了单样本 t 检验分析。各项指标的平均值越高，表明该指标在游客心中的重要性越大。结果显示，在这些评价指标中，最高平均值达到 4.1167，最低平均值为 4.0208。这反映出问卷中的所有评价指标在游客心中均具有较高的重要性。特别是"乡村自然风光的观赏性"这一指标，其平均值最高，表明游客对福建省乡村自然风光的高度赞赏与重视。紧随其后的是"乡村文化内涵"和"交通便利性和道路通畅"，这两个因素也受到游客的高度关注，表明乡村的文化吸引力和交通便捷性对游客而言极为关键。此外，"公共厕所数量与卫生状况""娱乐项目多样性和参与性""餐饮卫生和口味特色"等指标也位居前列，表明景区的公共设施、娱乐活动以及餐饮服务等在游客心中同样占据着重要位置。因此，在景区的发展过程中，应重视这些方面的建设和提升，以提供更优质、更符合游客需求的服务。

满意度的平均值直接体现了游客对各项指标的满意程度。在对 11 项评价指标进行统计分析后发现，游客满意度的平均值最高为 3.7208，最低为3.3292。满意度的平均值普遍低于游客所赋予的重要性平均值，这说明福建省乡村旅游景区的实际表现与游客的期望之间存在一定的差距。其中，"乡村自然风光的观赏性""乡村文化内涵""移动通信信号"等因子的满意度平均值排名较为靠前，而"娱乐项目多样性和参与性""地方特产价格和品质"等指标的满意度平均值排名则相对靠后。

综上所述，尽管福建省乡村旅游景区在某些方面表现出色，但在游客期望与实际表现之间仍存在明显的差距。为了提高游客的满意度，景区应重点关注游客普遍关注的问题，并采取有效措施进行改进，以让游客有更加优质的旅游体验。

2. 配对 t 检验

本研究采用配对样本 t 检验方法，对数据进行分析。结果表明，游客的期望与实际体验之间存在显著差异，11 组数据均显示出统计学上的显著性（p值小于 0.05 或 0.01）。进一步观察发现，11 组数据中，游客期望与实际满意度的平均差值均为正值，这反映出游客的期望普遍高于实际体验的满意度。这一发现说明，福建省乡村旅游景区在多个方面仍有待改进与提升，以更好地满足游客的期望（见表 7 - 3）。

表 7 - 3　　　　　　　　　景区游客重要性与满意度差异比较

测评指标	配对平均值		值 (I - p)	t	p 值 （双侧）
	重要性 (I)	满意度 (p)			
交通便利性和道路通畅	4.096	3.692	0.404	11.268	0.000**
移动通信信号	4.021	3.713	0.308	8.632	0.000**
公共厕所数量与卫生状况	4.071	3.517	0.554	16.425	0.000**

续表

测评指标	配对平均值		值 (I-p)	t	p 值 (双侧)
	重要性（I）	满意度（p）			
乡村自然风光的观赏性	4.117	3.700	0.417	11.574	0.000**
乡村文化内涵	4.096	3.721	0.375	10.716	0.000**
特色节日与民俗活动	4.054	3.554	0.500	11.857	0.000**
景区门票与项目设施价格	4.046	3.608	0.438	11.784	0.000**
娱乐项目多样性和参与性	4.071	3.388	0.683	18.305	0.000**
地方特产价格和品质	4.038	3.329	0.709	20.051	0.000**
餐饮卫生和口味特色	4.067	3.596	0.471	12.785	0.000**
住宿卫生与价格	4.046	3.683	0.363	8.886	0.000**

注：** 表示在 0.01 水平上显著。

（三）建立 IPA 象限图

在进行游客满意度评估时，本研究采用了 IPA 分析法，以计算各项指标的重要性与满意度的平均值。经过计算，我们得出重要性平均值为 4.0657，满意度平均值为 3.591。基于这两个平均值，我们对 IPA 分析图进行了四象限的划分，并依据 11 个影响因子各自的重要性与满意度数值，将它们定位在了相应的象限内（见图 7-1），其中，横轴 X 代表指标的重要性，纵轴 Y 则代表满意度。

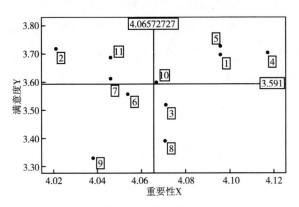

图 7-1　IPA 各因子定位图

注：1. 交通便利性和道路通畅；2. 移动通信信号；3. 公共厕所数量与卫生状况；4. 乡村自然风光的观赏性；5. 乡村文化内涵；6. 特色节日与民俗活动；7. 景区门票和项目设施价格；8. 娱乐项目多样性和参与性；9. 地方特产价格和品质；10. 餐饮卫生和口味特色；11. 住宿卫生与价格。

1. 第一象限（优势保持区）

第一象限，即优势保持区。经研究发现，游客对"交通便利性和道路畅通""乡村自然风光的观赏性""乡村文化内涵""餐饮卫生和口味特色"显著关注并给予正面评价。这些方面综合体现了福建省乡村旅游的核心要素，即交通、景观、文化和餐饮。

2. 第二象限（供给过渡区）

第二象限，即供给过渡区，包括"移动通信信号""景区门票与项目设施价格""住宿卫生与价格"等要素。虽然这些要素对游客的整体旅游体验并不具有决定性影响，但高质量的服务仍能在一定程度上满足游客的需求。

3. 第三象限（持续改善区）

第三象限，即持续改善区，包括"特色节日与民俗活动""地方特产价格和品质"两项要素。在此象限中，旅游体验的满意度普遍偏低，同时这些要素的重要性也相对较低，游客对此类指标的关注度不高。针对此，可降低其发展优先级，但绝不可完全置之不理。若条件允许，应着手改善这些指标，促使其向第二象限迈进，进而增进游客的体验满意度。

4. 第四象限（亟须整改区）

第四象限，即急需整改区，包括"公共厕所数量与卫生状况""娱乐项目多样性和参与性"在这些方面，游客的满意程度较低，尽管这两项因素受到游客的高度关注。因此，该象限成为我们迫切需要改进的关键领域，必须采取措施，有针对性地提升这些因素，以满足游客的期望并提高他们的满意度。

四、结论和建议

（一）结论

经过细致的对比分析，福建省乡村旅游的游客满意度与预期之间存在一定的差距。通过运用 IPA 分析法，我们识别出两组关键指标：其一为游客高度关注，但满意度较低的指标，包括"公共厕所数量与卫生状况""娱乐项目多样性和参与性"；其二为游客关注度不高且满意度也偏低的指标，如"特色节日民俗活动""地方特产价格和品质"。

第一，在公共厕所方面，多数游客反映公共厕所不仅设施相对简陋，且数量不足，分布也不够均衡。第二，在游乐项目与购物方面，福建省乡村旅游多聚焦于简单的农家乐体验,如食宿、采摘等,这些项目多以观赏为主,互动性和参与性不足,未能充分吸引游客深入参与乡村活动,忽视了游客对沉浸式体验的需求,导致游客需求难以得到满足。第三,土特产品同质化现象严重,缺乏创新,品牌认知度低,且部分商家定价过高或缺乏市场竞争力,导致游客对土特产缺乏信任。第四,在景区特色节庆和民俗方面,景区在非传统法定节假日举办的民俗活动较少。景区管理者应根据客流量合理安排具有地方特色的民俗和节庆活动,推动景区内特色节庆和民俗活动常态化,以提升游客满意度和旅游体验。上述问题揭示了福建省乡村旅游管理者在旅游项目运营和管理方面存在的不足。

(二) 发展建议

1. 改造旅游公共厕所

卫生间设施是满足游客基本卫生需求的关键要素,不仅关乎游客的健康福祉,也对旅游地的形象产生深远影响。乡村旅游的管理水平和服务质量在很大程度上体现在公共卫生间设施的数量、设计品质及其环境状况上。公共卫生间不仅能反映福建省乡村旅游目的地的总体形象和文明程度,而且是乡村旅游发展的基础性工作之一,直接关系到游客的旅行质量以及当地居民的素质、文明程度和进步表现。因此,乡村旅游公共卫生间建设是一项至关重要的工程,需要持续深入推进,并争取政府的支持,以建设符合管理规范的卫生间设施。同时,应提升公共卫生间的服务功能,探索建设具有景观价值的公共卫生间,旨在为游客提供更优质的旅游体验,并预防可能出现的不便情况。

例如,江西省九江市柴桑景区的公共卫生间采用了尖端技术,不仅实现了环保目标,还在节能降耗、卫生防疫等方面取得了显著成效。比如,公共卫生间还配备了多种智能化设备,包括智能室内温度调节、自动便位报警、无障碍设施以及触摸屏显示等。四川省自贡市紫禁城文庙风景区的公共卫生间则采用了隐蔽式与传统式相结合的多样化设计,其中隐蔽式卫生间设计独具匠心,与自然环境和谐融合,展现出别具一格的风格。此外,卫生间内还设有智能灯光控制系统、自动电梯、全景监控等先进设施,实现了公共卫生间建设的现代化。海南省三亚市凤凰古城的公共卫生间采用了"精细化"管理模式,旨在提升游客的体验感和满意度。在公共卫生间功能设施方面,提供了多种便捷的动力设备和设施,如自动洗手机、配备计算机的自助洗手设备、补给机等,确保游客能够享受到安全、卫生、舒适的环境。

公共卫生间的建设是乡村旅游发展中的关键环节之一，对旅游业的发展具有决定性作用。打造高质量的公共卫生间有助于为游客提供更优质的服务，进而推动乡村旅游的高质量发展。

2. 创新旅游产品

针对乡村旅游普遍存在的同质化问题，福建省乡村旅游景点应深入挖掘本地文化资源，对自然资源、人文资源以及所有可能促进乡村旅游发展的资源进行全方位整合。通过精细化的文化挖掘和资源整合，福建省乡村旅游有望突破同质化的局限，实现个性化、特色化发展，进而吸引更多游客，增强整体竞争力，进一步提升福建省乡村旅游的品质，打造具有特色的旅游产品。

（1）创新旅游产品开发，深入挖掘乡土文化资源。以陕西省咸阳市袁家村为例，该村凭借其深厚而独特的民俗文化积淀，融合民间艺术资源，成功策划了一系列文化盛宴与艺术展示。同时，通过建立民间艺术传承基地，袁家村为年青的一代提供了宝贵的学习机会，确保了传统文化的传承与延续。福建省乡村旅游景区可借鉴此模式，利用其独特的民间文化活动，精心策划并广泛开展多样化的民俗活动，以丰富游客的精神文化需求。这不仅有助于推动城乡文化的互动与融合，更能让传统乡土文化在传承中焕发新的活力。通过组织乡土文化展览、巡演及推介等交流活动，构建起政府引导、群众参与的文化交流机制，有效保护和传承福建省的传统乡土文化。同时，不断探索新的方式来传播乡土文化，可以更好地满足城乡统筹发展需求，承担起推动社会主义文化繁荣发展的重要使命。此外，为了进一步提升福建省乡村旅游景区的文化品质与吸引力，还应注重以下几个方面：

第一，深入挖掘文化内涵。福建省的历史文化资源丰富，各乡村旅游景区应深入挖掘自身独有的历史故事、传统技艺、民俗风情等，形成具有鲜明地域特色的文化品牌。通过讲述这些故事，展现乡村的独特魅力，增强游客的文化认同感和归属感。

第二，加强文化创新。在保持传统文化精髓的基础上，应鼓励文化创新，将现代元素融入传统文化中，创造出既符合时代审美又富有乡土气息的文化产品。例如，可以开发具有地方特色的手工艺品、美食、演艺节目等，满足游客多元化的文化需求。

第三，构建完善的文化服务体系，为了提升游客的文化体验，乡村旅游景区应构建完善的文化服务体系，包括建设文化展示中心、图书馆、艺术馆等文化设施，为游客提供丰富的文化资源和学习机会；举办文化节庆活动、主题展览、艺术沙龙等文化活动，丰富游客的文化体验；加强文化导游、讲解员等人才队伍建设，提高文化服务水平。

第四，加强文化保护与传承。在推动乡村旅游发展的同时，应高度重视对传统文化的保护与传承。通过制定相关政策和措施，加强对文化遗产的保护和管理；鼓励和支持当地居民参与文化传承活动，培养新一代的文化传承人；加强对外交流与合作，引进先进的文化保护技术和理念，共同推动传统文化的繁荣发展。

第五，推动文化与旅游深度融合。将文化元素融入旅游产品中，打造具有文化内涵的旅游产品体系。通过开发文化旅游线路、建设文化旅游景点、举办文化旅游节庆活动等方式，实现文化与旅游的深度融合。同时，加强旅游与文化产业的互动发展，推动文化创意产业、演艺产业等相关产业的协同发展，形成文化旅游产业链。

总之，福建省乡村旅游景区应充分利用自身的文化优势，深入挖掘文化内涵，增强文化创新，构建完善的文化服务体系，加强文化保护与传承，推动文化与旅游深度融合。通过实施这些措施，不仅可以提升乡村旅游景区的文化品质与吸引力，还可以为当地经济社会可持续发展注入新的动力。

（2）创新旅游活动项目，提高游客参与度。在推进乡村旅游发展的过程中，汲取成功案例的经验至关重要。以江西省婺源县篁岭景区为例，其独具特色的农耕文化体验区已成为吸引游客的重要亮点。游客能够来到传统农事活动的现场，并亲身参与其中，如从事种植、收割等活动，深入体验农耕文化的独特魅力。同时，景区巧妙地将当地特色美食与手工艺品融入旅游产品，让游客在品尝地道美食、欣赏精美手工艺品的同时，能更深入地了解当地的乡村文化。

借鉴此成功经验，福建省乡村旅游景区在规划时应充分依托当地丰富的农作物资源，建立一系列农作物 DIY 手工作坊，如设立糖画、麦芽糖或红糖糍粑等制作工坊，让游客在动手制作的过程中体验到乡村文化的魅力与乐趣。此外，福建省乡村旅游景区还可以深入挖掘当地的文化资源，如红色文化、客家文化等，并结合现代娱乐形式，创作出具有地方特色的剧本杀游戏。这些高参与度的活动项目不仅能够提升游客的沉浸式体验，还能让他们在游玩的过程中深入了解并感受当地的文化底蕴。

（3）创新旅游纪念品种类及制作方式。福建省乡村旅游纪念品的设计应深植于本地特色文化土壤，致力于开发具有地方特色且便于保存和携带的产品，如福建的名茶、客家米酒以及闻名遐迩的闽西八大干皆为上佳之选。进一步而言，应鼓励游客亲自参与纪念品的制作，如亲手酿造客家米酒，此类体验无疑将使纪念品更具纪念价值和个性化特征。此外，商家可提供周到的邮寄服务，确保这些充满游客情感和心血的纪念品能安全送达至其预留的地址。相较于购买现成的制造商品，此类纪念品更能触动游客的心弦，成为其旅行记忆中不可分割的一部分。

（4）塑造乡村旅游特色品牌。在塑造乡村旅游特色品牌方面，有不少成功的案例可供借鉴。例如，广西桂林稻香村以"稻香村"为品牌标识，致力于推广其特色农产品、农事体验以及农家乐服务。通过开展文创产品和地方特色活动，有效提升了村庄的知名度。内蒙古锡林郭勒盟的草原天路景区以壮丽的草原风光为核心，打造了"草原天路"品牌，突出了草原旅游、文化以及自然资源的独特魅力。该景区通过推出草原特产和草原文创产品，成功吸引了众多游客。江苏扬州的稻花香谷以乡村旅游为发展核心，塑造了"稻花香谷"品牌，突出了水乡田园的自然风光和江南文化的深厚底蕴。通过举办乡村音乐节、美食节等丰富多彩的活动，有效推广了当地农产品和旅游体验。

基于此，福建省乡村旅游景区在品牌建设方面应紧密依托当地丰富的自然资源和深厚的文化底蕴。通过深入挖掘客家文化、闽南文化、红色文化、海丝文化以及古民居等特色元素，塑造出具有独特性的品牌形象。为了构建品牌本体，政府与企业应精心策划，包括设计独特的品牌标识、提炼品牌内涵以及制定响亮的品牌口号等。还可以通过向公众征集品牌标识和口号，广泛吸纳社会智慧和创意，以增强游客对福建省乡村旅游目的地的关注度和参与感。一旦品牌成功塑造，乡村旅游景区还应持续提供优质服务，确保游客在旅游过程中获得满意的体验，这包括提供完善的设施、优质的导游服务以及丰富多彩的旅游活动等。品牌的成功塑造有助于提升福建省乡村旅游的记忆点和吸引力，进而使福建省乡村旅游在激烈的市场竞争中保持优势。

3. 完善乡村旅游观光路线

在促进乡村旅游高质量发展的进程中，全面规划与统筹乡村旅游资源显得尤为关键。通过各地区协同发展，构建一个高效且紧密的区域旅游合作机制是确保乡村旅游可持续发展的核心。该机制致力于充分利用各地区的资源优势，共同打造一系列多样化、主题鲜明的跨区域乡村旅游精品线路。

以四川省九寨沟乡村旅游景区为例，其成功之处在于将藏族文化与自然风光紧密结合，形成了一条独特的乡村旅游观光路线。游客沿着此路线，不仅能够观赏到诺日朗瀑布、五花海等壮丽的自然景观，还能深入体验藏族村寨的浓郁文化氛围，了解藏族的风俗习惯和生活方式，这是文化与自然的完美融合。

福建省在乡村旅游发展方面拥有广阔的空间和丰富的资源，可以借鉴一些成功模式，结合福建省独特的地域特色，如红色文化和客家文化，精心策划多条乡村旅游线路。其中，以红色文化为主题的乡村旅游线路能让游客在游览过程中深刻体验福建省丰富的历史底蕴，领略历史的厚重；以客家文化为特色的线路能让游客深入了解客家文化的独特魅力和精神内涵。此外，福建省自然景观条件优越，可以依托其自然资源，规划以秀美山水、绿色生态休闲农业以及休闲度假养生为主题的乡村旅游线路，满足不同游客的多样化需求。

在充分考虑各地区的交通便利性和地理位置优势的基础上，通过精心设计，将不同地区的乡村旅游景点和产品有机连接，形成一系列完整的乡村旅游精品线路。这些线路不仅能够充分展示福建乡村旅游的多样性和丰富性，还能够为游客提供更加精彩和多元的旅游体验。整合福建省各地区的农村旅游资源，可以充分发挥农村在物质和非物质资源方面的独特优势，实现不同地区内旅游资源的优势互补。这有助于推动福建省乡村旅游的高质量发展，为游客提供更加丰富、精彩的旅游选择，促进当地经济的繁荣和发展。

4. 突出政府的主体作用

政府在推动乡村旅游发展过程中扮演着至关重要的角色。为打造一个充满活力的乡村旅游生态系统，首先，政府必须确保农户能够全面参与乡村旅游的规划、建设与运营环节，并强化对乡村旅游优惠政策的监管力度，确保政策得以有效实施；其次，政府应通过教育和宣传策略，提高农户对乡村旅游的认识和参与程度，使乡村旅游规划更加符合当地实际情况和民众的切实需求；最后，政府应积极采取措施，为村民创造更多就业机会，使他们成为乡村旅游产业的关键参与者和直接受益者，进而提升他们的满足感和归属感，为乡村旅游的持续发展提供强劲动力。

第二节　基于耦合协调度的福建省乡村旅游高质量发展评价

一、乡村旅游高质量发展评价指标体系构建

本研究深入探讨了高质量发展的核心理念，并在综合现有学术成果的基础上，充分考虑数据的全面性和可获取性，构建了一套评价乡村旅游高质量发展的指标体系。该体系从创新、协调、开放、绿色、共享五大维度出发，对乡村旅游的高质量发展水平进行评估，共筛选出 12 项指标。通过运用熵值法，即依据公式（7-1）~公式（7-7）计算得出各项指标的权重，详细数据见表7-4。

表7-4　　　　　　　　　乡村旅游高质量发展评价体系

	一级指标		二级指标			
	指标	权重	指标	单位	编码	权重
乡村旅游高质量发展	创新发展	0.18666	人均GDP	元	X1	0.09546
			旅游总收入	亿元	X2	0.09120
	协调发展	0.14291	第三产业对经济增长的贡献率	%	X3	0.07470
			第三产业就业人数	万人	X4	0.06821
	开放发展	0.17415	旅游接待总人次	万人次	X5	0.08262
			旅游外汇收入	万美元	X6	0.09153
	绿色发展	0.23482	森林覆盖率	%	X7	0.05121
			生活垃圾无害化处理率	%	X8	0.06934
			公共厕所数量	座	X9	0.11427
	共享发展	0.26146	农村居民人均可支配收入	元	X10	0.08900
			农村居民经营净收入	元	X11	0.08994
			城镇居民人均可支配收入	元	X12	0.08252

（一）创新发展维度

在衡量经济发展品质的过程中，创新性扮演着至关重要的角色，尤其对于乡村旅游而言，它是实现高品质发展的关键因素。创新的效用不仅体现在其能够带来更为丰厚的经济收益，更在于它能够有效地促进乡村旅游向更高品质的发展阶段迈进。基于此，本研究借鉴张鑫（2022）、杨颖（2023）所提出的评价指标体系，选取人均国内生产总值（GDP）和旅游总收入作为二级指标，构建创新发展的评价指标体系。

（二）协调发展维度

协调性涉及乡村旅游与参与旅游活动的各类公司和组织之间的紧密合作，旨在实现运营协同、产业融合、综合规划以及全面统筹的全域旅游发展模式。在这一协调发展的框架下，应对产业结构进行调整，以提供更高质量的乡村旅游产品和服务，促进产业结构的合理化转型。基于此，本研究借鉴张琪（2020）、张译宁（2022）的研究成果，选取第三产业对经济增长的贡献率和第三产业就业人数作为二级指标，构建协调发展评价指标体系。

（三）开放发展维度

适度的开放将为乡村旅游业的发展带来更多的机遇。通过深入研究国内外市场需求，吸取其他地区在乡村旅游发展方面的成功经验，采取更为开放的策略，可以有效促进福建省乡村旅游的高质量发展。基于此，本研究借鉴李剑（2022）、董俊杰（2021）的研究成果，选取旅游接待总人次和旅游外汇收入作为二级指标，构建开放发展评价指标体系。

（四）绿色发展维度

乡村旅游高质量发展必须坚守"绿色"理念，并将其作为乡村旅游高质量发展的核心贯穿始终，注重生态保护，致力于生态环境的优化和绿色家园的构建。基于此，本研究借鉴黄克栋（2022）、李剑（2022）所提出的评价指标体系，选取森林覆盖率、生活垃圾无害化处理率、公共厕所数量作为二级指标，构建绿色发展评价指标体系。

（五）共享发展维度

共享发展的核心理念是将人民的利益置于首位。在推动乡村旅游发展的过程中，必须确保游客的满意度，同时也要确保当地居民、企业以及政府能够共同享受发展带来的利益，从而促进经济的快速增长和收入的提升。基于此，本文借鉴张琪（2020）、董俊杰（2021）的研究成果，选取农村居民人均可支配收入、农村居民经营性收入以及城镇居民可支配收入作为二级评价指标，构建共享发展评价指标体系。

二、数据来源和研究方法

（一）数据来源

本研究所使用的数据主要来自 2013~2022 年《福建省统计年鉴》、福建省官方公布的《生态环境状况公报》以及九个地市政府的《统计年鉴》和《国民经济和社会发展统计公报》，缺失的数据采用插值法计算得出。总体来看，本研究的数据获得渠道具有权威性，同一指标的统计口径一致，并经多次梳理修正，确保了数据的真实准确，为接下来的研究打下了基础。

（二）研究方法

1. 熵值法

第一步，数据处理。为保证后续分析结果的准确性与可信度，首先要对数据进行标准化处理，以消除潜在的偏差和异常。根据本书所研究的指标数据的特点，采用 Min-Max 标准化处理原始数据。Min-Max 标准化分为两类：一类是对正向指标的变换；另一类是对负向指标的变换。其变换公式如下：

正向指标：

$$X_{ij}^{*} = \frac{X_{ij} - \min\{x_{1i}, x_{2i}, \cdots, x_{mi}\}}{\max\{x_{1i}, x_{2i}, \cdots, x_{mj}\} - \min\{x_{1j}, x_{2j}, \cdots, x_{mj}\}} \qquad (7-1)$$

负向指标：

$$X_{ij}^{*} = \frac{\max\{x_{1j}, x_{2j}, \cdots, x_{mj}\} - x_{ij}}{\max\{x_{1j}, x_{2j}, \cdots, x_{mj}\} - \min\{x_{1j}, x_{2j}, \cdots, x_{mj}\}} \qquad (7-2)$$

通过 min-max 标准化法完成对原始数据的变换，将不同量纲的数值统一反映到 [0，1] 区间内，实现了不同量纲数值的比较。为了避免后续熵值法的计算中出现 0 或负数，需要对处理后的数值整体向右平移，其公式为：

$$X_{ij}^{*} = c + d^{*} X_{ij}^{*} \qquad (7-3)$$

第二步，数据归一化。数据归一化处理就是对原始数据指标平移后，计算第 j 项指标的比重，其公式如下：

$$P_{ij} = \frac{\hat{X_{ij}}}{\sum\limits_{i=1}^{m} \hat{X_{ij}}} \qquad (7-4)$$

第三步，计算熵值以及差异系数。

第 j 项指标熵值的公式为：

$$E_j = -K \sum_{i=1}^{m} P_{ij}^{\ln} P_{ij} \qquad (7-5)$$

差异性系数的公式为：

$$G_j - 1 - E_j \qquad (7-6)$$

其中，k 为常数，一般取 $K = 1/\ln_z$，其中 z 为研究对象的个数。

第四步，计算指标权重。

$$W_j = \frac{G_j}{\sum\limits_{j=1}^{n} G_j} \qquad (7-7)$$

2. 乡村旅游高质量发展综合指数计算模型

$$F_i = \sum_{j=1}^{m} W_j P_{ij} \qquad (7-8)$$

其中，F_i 为样本评价值，样本评价值越高，发展质量就越好；反之，价值越低，发展质量就越差。P_{ij} 为待评价指标标准化指数，W_j 为第 j 个指标的权重，权重值越高，表明该指标对发展质量的影响越大，因此将其进行指数模型化便于评价发展质量水平。

三、福建省乡村旅游高质量发展水平评价

（一）福建省乡村旅游发展质量水平时间演变分析

为了更加客观地考察福建省乡村旅游发展质量水平，根据公式（7-8）计算出 2013~2022 年福建省乡村旅游发展质量水平评价指标得分情况（见表 7-5）。同时，根据表 7-5 绘制 2013~2022 年福建省乡村旅游发展质量水平

时间演变堆积图（见图 7 - 2）。

表 7 - 5　　2013～2022 年福建省乡村旅游发展质量水平评价指标综合得分

年份	创新发展指标		协调发展指标		开放发展指标		绿色发展指标		共享发展指标		综合	
	得分	排序	得分	排序	得分	排序	得分	排序	得分	排序	得分	排序
2013	0.011	10	0.011	9	0.013	7	0.02	7	0.018	10	0.071	10
2014	0.012	9	0.011	9	0.014	6	0.02	7	0.019	9	0.076	9
2015	0.013	8	0.013	8	0.016	5	0.02	7	0.021	8	0.083	8
2016	0.016	7	0.015	4	0.019	4	0.018	10	0.023	7	0.091	7
2017	0.019	6	0.015	4	0.022	3	0.022	6	0.024	6	0.103	6
2018	0.023	2	0.014	7	0.028	2	0.024	5	0.027	5	0.116	2
2019	0.027	1	0.017	1	0.03	1	0.025	4	0.029	4	0.129	1
2020	0.021	5	0.017	1	0.012	8	0.027	3	0.031	3	0.108	5
2021	0.023	2	0.016	3	0.01	9	0.029	2	0.034	2	0.111	4
2022	0.023	2	0.015	4	0.01	9	0.03	1	0.036	1	0.112	3

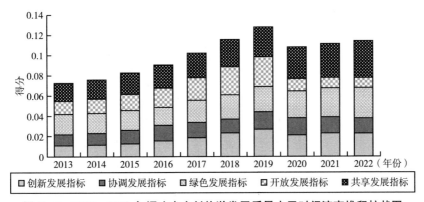

图 7 - 2　2013～2022 年福建省乡村旅游发展质量水平时间演变堆积柱状图

从图 7 - 2 可以看出，福建省乡村旅游的高质量发展水平在 2013～2022 年整体呈现增长趋势。特别值得注意的是，2019 年是一个明显的分水岭，据此可将此发展过程分为三个阶段。

1. 快速发展阶段（2013～2019年）

在这一阶段，福建省乡村旅游展现出稳定的增长趋势，这与该省乡村旅游的发展历程一致。自2013年起，福建省乡村旅游的发展逐步向规范化和标准化方向迈进。2014年，福建省积极实施乡村旅游"百镇千村"建设工程。2017年，乡村振兴战略开始实施。到了2019年，福建省开始着手打造并培育"金牌旅游村"和"全域生态旅游小镇"。因此，这一时期福建省乡村旅游的发展速度相当迅猛。

2. 疫情阶段（2020～2022年）

在这一阶段，福建省乡村旅游发展受到新冠疫情的显著影响。乡村旅游市场遭遇了剧烈的冲击，导致福建省乡村旅游的发展质量水平出现了急剧下降。在此期间，尽管随着新冠疫情的持续和相关政策的调整，旅游业整体上显示出复苏的迹象，但乡村旅游市场尚未完全恢复，福建省乡村旅游的发展质量水平增长缓慢。此外，由于居民可支配收入的变化，人们对旅游产品有了更高层次的需求。

3. 后疫情阶段（2023年至今）

在这一阶段，福建省乡村旅游展现出逐渐增长的趋势。疫情过后，民众的旅游需求显著增强，经济的逐步复苏也促进了福建省乡村旅游的持续、缓慢增长。

依据表7-5可绘制出2013～2022年福建省乡村旅游高质量发展水平评价指标综合得分的二级指标变化趋势图（见图7-3）。图7-3表明，创新发展指标、协调发展指标、绿色发展指标、共享发展指标总体上呈现出上升趋势。然而，开放发展指标自2020年起呈现下降趋势。创新发展指标在2013～2019年保持了稳定的增长态势，但自2020年起，受新冠疫情的影响，开始出现下滑。到2021年，随着新型旅游产品的引入，如"互联网＋"旅游产品，创新发展指标得以恢复增长。协调发展指标呈现出波动上升的趋势，并在2016年和2018年出现了轻微下降，其原因在于2016年产业结构和消费市场的调整导致了该指标下降。绿色发展指标持续增长，这主要归因于政府近年来对旅游景区基础设施建设、环境保护和卫生状况的重视，并不断推出相关政策以提升环境质量。共享发展指标同样呈现增长趋势，主要得益于城镇居民人均可支配收入的增加，这推动了乡村旅游的发展，进而改善了当地居民的生活质量，同时农村居民人均可支配收入也逐年增长。开放发展指标的变化波动较大，2013～2018 年发展水平逐步提升，并在 2019 年达到第一个峰值。自 2020 年起，由于新冠疫情的影响，该指标有所下降。而到了 2021 年，随着经济的复苏、居民可支配收入的增加、旅游宣传的加强以及各地政府出台的相关优惠政策，开放发展指标开始缓慢回升。

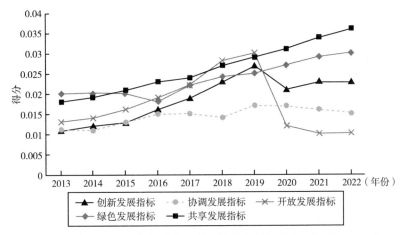

图 7 – 3　2013～2022 年福建省乡村旅游高质量发展水平评价指标综合得分二级指标变化趋势

（二）福建省乡村旅游发展质量水平空间差异分析

为了全面分析福建省乡村旅游发展质量的空间差异性，我们从城市和区域两个维度出发，考察了 2022 年福建省九个城市之间乡村旅游发展质量的差异，以及闽东、闽南、闽北、闽西、闽中各区域的乡村旅游发展质量差异。

1. 福建省乡村旅游发展质量水平的城市差异

依据公式（7 - 1）～公式（7 - 8）所进行的计算，我们得到 2022 年福建省九个地级市乡村旅游发展质量水平评价指标的综合得分（见表 7 - 6）。根据表 7 - 6 可以观察到福建省九个城市的乡村旅游发展质量水平存在显著差异，分布呈现不均衡状态。综合得分显示，莆田市在乡村旅游发展质量方面位居前列，特别是在创新发展指标方面表现出色。这表明，莆田市在乡村旅游高质量发展方面具有明显优势，其发展基础相对坚实。除莆田市外，其余八个城市的乡村旅游发展质量水平各异。鉴于此，本研究依据所得的综合得分，运用系统聚类分析法深入探究数据中潜在的差异与联系，并据此确定了九个城市的乡村旅游发展质量水平得分分布区间（见表7-7）。

表7-6　2022年福建省九个城市乡村旅游发展质量水平评价指标综合得分

地区	创新发展指标	协调发展指标	开放发展指标	绿色发展指标	共享发展指标	综合得分	排序
莆田市	0.097	0.014	0.006	0.034	0.027	0.178	1
漳州市	0.020	0.016	0.011	0.060	0.032	0.138	2
三明市	0.022	0.018	0.014	0.031	0.031	0.118	3
宁德市	0.023	0.012	0.018	0.032	0.029	0.115	4
厦门市	0.020	0.009	0.007	0.038	0.039	0.114	5
泉州市	0.021	0.021	0.007	0.030	0.034	0.113	6
龙岩市	0.024	0.019	0.011	0.019	0.037	0.111	7
福州市	0.020	0.016	0.009	0.026	0.035	0.106	8
南平市	0.012	0.009	0.006	0.018	0.020	0.065	9

表7-7　　　福建省九个城市乡村旅游发展质量水平得分的聚类分析

梯队	得分分布区间	城市
一梯队	[0.138，0.178]	莆田市
二梯队	[0.118，0.138]	漳州市
三梯队	[0.106，0.118]	三明市、宁德市、厦门市、泉州市、龙岩市
四梯队	[0.065，0.106]	福州市
五梯队	[0.065，0.065]	南平市

基于表7-6和表7-7，本研究将九个城市依据其乡村旅游发展质量的得分情况分为五个梯队，并对各梯队的发展质量进行了深入分析。

第一梯队是莆田市，其综合得分为0.178，显著高于其他城市，特别是在创新发展指标上远超其他城市。这反映出莆田市在乡村旅游领域取得了显著成就。莆田市的妈祖文化具有全球影响力，其衍生的旅游产品具有独特性，是推动当地乡村旅游发展的重要因素之一。此外，莆田市丰富的生态旅游资源也是促进乡村旅游发展的关键因素。

第二梯队是漳州市，其综合得分为0.138，乡村旅游发展质量较高，特别是在绿色发展指标方面位居九个城市之首。漳州市将乡村旅游发展视为推动乡村振兴的重要策略，积极推行"厕所革命"和农村垃圾综合治理等，以营造一个适宜居住和旅游的环境。同时，漳州市还鼓励发展民宿和农家乐等新型乡村旅游业态。

第三梯队包括三明市、宁德市、厦门市、泉州市和龙岩市，综合得分处于0.2378～0.3654，各项指标表现参差不齐，总体乡村旅游发展质量处于中上游水平。例如，厦门市、泉州市和龙岩市在某些发展指标方面得分较高，但在其他指标方面稍显不足。宁德市和三明市在绿色发展和创新发展指标上得分较高，但在其他方面稍逊一筹。这些城市可以通过相互借鉴、合作，共同开拓乡村旅游市场。

第四梯队是福州市，综合得分处于0.065～0.106，各项指标得分普遍较低，乡村旅游发展质量相对较弱。然而，福州市在共享发展指标方面得分突出，这主要得益于其作为福建省会，享有经济繁荣、交通便利以及居民较高的可支配收入等条件。

第五梯队是南平市，综合得分为0.065，各项指标得分普遍偏低且缺乏明显优势，乡村旅游发展质量水平远低于其他城市。南平市整体经济发展速度较慢，人均GDP仅为福州市的一半。尽管南平市自然资源丰富，但其开发创新能力不足，缺乏专业人才，产业升级转型缓慢。此外，交通网络不够完善，公共基础设施配套不全，乡村旅游接待能力有限，这些因素共同导致南平市在乡村旅游发展质量上处于落后地位。

2. 福建省乡村旅游发展质量水平的区域差异

我们把福建省九个城市按照空间地理位置划分为闽东、闽南、闽北、闽西、闽中五个区域，并计算各个区域和全省九个城市乡村旅游发展质量水平综合得分的均值（见表7-8）。

表 7 - 8　　　　　闽东、闽南、闽北、闽西、闽中地区乡村旅游发展质量

水平综合得分均值

区域	城市	综合得分均值
闽东	福州市、宁德市	0.111
闽南	厦门市、漳州市、泉州市	0.122
闽北	南平市	0.065
闽西	龙岩市	0.111
闽中	莆田市、三明市	0.148

在对福建省九个城市进行区域划分后，我们发现，该省乡村旅游发展质量水平的区域差异显著。其中，闽中地区的平均值最高（0.148），这主要归功于莆田市的妈祖文化及其独特的乡村旅游产品，加之产业融合能力较强，推动了闽中地区乡村旅游发展质量水平的快速提升。相比之下，闽北地区的平均值最低（0.1743），其主要原因是当地经济发展水平相对滞后，以及区位资源、地理环境和其他因素的限制，这些因素在一定程度上制约了乡村旅游发展的质量。闽西地区和闽东地区的综合平均值相同（0.111），与闽南地区的平均值（0.122）相差不大，这主要得益于它们在乡村旅游资源和产品配套服务方面的高度相似性，以及区域经济发展联动性强。根据表 7 - 6 和表 7 - 8，得分在[0.106，0.178]区间的共有八个城市，其中闽东地区两个，闽南地区三个，闽西地区一个，闽中地区一个。进一步依据系统聚类法，我们可以将这些城市划分为五个梯队，进行乡村旅游发展质量水平的具体分析。因此，我们可以得出结论，福建省乡村旅游发展质量水平处于中上游以上的城市主要分布在闽南、闽中、闽东地区。

四、结论和建议

（一）结论

第一，福建省乡村旅游的发展水平展现出显著的上升趋势。特别是在2019 年之前，该省乡村旅游的发展水平持续上升。这主要得益于福建省深入挖掘并充分利用乡村旅游的独特魅力和资源优势，积极推动休闲农业的拓展以

及休闲农产品的创新开发，从而有效地促进了乡村旅游的蓬勃发展。2020 年，由于新冠疫情的冲击，发展水平有所下降，但随着经济的复苏，又逐渐恢复了增长。

第二，各地区乡村旅游综合发展水平存在较大差距，呈不均衡分布状态。2022 年，莆田市乡村旅游综合水平最高，其综合得分为 0.178，表现最为突出，最低的是南平市，综合得分为 0.065，其余地区综合得分则分布在 0.106~0.138 的区间内。这种差异主要是由于各地区在旅游资源的丰富性、乡村旅游基础设施的完善程度、旅游服务质量、对外交通的便捷性等方面存在显著差异。

第三，乡村旅游的一级指标所涵盖的各要素在综合发展水平上呈现出动态变化的态势。2013~2022 年，创新发展指标呈现出显著的增长趋势，具体数值由 0.011 稳步提升至 0.023。协调发展指标从 2013 年的 0.011 上升至 2022 年的 0.015。开放发展指标从 2013 年的 0.013 上升至 2019 年的 0.03，之后又在 2022 年回落到 0.012。绿色发展指标从 2013 年的 0.02 上升至 2022 年的 0.03。共享发展指标从 2013 年的 0.018 上升至 2022 年的 0.036。

第四，各地区乡村旅游发展主要障碍因素存在局部一致性和较大差异性。八个地区得分最低的均为开放发展指标，反映了当地乡村旅游的营销宣传仍然不够到位，不能有效吸引游客，而宁德市得分最低的为协调发展指标，表明当地的产业结构不够完善，第三产业就业人数较少。就整个福建省来说，影响其发展的因素主要有产品缺乏特色、创新能力不够强、缺乏专业人才、部分地区交通不够便捷。

（二）发展建议

1. 乡村旅游高水平城市（莆田市）

莆田市自然风光独特，民俗风情丰富多彩，享誉全球的妈祖文化更是为这片土地增添了深厚的文化底蕴，使当地的乡村旅游产业蓬勃发展。例如，湄洲镇下山村以其独特的滨海旅游资源与深厚的文化底蕴为基石，将古朴的生活方式与现代文明和妈祖文化结合，形成其独特的文化精髓，并致力于构建和推广旅游品牌，发展住宿、纪念品销售等多元化旅游服务来实现创收，同时还积极组织村民投身于海带、龙须菜等海洋养殖产业，以此推动乡村旅游的蓬勃发展。但该市的协调发展指标较低，旅游业缺乏实用人才，因此建议每年定期举办乡村旅游专题培训班，着力培养乡村旅游讲解员、乡村旅游管理人员等各类实用人才，提高乡村旅游管理服务能力，带动乡村旅游产业高质量发展。

2. 乡村旅游较高水平城市（漳州市）

漳州市依山傍海，优越的地理位置、四季如春的气候条件共同孕育了漳州三大独特的旅游资源——独具魅力的海滨风光、绚丽多姿的花果生态、悠久璀璨的民俗史迹，是一处集观光、休闲、度假于一体的绝佳旅游目的地。例如，南靖县塔下村不仅积极传承与保护文化，更凭借其自然美景、源远流长的文化底蕴及独特的土楼建筑，为游客提供丰富多样的旅游体验。但其开放发展指标较低，说明吸引力还有待提升。此外，漳州市存在的问题还有基础服务设施有待完善、娱乐项目有待提升。因此，建议完善乡村旅游点的各项基础服务设施，包括交通、住宿等。具体而言，要开发特色民宿，提升住宿环境的舒适度，提升员工服务水平等，为留住游客奠定坚实的物质基础。此外，景区内应巧妙融入城市生活元素，营造一种既传统又现代的氛围，同时也要注重开发多样化的娱乐项目，确保游客在停留期间既能品尝美食，又能参与娱乐活动，从而真正实现留住游客的目标。

3. 乡村旅游中等水平地市（三明市、宁德市、厦门市、泉州市、龙岩市）

（1）三明市。三明市的乡村旅游资源极为丰富，汇聚了诸多具有独特魅力的乡村旅游胜地。其中，桂峰村以深厚的历史文化底蕴而著称，而俞邦村则以丰富多彩的饮食文化而闻名遐迩。桂峰村深入挖掘"建筑文化""理学文化""景观文化""民俗文化"四大主题，不断推进"文化＋旅游"的深度融合，形成了以"品桂峰文化、观赏生态山水、欣赏千年古厝、体验绿色农业、品尝康养美食"为特色的尤溪东北旅游带。然而，目前三明市在旅游宣传营销方面尚显不足，乡村旅游基础设施也有待加强。因此，建议应增强宣传营销力度，将三明市的旅游形象作为宣传工作的核心，以提升三明市旅游产品的知名度和市场竞争力。此外，还应加强基础设施的建设和整治，以营造更加优美的乡村旅游环境。应积极争取各类资金支持，集中力量对村内道路进行升级改造，并规范交通和旅游标识，改善村内基础设施条件。

（2）宁德市。宁德市正致力于将乡村旅游、畲族文化特色以及现代农业相融合，以塑造具有独特魅力的旅游发展模式。以方家山村和赤溪村为例。方家山村作为太姥山风景区邻近的畲族村落，依托其闻名遐迩的白茶产业，正努力推进茶旅一体化发展。赤溪村则被誉为"中国扶贫标杆村"，不仅有丰富的畲族民俗文化和特色美食，还有九鲤溪等自然景观，为游客提供了一个全面体验畲族文化和乡村美景的理想之地。然而，宁德市在文化旅游产品方面尚存不足。因此，建议深入探究畲族文化及非物质文化遗产等宝贵的文化资源，开发具有闽东风情的旅游产品，打造一系列具有闽东特色的旅游品牌，以扩大文化产业的规模。

（3）厦门市。厦门市致力于策划并举办多元化的旅游节庆活动，以此作为推动乡村旅游发展的有效策略。该市的乡村旅游布局广泛，散布于周边地区，形成了众多具有独特魅力的旅游节点。其中，翔安香山景区、同安竹坝百利种苗园区、海沧洪塘村等已成为乡村旅游的目的地。同时，该市已构建了一个以休闲农业（渔业）、养生度假等为主要形式的多元化发展体系，但仍存在旅游产品体系开发不足的问题。因此，建议持续优化旅游产品体系，并拓展乡村旅游产业链。可以利用"山、海、热、侨、台"等特色旅游资源，发展生态农业园、农事体验等项目，同时应不断丰富和完善本土特色娱乐项目，以吸引更多游客参与。

（4）泉州市。泉州市是一座蕴含丰富历史文化遗产的城市，孕育了如蟳埔女、惠安女等独具特色的民俗文化现象。在乡村旅游领域，该市有三个被誉为"全国乡村旅游重点村"的村落，分别是惠安的大岞村、晋江的围头村以及德化的佛岭村。以大岞村为例，该村凭借其独特的惠女文化、迷人的海岸线以及朴素的渔村风情，吸引了众多游客。该村不仅实现了深度民俗体验与文化传承的有机结合，还通过创新手段，全面促进了当地旅游产业的繁荣发展，实现了文化与旅游的深度融合。然而，泉州市的旅游产品尚显单一，专业人才匮乏的问题依然存在。因此，建议深入挖掘其文化内涵，打造具有特色的旅游产品及品牌，如利用南音、惠安石雕等元素制作各类工艺品。此外，应招聘专业人才来管理和提供乡村旅游产业的服务，可以采取内部培训或向社会招聘以及与地方高校合作培养所需人才等方式。

（5）龙岩市。龙岩市积极推动红色旅游与生态旅游发展。在红色旅游方面，主要有上杭古田会议会址、连城新泉整训旧址等；在生态旅游方面，主要有永定下洋镇、长汀县庵杰乡等。此外，龙岩市还注重挖掘历史人文资源，积极保护和开发永定土楼、培田古民居等古建筑群。但是，龙岩市仍存在宣传力度不够的问题，建议加大宣传力度，利用电视、网络等媒介进行全面宣传，开拓客源市场。

4. 乡村旅游较低水平城市（福州市、南平市）

（1）福州市。福州市积极实施乡村振兴战略，致力于打造乡村旅游品牌，并举办诸多具有乡村特色的文化活动。以平潭综合实验区北港村为例，该村依托其丰富的自然资源和深厚的人文历史，持续吸引众多游客。北港村巧妙地将传统的石头建筑改造为独具特色的民宿，让游客能沉浸式地体验海岛渔村生活。然而，由于福州市旅游产品种类单一，难以长期留住游客，且多数游客倾向于在市区过夜。因此，建议加大对乡村旅游产品的开发力度，同时推动当地乡村住宿设施升级改造。在升级过程中，应追求住宿形式的多样化和创新化。除了传统的农家乐和酒店之外，还可以考虑引入森林小木屋等独特的住宿选项，以提升游客的住宿体验，并构建一个功能齐全、布局合理的乡村旅游住宿体系。

（2）南平市。南平市具备优良的自然环境，将乌龙茶、红茶、白茶的联合发展视为乡村复兴的核心产业基础，致力于发展壮大茶产业。以武夷山兴贤村和南源岭村为例，它们依托武夷山的丰富旅游资源，开发了诸多体验式旅游项目，包括茶山游览、自然生态徒步以及参与茶叶采摘等。同时，注重生态保护，努力提高服务水平，以促进乡村旅游的高质量发展。然而，乡村旅游在创新力、地方特色产品、交通网络及专业人才方面存在不足。因此，建议加强乡村旅游产品的创新研发，致力于打造一系列具有地方特色的乡村旅游精品，以增强南平市乡村旅游产业的市场竞争力。同时，增加旅游资金投入，吸引社会资本参与乡村旅游基础设施建设，并鼓励大学生及农民工返乡创业，发展乡村旅游特色产业。此外，通过一系列推广活动吸引优秀人才，并建立有效的激励机制，吸引更多具有创新经验的管理与技术人才，以推动乡村旅游事业的发展。

第三节　福建省乡村旅游高质量发展与乡村振兴耦合协调分析

一、构建评价指标体系

基于福建省乡村旅游高质量发展的实际案例，并参考乡村旅游与乡村振兴领域的多项文献研究成果，本研究严格遵循科学性与可比性原则，构建了一套评估指标体系。此体系在确保数据完整性、可获取性的基础上，专为衡量福建省乡村旅游高质量发展与乡村振兴之间的耦合协调程度而设计。其中，乡村振兴系统中的指标选取参考杜岩（2022）、吴东霞（2022）、董文静（2020）等的研究，由产业兴旺、生态宜居、乡风文明、治理有效、生活富裕五个一级指标和14个二级指标组成；乡村旅游高质量发展系统中的指标选取参考乔媛媛（2022）、黄克栋（2022）、徐敏（2022）等的研究，由旅游发展水平、旅游生态环境、旅游市场潜力三个一级指标和10个二级指标组成。指标体系采用熵权法对各评价指标进行赋值（见表7-9）。

表7-9　　　　　福建省乡村振兴与乡村旅游系统耦合协调评价指标体系

系统层	子系统层	指标层	单位	权重	方向
乡村振兴	产业兴旺（X1）	农业机械总动力（X11）	千瓦	0.1471	+
		农林牧渔业产值（X12）	万元	0.0565	+
		农作物总播种面积（X13）	万亩	0.3611	+
	生态宜居（X2）	农村道路硬化率（X21）	%	0.0393	+
		空气质量良好天数率（X22）	%	0.0314	+
		生活污水治理率（X23）	%	0.0504	+
	乡风文明（X3）	文体娱消费比率（X31）	%	0.0311	-
		教育支出（X32）	元	0.0120	+
		电视综合覆盖率（X33）	%	0.0318	+
	治理有效（X4）	农村居民最低生活保障人数（X41）	人	0.0052	+
		城乡收入差距对比（X42）	%	0.0452	-
	生活富裕（X5）	公路里程（X51）	千米	0.0120	+
		农村居民恩格尔系数比（X52）	%	0.1515	+
		村民收入水平（X53）	元	0.0254	+
	发展水平（Y1）	地区GDP（Y11）	万元	0.0904	+
		地方GDP增长率（Y12）	%	0.0137	+
		农业总产值（Y13）	万元	0.0533	+
		人均地区生产总值（Y14）	元	0.0432	+

续表

系统层	子系统层	指标层	单位	权重	方向
乡村振兴	生态环境（Y2）	生活垃圾无害化处理率（Y21）	%	0.0028	+
		废气（Y22）	亿立方米	0.4144	−
		森林覆盖率（Y23）	%	0.0342	+
	市场潜力（Y3）	接待游客数量（Y31）	万人次	0.0509	+
		利用外资情况（Y32）	万美元	0.1228	+
		旅游外汇收入（Y33）	亿美元	0.1743	+

二、数据来源

本研究的研究范围聚焦福建省，时间跨度为 2012～2022 年，选取涵盖 24 项关键指标的数据集作为核心分析对象。所涉及的数据资料广泛采集自一系列权威出版物与在线资源，包括但不限于历年《福建省统计年鉴》《福建旅游年鉴》，以及各地市的《统计年鉴》《旅游年鉴》《国民经济和社会发展统计公报》。对于部分指标，在原始数据缺失的情况下，采用基于历史统计资料的合理推测方法予以补充，确保研究的全面性和准确性。

三、研究方法

（一）多因素综合评价法

通过熵权法来测定各项指标的权重，旨在实现客观公正的赋权处理，将复杂系统的不确定性转化为量化的数据表达，同时有效规避主观赋权可能带来的随意性和偏见性问题。

1. 数据标准化处理

本研究采用标准化方法进行无量纲化处理和无零化处理。

对于呈现正向特性的指标而言，其标准化处理的计算公式为：

$$X_{ij} = \frac{(x_{ij} - x_{min})}{(x_{max} - x_{min})} + 0.01 \tag{7-9}$$

对于呈现负向特性的指标而言，其标准化处理的计算公式为：

$$X_{ij} = \frac{(x_{\max} - x_{ij})}{(x_{\max} - x_{\min})} + 0.01 \qquad (7-10)$$

公式（7-9）和公式（7-10）中，X_{ij} 为第 i 年的第 j 个指标的标准化值，$x_{\max}$ 为指标 j 的最大值；$x_{\min}$ 为指标 j 的最小值；$i=1$，2，3，…，M，表示年份个数；$j=1$，2，3，…，M，表示指标个数。其中，公式中将指标 X_{ij} 的实际值减去该指标所有年份数据中的最小值，再除以最大值与最小值之差。这样处理后，标准化后的值范围为 0~1，其中 1 表示最好（即该年份该指标达到历史最大值），0 表示最差（即该年份该指标达到历史最小值）。

2. 指标权重确认

（1）采用比重法实施数据无量纲化处理：

$$S_{ij} = X_{ij} / \sum_{i-1}^{m} X_{ij} \qquad (7-11)$$

其中，S_{ij} 代表第 i 个样本在第 j 个指标的无量纲化值。

（2）计算第 j 项指标的熵值：

$$h_i = \frac{1}{\ln m} \sum_{i-1}^{m} S_{ij} \ln S_{ij} (0 < h_i < 1) \qquad (7-12)$$

（3）评估第 j 项指标的差异性：

$$\alpha_j = 1 - h_i \qquad (7-13)$$

其中，$j=1$，2，3，…，M。

（4）权重分配：

$$w_j = \frac{a_j}{\sum_{j=i}^{*} a_j} \qquad (7-14)$$

3. 综合发展函数评价

在福建省及其下辖的九个地市范围内，分别构建了乡村旅游高质量发展与乡村振兴系统的综合评估体系，并据此求解出各自的综合评价函数，记作 $f(x)$：

$$f(x) = \sum_{j=i}^{m} w_j X_{ij} \qquad (7-15)$$

（二）耦合函数模型

系统间的相互依存与影响机制，即所谓系统耦合，描述了两个或更多系统间动态交互的过程。为了量化这种耦合的紧密程度，引入了耦合度这一概念，是衡量系统间相互作用深度的关键参数。公式如下：

$$C = \left[\frac{U_1 \times U_2}{(U_1 + U_2)^2} \right]^{\frac{1}{2}} \tag{7-16}$$

其中，C 被定义为系统耦合度的量化指标，由两部分构成：U_1，作为乡村振兴系统整体表现的综合评分；U_2，代表乡村旅游系统综合效能的评估结果。当 C 等于 0，表示两个子系统间不存在关联性；当 C 位于 0.3（不含 0.3）的区间时，表示两个子系统处于低耦合状态；当 C 值位于 0.3 ~ 0.7（含 0.7）的区间内，则代表中度耦合；而当 C 值超过 0.7 但小于 1 时，表示两个子系统之间呈现出高度耦合状态；若 C 等于 1，表示两个子系统之间达到了完全耦合的状态。

（三）时空耦合协调度模型

尽管系统耦合度模型能够有效衡量两个系统之间相互作用的力度对比，但却未能直观反映乡村旅游与乡村振兴两者协同演进的实际状况。鉴于此，本研究采用了系统耦合协调度的评估框架，以更直观地评估两者间的协同效应，见公式（7-17）和公式（7-18）。

$$T = \alpha U_1 + \beta U_2 \tag{7-17}$$

其中，T 作为综合评估参数，是衡量两个子系统间总体协同效率的综合评价系数。在此框架下，α 与 β 分别代表两个子系统的权重，且二者之和严格等于 1，确保了权重分配的完整性与合理性。具体而言，我们设定子系统 1 的权重 α 为 0.5，相应地，子系统 2 的权重 β 也被设定为 0.5。

$$D = (C \times T)^{\frac{x}{2}} \tag{7-18}$$

其中，D 用来量化两个系统间的耦合协调程度；T 则代表乡村旅游与乡村振兴的综合发展水准［由公式（7-17）计算得来］，其中 α 和 β 是待求解的系数，各自代表乡村旅游发展水平和乡村振兴建设水平对耦合协调度的相对贡献比例。按照耦合协调度的大小，参考吴儒练（2022）等的研究，可将两大产业分为 10 个等级（见表 7 - 10）。

表 7 - 10　　　　　　　　　耦合协调度等级及水平分类

协调等级	水平分类	D
极度失调	萌芽阶段	(0, 0.1)
严重失调		(0.1001, 0.2)
中度失调		(0.2001, 0.3)
轻度失调		(0.3001, 0.4)
濒临失调	起步阶段	(0.4001, 0.5)
勉强协调		(0.5001, 0.6)
初级协调	稳定阶段	(0.6001, 0.7)
中级协调		(0.7001, 0.8)
良好协调	成熟阶段	(0.8001, 0.9)
优质协调		(0.9001, 1)

四、实证研究

（一）各子系统发展水平时空演变分析

本研究选取 2012 年、2017 年、2022 年三个五年规划中期年份作为节点，通过运用公式（7 - 1）~公式（7 - 15）计算 2012 年、2017 年、2022 年福建省乡村振兴和乡村旅游发展综合水平得分并绘制成图（见图 7 - 4）。由图 7 - 4 可知，2012 ~ 2022 年，福建省乡村振兴与乡村旅游体系下的各子系统发展态势总体呈现出稳步攀升的态势，同时也不乏个别子系统经历了初期微降随后显著回升的增长模式，这一复杂而多元的发展格局反映了福建省在推动两大战略实施过程中的动态调整与持续优化。其中，产业兴旺的评分由 2012 年的 0.036 上升到 2017 年的 0.061，再到 2022 年的 0.086；生态宜居的评分由 2012 年的 0.028 上升到 2017 年的 0.060，再到 2022 年的 0.136；乡风文明的评分由 2012 年的 0.012 上升到 2017 年的 0.057，再到 2022 年的 0.212；发展水平的评分由

2012 年的 0.088 上升到 2017 年的 0.222，再到 2022 年的 0.382；生态环境的评分由 2012 年的 0.020 上升到 2017 年的 0.121，再到 2022 年的 0.153。这五个子系统均展现出持续且稳健的增长态势，显著体现了乡村振兴战略深入实施所带来的积极影响。具体而言，农村基础设施建设的步伐不断加快，人居环境得到了显著提升与优化，绿化覆盖面的扩大使生活环境更加生态宜居；同时，对文化传承与创新的重视，有效增强了农村地区的文化软实力，促进了文化的繁荣与发展。这一系列变化不仅提升了人民的生活品质，也为农村社会的全面发展构筑了坚实的基石，进而为乡村旅游的提质增效提供了强有力的内在驱动力和外部支撑。但生活富裕、治理有效、市场潜力的评分前期发展快，后有所下降，然后又缓慢提升，这是由于随着城镇化的迅速发展，产业结构转型升级，农村人口流失严重。

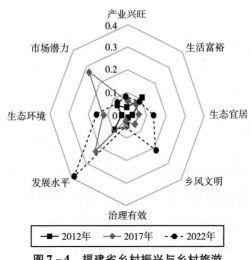

**图 7 – 4　福建省乡村振兴与乡村旅游
高质量发展子系统发展**

（二）综合发展水平时空演变分析

借鉴先期研究成果，本研究采用系统化的综合评价模型，并参照表 7 – 11 所列的综合发展层次划分标准，以深入剖析福建省乡村旅游高质量发展与乡村振兴在时间和空间上的演进特点及其综合发展水平。

表7-11　福建省乡村旅游高质量发展与乡村振兴综合发展水平评价分级标准

乡村振兴水平得分	发展程度
≤0.20	低发展水平
>0.20且≤0.35	较低发展水平
>0.35且≤0.50	中等发展水平
>0.50且≤0.65	较高发展水平
0.65<	高发展水平
乡村旅游高质量发展水平得分	发展程度
≤0.20	低发展水平
>0.20且≤0.35	较低发展水平
>0.35且≤0.50	中等发展水平
>0.50且≤0.65	较高发展水平
0.65<	高发展水平

1. 乡村振兴综合发展水平时空发展变化分析

通过公式（7-13）计算得出2012年、2017年、2022年这三个节点年乡村振兴综合发展水平评价值分别为0.21、0.24和0.28。福建省乡村振兴综合发展水平在总体趋势上呈现出逐年递增的态势，虽偶有小幅回落，但整体上保持积极的增长态势。各市乡村振兴发展总体不均衡现象尤为突出，呈现出"东高西低"的发展格局。2012年，各市乡村振兴综合发展水平普遍较低，除了三明市为较高发展水平、宁德市为中等发展水平以外，其余各市均为低发展水平。2017年，各市乡村振兴综合发展水平有所提升，较上一阶段上升了12.5%，总体变化趋势与2012年相同，2022年各市乡村振兴综合发展水平总体仍然稳步提升，较上一阶段上升了14.2%，宁德市由中等发展水平下降为较低发展水平，三明市仍然保持较高的发展水平，其余城市为低发展水平，评价得分稳步提升。按2012年、2017年、2022年这三个节点年的发展，福建省九地市乡村振兴的综合评分为0.28，只有福州市、漳州市、三明市三个城市高于平均值，位于较低发展水平与较高发展水平区间。厦门市、泉州市、龙岩市、宁德市、南平市、莆田市低于平均值，位于低发展水平与较低发展水平区间。由此可以看出，福建省乡村振兴建设发展水平不均衡现象较为突出，个别城市发展迅速，大部分城市发展缓慢，甚至有下降的情况。

2. 乡村旅游综合发展水平时空发展变化分析

通过公式（7-13）计算得出 2012 年、2017 年、2022 年这三个节点年乡村旅游综合发展水平评价值为 0.11、0.19、0.21。福建省乡村振兴综合发展水平评价总体呈逐年上升趋势，但个别城市呈下降趋势。各城市乡村旅游发展水平分布不均衡，呈现出"北低南高，西高东低"的发展格局。2012 年，绝大多数城市的乡村旅游发展水平均处于较低层次。2017 年，各城市乡村旅游发展水平有所提高，较上一阶段上升 42%。其中，漳州市为中等发展水平，可见漳州市乡村旅游得到了较快的发展；福州市、厦门市、泉州市均为较低发展水平；龙岩市、三明市、宁德市、南平市、莆田市为低发展水平，发展速度较为缓慢。2022 年，各市乡村旅游发展水平大部分呈上升趋势，小部分呈下降趋势，较上一阶段上升 9.5%。其中，漳州市乡村旅游发展水平持续提升，由中等发展水平转为较高发展水平，这得益于前期坚实的乡村旅游发展基础。福州市乡村旅游发展水平基本不变，为较低发展水平。龙岩市、三明市、宁德市、南平市发展水平有所提升，但仍为低发展水平。厦门市、泉州市、莆田市发展水平下降，处于较低发展水平与低发展水平区间。按 2012 年、2017 年、2022 年这三个节点年的发展，福建省九个城市的乡村旅游发展综合评分为 0.21。只有福州市、泉州市、漳州市高于平均值，位于较低发展水平与较高发展水平区间；厦门市、龙岩市、三明市、宁德市、南平市、莆田市低于平均值，均为低发展水平。

（三）乡村旅游高质量发展与乡村振兴耦合协调分析

借助耦合协调度模型这一分析工具，基于福建省各市乡村旅游高质量发展状况与乡村振兴综合建设成效的量化评估结果，运用公式（7-16）～公式（7-18）计算 2012～2022 年福建省各市乡村旅游高质量发展与乡村振兴系统的耦合度与耦合协调度，以分析乡村旅游高质量发展与乡村振兴耦合协调度的时间序列变迁（见表 7-12）。

由表 7-12 可知，各市的耦合协调度 D 值分布在 0.27～0.64 区间，这表明福建省各市在乡村旅游高质量发展与乡村振兴的耦合发展上存在着一定的地域性差异。

表 7 - 12　　　　　　　　　福建省乡村振兴与乡村旅游耦合协调度

城市	耦合协调度										
	2012 年	2013 年	2014 年	2015 年	2016 年	2017 年	2018 年	2019 年	2020 年	2021 年	2022 年
福州	0.40	0.41	0.42	0.44	0.46	0.47	0.50	0.52	0.49	0.51	0.52
厦门	0.37	0.37	0.38	0.40	0.42	0.44	0.46	0.48	0.42	0.44	0.45
泉州	0.38	0.38	0.39	0.41	0.50	0.44	0.45	0.47	0.44	0.46	0.47
漳州	0.42	0.45	0.48	0.40	0.57	0.55	0.56	0.59	0.62	0.61	0.64
龙岩	0.32	0.33	0.34	0.35	0.36	0.37	0.38	0.41	0.40	0.42	0.42
三明	0.45	0.47	0.47	0.47	0.48	0.49	0.51	0.53	0.52	0.54	0.54
宁德	0.40	0.45	0.46	0.44	0.45	0.46	0.48	0.50	0.49	0.53	0.43
南平	0.31	0.33	0.34	0.35	0.45	0.37	0.40	0.40	0.39	0.41	0.41
莆田	0.27	0.28	0.29	0.30	0.31	0.33	0.34	0.37	0.34	0.35	0.34

　　通过公式（7 - 18）计算出 2012 ~ 2022 年福建省各市乡村旅游高质量发展与乡村振兴系统之间的耦合协调度（见图 7 - 5）。由图 7 - 5 可知，福建省乡村旅游高质量发展与乡村振兴的耦合协调度整体呈现出虽缓慢却稳定上升的趋势。然而，值得注意的是，当前多数地区的耦合协调发展仍处于不协调的初级阶段，即便是表现最为突出的地区，也仅能达到初步协调的水平，显示出进一步提升与优化的必要性和紧迫性。通过参考国内相关学者的研究成果，分别选取了三个五年计划主要年份 2012 年、2017 年、2022 年的耦合协调度，划分为三个阶段进行分析。从分析结果可知，2012 年福州市、漳州市、三明市、宁德市达到濒临失调状态，处于起步阶段；厦门市、泉州市、龙岩市、南平市达到轻度失调，处于萌芽阶段；仅莆田市为中度失调。2017 年，漳州市为勉强协调，福州市、厦门市、泉州市、三明市、宁德市为濒临失调，均为起步阶段；龙岩市、南平市、莆田市为轻度失调状态，为萌芽阶段。2022 年，仅有漳州市达到初级协调，处于稳定阶段；福州市、三明市达到勉强协调；厦门市、泉州市、龙岩市、宁德市、南平市达到濒临失调，均处于起步阶段；只有莆田市仍然处于轻度失调，仍然为萌芽阶段。

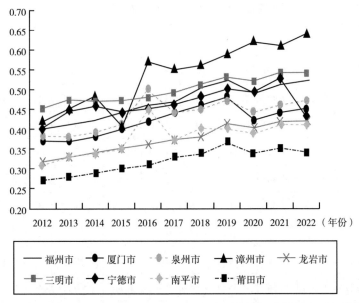

图 7 - 5　2012 - 2022 年福建省乡村振兴与乡村旅游耦合协调度时间演变

　　2012 年、2017 年、2022 年这三个五年计划中期节点年份的福建省各市乡村旅游高质量发展与乡村振兴系统耦合协调度如表 7 - 12 所示。从表 7 - 13 可知，福建省九个城市总体呈现出"南部 > 中部 > 西部 > 东部 > 北部"的分布规律。2012 年，福建省九个城市耦合协调度处于中度失调至濒临失调，其中中度失调的城市只有一个，位于中部；轻度失调的城市有四个，其中南部地区两个，占比 50%，西部地区和北部地区各一个，各占 25%；濒临失调城市有四个，东部、南部、中部、西部各一个，占比均为 25%。2017 年，九个城市耦合协调度处于轻度失调至勉强协调，其中轻度失调的城市有三个，濒临失调城市有四个，勉强协调有一个。2022 年，九个城市耦合协调度处于轻度失调至初级协调，整体呈现上升的趋势且差距略有缩小，轻度失调的城市下降至一个，分布于中部；濒临失调的城市增加至五个，其中南部两个，东部、西部、北部各一个；勉强协调的城市增加至两个，分布在中部和西部；初级协调一个，分布在南部。南部的漳州市耦合协调度最高，然后是中部的福州市和西部的三明市，东部的宁德市、南部的泉州市和厦门市、西部的龙岩市以及北部的南平市耦合协调度再次之，中部的莆田市耦合协调度最低。

表7–13　　　　　　　福建省乡村振兴与乡村旅游耦合协调时空发展变化情况

年份	协调等级	东部	南部	中部	西部	北部
2012	中度失调			莆田市		
	轻度失调		泉州市、厦门市		龙岩市	南平市
	濒临失调	宁德市	漳州市	福州市	三明市	
2017	轻度失调			莆田市	龙岩市	南平市
	濒临失调	宁德市	泉州市、厦门市	福州市	三明市	
	勉强协调		漳州市			
2022	轻度失调			莆田市		
	濒临失调	宁德市	泉州市、厦门市		龙岩市	南平市
	勉强协调			福州市	三明市	
	初级协调		漳州市			

　　通过以上分析可知，福建省乡村旅游高质量发展与乡村振兴耦合协调发展的整体水平尚处于初级阶段，呈现出相对较低的平均水平。九个城市中只有漳州市的协调度以及乡村旅游建设最高，是唯一一个能够达到初级协调的城市，漳州市作为沿海城市，又与经济特区厦门、汕头相邻，整体区位上有很大的优势，在乡村旅游发展上有较大的潜力。福州市作为省会城市，有良好的社会经济基础、完善的基础设施，三明市依托于其丰富的自然资源，它们的耦合协调度逐年增加，达到了勉强协调，虽与漳州市相比仍然有一定的差距，但有较大的发展空间。对于厦门市、泉州市、龙岩市、宁德市、南平市，如厦门市和泉州市的历年GDP虽然高，但在乡村振兴与乡村旅游综合发展水平上比较薄弱。总体而言，这五个城市耦合协调发展水平不高，只达到了濒临失调阶段。只有莆田市处于轻度协调，尽管历年都有较小提升，但是耦合协调值最低。

　　据此分析，乡村振兴水平展现出了稳健的上升趋势，乡村振兴与乡村旅游高质量发展的耦合协调状态也呈现增长势头，正逐步由起步阶段向稳定阶段过渡，表明该领域蕴含着巨大的发展潜力与提升空间。

五、结论

　　本研究通过多因素综合评价法，分别计算了福建省及其下辖九个地级市

2012～2022年乡村振兴与乡村旅游高质量发展的综合评价指数及耦合协调度。在此基础上，进一步深入剖析了两者间发展演变的特征及其背后的动因，旨在揭示其内在关联与互动规律，并得出如下结论：第一，福建省乡村振兴水平呈上升趋势，且乡村振兴的建设水平总体略高于乡村旅游高质量发展水平。2012年，除了三明市发展水平较高，宁德市次之，其他各市的水平均为低发展水平。到2022年，乡村振兴增速加快，三明市维持较高水平，除莆田市为低水平外，其余城市均进入较低或中等发展水平，城市间差距逐年缩小，形成了由点到面的扩展，东高西低的地域分布特征更为显著。第二，福建省乡村旅游高质量发展水平也呈现出上升的态势，但部分城市发展较为缓慢。2012年，各市发展水平均较低，没有表现突出的城市。到2022年，各市乡村旅游质量普遍提升，其中漳州市表现最佳，达到较高水平，福州市紧随其后，其他城市则在较低或低水平徘徊，显示出南北及东西发展不均衡，南高北低、东高西低的格局。第三，福建省乡村旅游高质量发展与乡村振兴之间存在显著的相互耦合关系，其耦合协调度范围为0.27～0.64，表明耦合状态经历了从中度失调到初步协调的五个阶段，其中以濒临失调和勉强协调状态最为常见，但总体趋向于正面发展。到2022年，漳州市耦合协调度最高（0.64），达到初步协调阶段，而莆田市最低（0.34），仍处于轻度不协调状态。在耦合协调度的空间分布上，南部及中心区域较高，四周较低，呈现出不规则的块状分布，整体发展不平衡。

第八章　福建省乡村旅游助力乡村振兴发展典型案例

第一节　连城县培田村：八百年传统古村落的生态守护

一、培田村乡村旅游发展现状

龙岩市连城县培田村拥有八百年的悠久历史，2012 年入选首批中国传统村落。该村秉承"崇文重教、耕读传家"的文化传统，致力于古村落的保护工作，打造"中国培田耕读小镇"，成功构建了农业、文化和旅游产业融合发展的新态势。

在传承文化脉络、维护"乡愁"方面，培田村保存了众多历史悠久的建筑，包括大夫第、进士第、官厅、衍庆堂、双灼堂等，以及 30 余幢具有"九厅十八井"风格的宏伟建筑、21 座宗祠、六所书院、两座跨街牌坊和一条长达千米的街道。其中，25 处被列为全国重点文物保护单位，28 处为省级文物保护单位，共同构成了约 7 万平方米的古建筑群，被誉为"客家庄园"和"民间故宫"，并荣获多项国家级荣誉。[1] 古村落保护协会在 20 多年前成立时就确立了保护原则，围绕"耕读文化"主题，编制了保护规划，相关部门积极争取资金支持，按照规划要求对古建筑进行了抢救性修复，并完善了基础设施，建立了多种保护开发机制。

---

[1]　福建龙岩培田村：连汀古官道上的"民间故宫"［EB/OL］. (2021 – 11 – 11). http：www.chinajsb. cn/html/202111/11/24045. html.

在激活业态、打造文化旅游"高地"方面，古村落的保护与开发为旅游业的发展奠定了坚实基础。许多大学生和青年选择回家乡创业，目前全村已发展出28家民宿和72家农家乐餐厅。当地还投资完成了沉浸式夜游、农村人居环境综合整治提升等项目，打造了恩典荣光、古墙夜话、十番古戏等"夜八景"沉浸式夜游项目。同时，对修缮后的古民居进行了活化利用，建立了多个特色展馆，让游客能够直观体验培田村的文化韵味。

在融合发展的道路上，宣和镇在保护培田传统古村落与推进乡村振兴方面双管齐下。培田村的民俗文化活动丰富多彩，如连续举办了多届的培田春耕节吸引了众多游客参与农事活动。结合客家原生态非物质文化遗产资源，村里建立了特色工坊、农耕体验园，吸引了大量游客进行农事研学体验和非遗研学体验。此外，培田村积极培育本土电商，推广销售当地特色农产品。

据统计，2024年第一季度，培田古村落景区累计接待游客1.96万人次，实现旅游收入76.02万元，同比分别增长了7.69%和10%。[①]

为了进一步推动乡村旅游的发展，当地采取了一系列具体措施，包括投入资金打造培田客家民俗文化街建设项目，通过房屋修缮及改造，引入多种业态；建设培田美术馆等，成为新业态的亮点；完善旅游"六要素"配套功能，包括成立客家美食协会，扶持民宿发展，改善交通条件，修复古街房屋，发展现代观光休闲农业，建设工笔画产业基地和染织工坊等；强化宣传营销，通过参加旅交会、利用媒体资源宣传、拍摄影视作品等方式提升知名度。

培田村深入挖掘"耕读传家"的客家文化，继续实施传统村落保护工程和乡村文化记忆工程，全力打造传统村落集中连片保护利用示范"全国样板"，激发乡村发展活力，丰富乡村旅游内涵，提升乡村旅游品质。

二、培田村乡村旅游发展历程

(一) 初创阶段 (2000~2008年)

培田村位于闽西地区较为闭塞的边远地带，交通条件极为落后，经济发

---

① 连城县宣和镇培田村做好古建筑群活化利用文章，打造综合性特色古村旅游——植入文旅新业态进出古村新活力 [EB/OL]. (2024-07-28). https：//baijiahao. baidu. com/s？id = 18057831753947 11007&wfr = spider&for = pc.

展迟缓。该村有 2/3 的居民选择离乡背井，外出务工以谋生计。留在村中的主要是老年人和儿童，出现了严重的空心化现象，劳动力严重不足。2001年，培田村借助古民居国际学术交流研讨会的平台，邀请了近百位来自不同领域的专家学者，就培田村的保护与旅游开发收集了众多规划建议和意见。随后，政府开始鼓励村民返乡参与乡村旅游建设，并出台了一系列政策，旨在支持开办旅社和餐饮业，吸引外部企业投资。这些措施促使越来越多的年轻人返回家乡。2005 年，培田村荣获"中国历史文化名村"称号。2006年，培田古村落被列入第六批全国重点文物保护单位，并被评为中国十大最美的历史文化名村（镇）之一，这极大地提升了培田村的知名度和影响力。[①] 到 2008 年，培田村围绕乡村旅游发展，大力推动相关旅游产业的兴起。同时，引导村民种植油菜花、荷花、向日葵等具有观赏价值的农作物，致力于发展观光农业。

（二）扩张阶段（2009～2012 年）

2009 年，培田村旅游业正式发展，村民开办农家乐与民宿，收入大幅提高。为了进一步推动旅游产业发展，培田村修建了两条公路，班车可以从县城直达村里，同时还完善了村里的各项基础设施建设。2011 年，培田村古村落开始有了改观，旅游业发展势头迅猛，先后被评为"中国特色村"和"全国特色景观旅游名村"、省百户新村示范点、省新农村示范点、市级造福工程示范点。[②] 2012 年，培田村入选第二批全国特色景观旅游名镇（村）示范名单，并成功申报为国家 4A 级旅游景区、省级生态文化村、省级造福工程示范点。2012 年 12 月 17 日，培田村被列入第一批中国传统村落名录。2012 年培田村开始举办春耕节庆典活动，吸引了全国各地的游客来此体验犁田开垦、割油菜、插秧、抓鱼等传统的生态农耕文化。

（三）产业升级阶段（2013～2016 年）

2013 年，培田村荣获福建省唯一"全国村庄规划试点村"称号。相关数据表明，2013 年培田古村落迎来游客 6.4 万人次，较上年增长 37.2%；门票

①　徐士媛. 九厅十八井　处处耕读第 [N]. 福建日报，2024 - 07 - 08.
②　黄水林，江云华，钟晋. 福建培田古村落：客家人聚居的"中国南方庄园""民间故宫"[N]. 中国日报，2021 - 04 - 30.

收入达到 178.5 万元，同比增长 39.8%。2014 年春节，培田村迎来马年开门红，接待游客 0.84 万人次，同比增长 92%；门票收入 23.4 万元，同比增长 86%。同年，培田村建设了长达千米的特色古街，旨在展示当地特色美食、建筑及手工艺品。2014 年上半年，培田古村落接待游客 3.7 万人次，同比增长 37%，门票收入 107 万元，同比增长 55%。[①] 2015 年，中央电视台大型纪录片《记住乡愁》首播，第一集《敬畏之心不可无》便是在培田村拍摄的。该纪录片的播出引起了公众对培田村的广泛关注，并吸引了外来投资者。2015 年 6 月，耕心乡村众创团队的创始人开始在培田村扎根，致力于以乡村"众创"模式推动当地文化创意和旅游产业的发展，为村民探寻一条可持续的古村旅游发展路径。该团队以"文化、生态、创新、价值"为理念，通过打造乡村创意生活、组建社群发起活动以及对接本地项目，吸引外部建筑、设计、文创、乡村发展、创业等领域的专业人才，同时激活本地资源。通过资源整合、创意激发和创新孵化，满足外界和村民对乡村资源发展的需求，同时在本地形成具有培田特色的乡居产业，并对外扩散文化创意和生态经济的影响力。同年，培田村入选中国美丽休闲乡村。

（四）快速发展阶段（2017～2022 年）

2017 年，培田村凭借在中草药种植、加工及中医药研发领域的优势，成功签约了"草药小镇综合开发项目"。依托于古民居、油菜花田观光、客家农耕文化、特色药膳以及草药小镇建设项目等资源，培田村吸引了众多游客前来观光。与此同时，当地政府严格按照制定的规划和整治方案，对衍庆堂、衡公祠、致祥堂等历史建筑进行了抢救性维修，拆除了影响景观的建筑，并改善了主要民居周边的环境。除此之外，还成立了客家美食协会培田分会，对客家特色美食进行了整合包装；设立了培田村级融资担保基金，支持众多示范户并发展了一批以似续堂、锄田山房、香叙美宿为代表的民宿；投资建设旅游专线公路、连接公路和桥梁，以及古村落游客服务中心，提升了景区的旅游接待能力；修复古街房屋，打造千米商业古街，将衍庆堂改造为客家民俗文化表演中心，发展现代观光休闲农业；建立工笔画产业基地和染织工坊，销售纯手工的

---

① 廖宣祥，吴炳春. 福建培田古村落实施"旅游 +"工程　旅游蛋糕越做越大 [N]. 福建法治报，2016 - 07 - 12.

客家中草药药膳、客家姜糖等土特产，增加了旅游收入；引导游客参与春耕农事活动及客家美食制作，并在节假日组织十番乐队、客家武术表演及木偶戏等活动，丰富了旅游业态。在耕心乡村众创团队的帮助下，培田村创建了66个文化旅游创业项目和30场文化旅游创业活动。其中，"培田春耕节"活动被列入福建优秀创意旅游产品名录。2019年，培田村入选为首批全国乡村旅游重点村名单，并荣获福建省"金牌旅游村"称号。2019年，培田古村落共接待游客近30万人次，旅游收入超过700万元。尽管面临新冠疫情的挑战，2020年全年仍实现了约200万元的门票收入。[①] 同时，村里的产业发展也步入了快速发展的轨道。村民通过经营家庭旅馆、农家乐、加工土特产、发展生态种养等方式，在乡村旅游产业链上实现了脱贫致富。

（五）成熟发展阶段（2023年至今）

2022年，培田古村落成功推出"沉浸式"夜游项目，致力于构建培田夜游体系，从而进一步丰富了旅游业态，并显著提升了夜间旅游的吸引力。例如，在农历二月初二，游客可与村民共同参与传统游龙活动，并观赏芷溪花灯等传统节目。2023年8月，培田村被认定为市级美丽乡村示范点。同年9月，为了传承国家级非物质文化遗产——闽西客家十番音乐，培田村启动了乡村文化振兴战略，以促进古村落旅游业的发展，《国家级非物质文化遗产闽西客家十番音乐培田村传习点》在宣和镇培田村的美济堂正式成立。2023年，培田村还实施了省级乡村振兴试点示范项目——旅游路段景观提升工程，旨在进一步完善旅游基础设施。相关数据显示，2023年培田古村落累计接待游客达49.83万余人次，仅门票收入就达到了298.96万元；村集体收入从2020年的47.5万元增长至180万元。[②] 2024年，培田美术馆在废弃粮仓的基础上改造而成并正式开馆，占地面积3300平方米，不仅举办画展，还设有艺术家居住公寓、沙龙区域、茶室、咖啡酒水休闲空间等设施。目前，美术馆二期建设正在推进中，计划打造二号展馆、艺术家驻留区以及公共市集区域，旨在成为培田古村新业态的亮点。此外，村里还计划引入簪花等新业态，以满足游客的多元化消费需求。据统计，2024年第一季度，培田古村落景区累计接待游客1.96

---

①② 　连城培田古村：九厅十八井，处处耕读第［EB/OL］.（2024-07-08）. http：//www.fj.news.cn/20240708/6c60770978d745afa7a6e4662b131514/c.html.

万人次，实现旅游收入 76.02 万元，同比分别增长了 7.69% 和 10%。① 展望未来，培田村将继续探索以党的建设为引领、以农业发展为支撑、以产业振兴为主线、以文旅探索为重点的农文旅融合发展路径，以进一步推动旅游产业的发展。

三、培田村乡村旅游对促进乡村振兴的作用

（一）生态宜居②

2013 年，培田村被选定为全国村庄规划试点村。为此，村里聘请了专业团队，相继完成了《连城县宣和乡培田村村庄规划（2013—2030）》《培田古村落保护与发展规划》《古建筑群保护总体规划》的编制工作，旨在为美丽乡村建设提供支持。到 2018 年，已成功完成了衡公祠、容膝居、修竹楼等国家级文物保护单位的修缮工程，使古建筑群焕发出新的生机。为解决古村落保护与开发和村民改善居住条件之间的矛盾，投入了 2860 万元资金，在古村落外围规划并建设了培田新村一、二期工程，其中包括 160 栋农民住房以及村文体活动中心、小广场、幸福院等公共设施。同时，争取到各类补助资金用于新村的道路、供水、供电、排污等基础设施建设。通过加大人居环境整治力度，累计拆除了 100 余栋空心房、危旧土坯房和违章建筑，持续开展"厕所革命"，建成了四座标准化旅游公厕，实现了冲水式厕所的全面普及。在排污方面，实行古村落和新村独立的排污模式，其中古村落沿用传统的三格化粪池—月塘—明暗沟渠—荷花塘体系，而新村则采用三格化粪池—污水管网—厌氧池—人工湿地体系。通过"村收集、乡转运、县处理"的垃圾日常处理机制以及节假日志愿者应急服务机制，有效管理农村垃圾。积极改变"人畜混居"的生活方式，推行区域化"牲畜圈养"。村民自发上山更新造林、种植树木和果树，沿河恢复植被，发展绿化苗木产业，促进森林资源的保护和合理利用。共同协商制定符合当地实际的村规民约，并组建了多支志愿服务队伍，将人居环境整

---

① 连城县宣和镇培田村做好古建筑群活化利用文章，打造综合性特色古村旅游——植入文旅新业态，迸出古村新活力 [EB/OL].（2024 – 07 – 28）. https：//www. fj. gov. cn/zwgk/ztzl/sxzygwzxsgzx/sdjj/wvjj/202407/t20240728_6490579. htm.

② 【"绿盈乡村"建设⑧】连城县宣和乡培田村：美丽乡村奏响蝶变交响曲——古村"活"了　环境美了　日子好了 [EB/OL].（2020 – 12 – 18）. https：//www. sohu. com/a/439144436_100218261.

治、护林护河等志愿服务工作深入每家每户。

（二）产业兴旺①

培田村致力于发展旅游经济，围绕旅游"六要素"深入完善、积极发展古村落旅游业态。在餐饮方面，成立了客家美食协会培田分会，对客家特色美食进行了精心包装与整合；在住宿方面，支持多家旅游示范户和特色民宿的发展；在交通方面，投资建设了旅游专线公路，增设停车位并开通了旅游电瓶车线路；在游览方面，修复古街房屋，打造千米商业古街，并种植了多种观赏作物；在购物方面，建立工笔画产业基地和染织工坊，引导开设售卖土特产的伴手礼商店；在娱乐方面，引导游客参与农事活动和美食制作，结合当地特色发展了多种休闲体验方式。培田村围绕耕读传家的主题，对修缮后的古民居进行了活化利用，建成耕读传家陈列馆、农耕农具陈列馆、粮食印记陈列馆、红色记忆陈列馆、客家婴童服饰馆等特色展馆，使游客能够直观地感受培田儒家思想"文墨之乡"的文化氛围。旅游业的发展为村民提供了更多的就业和创业机会。村民们纷纷回乡开设家庭旅馆、经营农家乐、加工土特产、发展生态种养等，在乡村旅游产业链上实现了脱贫致富。此外，培田村还积极培育本土电商，销售推广连城地瓜干、白鸭、姜糖、百香果等农特产品，使村民切实享受到农文旅发展的红利。2016 年，培田村成立了百香果产业帮扶基地，为贫困户提供果苗、种植技术和资金扶持。培田村正在规划第三期新村、研学教育基地、商业街的建设，并因地制宜推广种植油菜花、向日葵、荷花等观赏作物，为村民增收培育新的增长点。

（三）乡风文明

培田村致力于古建筑的维护与修复工作，使得众多明清时期的建筑（如宗族祠堂、学术书院等）得以妥善保存。这些古建筑不仅是建筑艺术珍品，更是客家文化传承的关键媒介。培田村拥有悠久的历史和丰富的文化遗产，包括客家的耕读文化、古建筑文化等。自古以来，培田村便崇尚文化教育，村中的书院、私塾等见证了当地人对知识传承和人才培养的重视。这种重视教育的传统至今仍盛行，对培育人才、提升村民素质产生了积极影响。同时，培田村

---

① "客家庄园"闽西培田村：古村活了，日子好了［EB/OL］.（2020 - 10 - 30）. http：//m. taihainet. com/news.

还恢复并创新了传统民俗活动，如春耕节，吸引了众多游客和村民参与，有效传承并弘扬了客家的农耕文化和民俗传统。此外，培田村还设立了文化展馆、博物馆等，向游客和村民展示其丰富的历史文化。通过举办文化讲座、培训等活动，培田村提高了村民对本土文化的认识和自豪感。与此同时，培田村积极与外界进行文化交流，吸引学者、艺术家等来村进行考察和创作，促进了文化的传播与创新，提升了村庄的文化影响力。培田村还制定了符合本村实际情况的乡规民约，规范村民的行为举止，倡导文明新风尚，如尊敬长者、爱护儿童、邻里和谐、保护环境等。村里还成立了志愿服务组织，开展关爱老人、关爱儿童、环境保护等志愿活动，营造互助互爱的良好社会氛围。通过宣传栏、文化墙等媒介，培田村大力宣传社会主义核心价值观和文明行为规范，提升了村民的文明意识。此外，为了提升村民的整体素质，培田村进一步加强精神文明建设，如创办培田客家社区大学，建立培田民俗文化交流综合展示中心、文化活动展示中心和培田村农民文化活动广场，组建十番乐队、秧歌队、鼓吹乐队、腰鼓队等文艺团体，开展丰富多彩的农耕民俗文化艺术交流活动，丰富了村民的文化生活，并引导村民改变旧俗，积极进取，追求健康向上的生活态度。培田村还与当地相关机构（如培田小学等）合作，开展夏令营与游学活动，挖掘传统文化资源，为培田村的乡土文化建设和发展带来了新的机遇。

（四）生活富裕①

连城县持续深化古村落综合提升工程，对古村落的街道、边沟、古宅等进行细致修缮，并建设了旅游公路。为解决村民改善居住条件与古村落保护之间的矛盾，当地政府在古村落规划范围外划拨了 76 亩土地，建设了一个基础设施完备、健身娱乐设施齐全的造福新村。目前，共有 168 户 560 名村民通过造福工程迁入新村，开启了新生活。迁入新村后，村民拥有了更多、更好的发展生产的条件，参与旅游开发经营或从事种植、养殖等农业主导产业，实现了增收致富。2022 年，村民人均可支配收入达到 22065 元，村集体收入达到 85 万元。

---

①　龙岩连城："福"满新村，新春佳节感党恩［EB/OL］．（2022 – 01 – 31）．https：//baijiahao. baidu. com/s？ id = 1723431907485232541&wfr = spider&for = pc.

（五）治理有效[①]

培田村遵循严格的规划要求和整治方案，累计投入逾 2000 万元资金，对众多古建筑进行了抢救性修复。通过日常制度化的巡查，组织人员对古村落内的消防安全、危旧房屋隐患、非法建设等进行排查。邀请专家学者举办交流研讨会并出版多种著作，深入挖掘培田客家文化及红色文化，以加强古村历史文化的保护和传承。同时，积极探索古村落内各厅堂的功能化利用，将闲置的古民居改造为党员服务驿站、主题陈列馆、特色民宿、社区大学、影视拍摄取景点等。到 2021 年底，完成了新一轮村规民约的修订和完善工作。培田村的村规民约旨在提升农村文明程度和生态环境，通过广泛征集群众意见和建议，并结合乡村振兴、乡村治理，形成了"新三字经"，内容涵盖耕读传家、诚信经营、禁毒反诈等六大方面，每项内容均由村委会和村民共同商议制定。以村规民约为基础，培田村通过党支部"主题党日"活动、农村人居环境整治等，组织开展了"最美庭院"评选和"奖教助学"活动。同时，将村规民约张贴于宣传栏，并制作文化墙、发放宣传册，以及将之融入培田小学的德育课程，以提高其知晓率。新村规民约实施后，村庄环境更加整洁，村民关系更加和谐，景区形象也得到显著提升。例如，规定"景区内车辆限行、日间禁止、夜间可停放"，村民自觉遵守该规定，白天将汽车驶离景区规范停放，夜间则有序停入景区停车场。培田村还充分发挥基层党组织的领导作用，党员干部带头参与乡村治理，为村民树立榜样，推动工作的顺利进行。同时，鼓励村民积极参与村庄事务的决策和管理，通过村民大会、村民代表会议等，让村民充分表达意见和建议，提高参与度和责任感。加强法治宣传教育，提高村民的法律意识。依法处理村庄内的矛盾纠纷和违法行为，维护社会秩序和公平正义。利用现代信息技术，建立村庄管理信息平台，提高治理效率和透明度。这些措施使得培田村的治理更加科学、民主、规范，为村庄的发展和稳定提供了有力保障。

---

① 龙岩市党建工作示范点｜宣和镇培田村：以"点线面"立体式打造文化与生态振兴示范长廊［EB/OL］．（2022 - 01 - 31）．https：//mp. weixin. qq. com/s? __biz = MzIwNDE3NzYyNA = = &mid = 265309 4585&idx = 2&sn = 88559a165b9494615f67d1e6cfbf340b&chksm = 8d138b0eba640218225891df5041651b245645 be9c58be8f4db6f973aee85e6ed4e6c5f84d12&scene = 27.

四、培田村乡村旅游发展的做法

（一）推进乡村旅游与文化深度融合

充分利用培田村丰富的客家民俗文化、红色革命文化、名人文化及耕读文化资源，推动旅游与村庄优秀传统文化的深度融合与发展。依托培田村独特的民族传统节庆、民风民俗等特色文化资源，设计旅游产品，在保护民族民间非物质文化遗产的同时，进行传承与发扬。深入挖掘文化潜力，持续加强文物及沿街修复保护工作，致力于打造具有客家特色的商业古街。将乡村旅游建设作为客家文化生态保护区建设的龙头，以培田"绮里清风"家风家训展陈馆为起点，深入挖掘和弘扬培田"耕读传家"的客家家风家训文化，以及丰富的楹联匾额文化，打造一系列具有客家特色的文化品牌。同时，围绕文化振兴旅游产业的转型与升级，通过"旅游＋"模式，将乡村旅游与多种产业紧密结合，积极发挥旅游产业的辐射和主导作用，致力于剪纸、雕刻、编制轧制等民间手工艺品和生姜制品、雪薯制品等特色食品的开发。开发民俗表演类节目、培田村婚俗、祠堂祭祖、元宵游大龙等项目，开展农家乐、民宿、采摘、购物等活动，推动乡村旅游向更高层次的发展格局迈进，实现流程化、标准化、产业化发展，培育和壮大旅游商品企业。

（二）加大对乡村旅游的扶持力度

首先，培田村委会应从根本上发挥其在推动乡村旅游文化建设与发展中的关键作用和主导地位，提供全方位支持，如完善设施建设、资金投入等。其次，地方政府应进一步加强政策支持保障，制定并实施针对乡村旅游合作社、用地资金支持、财税补贴等相关政策和扶持性文件。此外，应进一步强化乡村振兴旅游人才的引进与培养。通过政校合作，如开设专业课程、专业实践、师资输送等途径，与相关高校加强合作，实施定向就业培养或委托专业机构培养乡村旅游管理人才和服务人员，引导和培育乡村旅游特色产品开发公司和专业人才。在培田村旅游开发过程中，村民的参与是古村落焕发活力的关键因素。因此，在旅游发展中应注重吸纳一定比例的当地村民，并鼓励外出青年返乡创业，他们不仅能够维护村落的基本经济和文化利益，还能基于对本地传统和客家文化的深刻理解，为游客提供丰富的文化体验。利用各大媒体及推介平台组织商品展销，完善旅游产业的奖励政策和办法，对积极创新乡村旅游发展和大力宣传展销的乡村旅游中小商品批发企业给予奖励和相应的财政补贴，以提升其作为市场主体的积极性。

（三）科学规划，实现可持续发展

铭记"绿水青山就是金山银山"，将其作为旅游开发原则，乡村旅游的发展必须遵循可持续发展的理念。观察培田村目前的发展状况，我们发现尚缺乏一份详尽且具有针对性的规划。一方面，由于旅游发展的需求，土地利用出现了不均衡现象，部分土地未得到合理利用；另一方面，随着游客数量的增加，村内配套基础设施，如垃圾桶和公共厕所等，尚未完善。因此，培田村的旅游资源规划应同时具备科学性和独特性，致力于打造乡村振兴示范区域。目前，培田村的旅游体验相对单一，应充分利用"武夷山—泰宁—冠豸山—客家土楼"这一世界自然与文化遗产廊道的区位优势，加速开发精品主题路线，促进相关景区的联动发展，塑造客家旅游的新品牌。同时，应加快实施农村人居环境整治和基础设施建设，打造美丽乡村。改善乡村居民的居住环境，实施"三清理、三拆除、三整治"。加强周边村庄山地的封禁绿化工作，依法严厉打击非法砍伐和非法采砂行为，坚决遏制景区及周边的违法建筑和生猪养殖污染，提升培田村的道路体系，加强安全设施建设，以"厕所革命"为动力推动乡村旅游环卫设施的建设，打造绿色生态。注重村庄生态河堤建设，实施旅游公路河堤建设工程；积极与闽粤赣地区的交通建设对接，规划现代综合交通体系，努力实现旅游产品"走出去"和游客"走进来"。

（四）建立全域旅游运营平台

完善旅游招商引资的运作机制，通过公私合作伙伴关系（PPP）模式、乡村与企业联合经营、公共建设私人运营等多种投资合作方式，构建旅游投资的多元化格局。借助政府及社会资本，重点支持乡村文化旅游建设与特色产业发展，发挥各自融资优势，加速推进培田村乡村旅游基础设施的建设与改造，以及乡村旅游特色产品的研究与开发。

构建乡村旅游发展利益的公平分配机制，引导村民和企业以集体资产等社会资源入股，共同参与乡村旅游开发。目前，培田村乡村旅游的收入主要依赖于门票，餐饮和住宿收入相对较少。景区的营收结构应从单一化向多元化转变，通过包括娱乐、游览、交通、餐饮、购物等在内的综合型营业模式，提升景区的盈利能力。支持传统农业与旅游产业融合升级，加速农产品电子商务平台建设，通过微信、微博、抖音等新媒体渠道传播培田村独特的自然景观和文化特色，让更多游客了解培田，提高旅游知名度，实现乡村旅游与乡村振兴的双赢。

（五）做好旅游提升改造

必须充分发挥培田村村委会的核心作用，依托特色小镇建设，致力于提升培田村的旅游品牌价值。重点推进培田村林培线旅游公路、培田村生态停车场、培田综合性游客活动中心等关键项目的建设；拓展农副产品产业链，鼓励村民发展富硒产品深加工，打造培田富硒产品品牌，提升农副产品附加值。对闲置或利用效率低下的古民居资源进行整合，并根据其特色进行功能化改造。推动连城"十三非遗"项目入驻培田古村落，增强古民居与游客之间的互动体验。加大招商引资力度，并结合中草药特色小镇建设，培育一系列药膳体验馆、养生体验房、伴手礼示范店。吸引一批具备资质和经验的民宿经营业主，打造培田古村落特色民宿示范基地。进一步改善宣和溪河道的环境，适时规划并推出漂流、竹筏、游艇等水上娱乐项目。

第二节　龙岩市培斜村：三产融合，谱写和谐共富

一、培斜村概况

培斜村位于龙岩市新罗区西部，毗邻319国道，距离龙岩市中心城区约20千米，是革命老区基点村，同时也是省级、市级和区级乡村振兴试点村。自1993年以来，培斜村积极发展竹茶产业，经济得到了提升，人民生活水平也得到了显著改善。2013年，培斜村委会基于当地良好的生态资源，带领村民发展乡村旅游。经过10多年的探索，在各级政府的带领下，形成了"旅游公司＋村委会＋合作社＋村民"的发展模式，拓宽了主导产业，提高了第三产业的比重，并在企业等多类主体的协作下，大力发展竹茶加工、乡村旅游、农村电商"三大产业"，成为闽西远近闻名的"竹席之乡""小康村""金牌旅游村"和特色乡村旅游景区，让百姓生活富裕和谐、村容村貌焕然一新、基层风气向上向善。

近年来，培斜村荣获了"全国文明村""中国特色村""中国淘宝村""中国美丽休闲乡村""福建省生态村""福建省生态文化村""福建省金牌旅游村""福建省最美休闲乡村""全省美丽乡村建设典型示范村庄""全国乡村旅游重点村"等多项荣誉称号。

二、研究方法

2019 年 12 月 22 日，研究人员对培斜村进行了实地考察，以全面掌握该村的旅游发展状况。调研采用了非参与性观察和二次数据收集的方法，并通过半结构化访谈的方式，共完成了 14 次深度访谈。访谈对象包括 10 位普通村民、两名村干部以及两名游客。受访者群体涵盖景区工作人员、农舍经营者、家庭旅馆经营者、基层管理人员、股份制协会管理人员以及游客。此外，还与主要管理人员进行了多次电话访谈，以确保信息的完整性和填补信息空白。

三、培斜村旅游城镇化的发展历程

（一）初始阶段（1993～2002 年）

20 世纪 90 年代初，培斜村还是省定贫困村，人均年收入在 1000 元以下，村集体经济收入不足 5000 元，村民主要靠在家务农、外出打工过日子。1993 年，村两委决定发挥当地竹林资源优势，发展竹凉席产业。村内开办第一家竹席厂当年便产生效益，随后 18 个党员带头办厂，村民们纷纷跟上，竹席厂逐渐增多。①

（二）扩张阶段（2003～2012 年）

2003 年初，为适应市场需求进行新产品开发，村两委决定将原先的麻将席改为竹条席，实现从纯手工向机械化推进，2008～2010 年继续扩大生产规模，建成 2 万平方米标准化厂房，使竹席产业从 20 世纪 90 年代初一直红火至今。村党支部主动积极探索"支部 + 合作社 + 农户"及"公司 + 农户"充分结合的经营之路，实行制度管理，统一注册了"天然牌"商标，不断促进竹制品产业的发展。十年的发展让培斜人体会到了脱贫的喜悦，培斜村开始思

---

① 福建新罗：脱贫路上，一路风景一路情［EB/OL］.（2020－09－29）. https：//baijiahao. baidu. com/s？id = 1679160730011069572&wfr = spider&for = pc.

变，在竹产业蓬勃发展的同时，茶产业悄然兴起。2003 年初，通过深入的市场调研，培斜村充分利用本村海拔较高、土壤肥沃、气候适宜等自然条件的优势，引进优质铁观音、丹桂等茶苗，党员带动村民种植无公害高山茶，成立了茶叶专业合作社，还统一申请注册了"采薇牌""小池牌"商标。竹茶产业的发展为"美丽乡村"的建设工作奠定基础。2010 年，村里能人赖佳明投资 750 万元，开发九溪庐景区，至今已投入近 2 亿元，景区成为培斜乡村旅游的金字招牌。企业的发展为培斜村居民提供了就业机会，使他们从务农或外出务工转变为在家门口就业，更好地兼顾家庭生活，逐步向第三产业转移，村民开始涉足商业、餐饮、住宿、交通等相关行业。[①]

（三）发展阶段（2013～2016 年）

在尝到致富的甜头后，培斜村开始创新，在农林产业持续增长的同时，探索多结构产业的发展模式。2013 年，培斜人将目光瞄准"淘宝业"和乡村旅游，形成了竹茶加工、电商、乡村旅游三大特色产业"并驾齐驱"的"培斜模式"。2013 年，培斜村成立龙岩市新罗区培斜生态乡村旅游专业合作社，动员全村村民参与认购入股发展乡村旅游，实行"村集体投入、村民入股、社会经济能人筹资"的"合作社＋农户＋社会资本"三三制共建模式，让村民成为股东，享受分红，实现共同富裕。[②] 为更好地发展乡村旅游产业，村两委还特地聘请专家实地考察培斜村，制定发展规划和蓝图，成立公司发展乡村旅游，采取公司化经营模式，为培斜村旅游产业的快速发展提供了强有力的支撑。个体经营与集体经营等多种方式在培斜村各产业中积极探索。随着培斜村乡村旅游的发展和知名度的提高，更多的游客被吸引而来。在政府的支持下，村里公共卫生、道路、绿化等基础设施都得到了改善。

（四）持续发展阶段（2017 年至今）

自 2017 年起，培斜村着手开发研学体验文化旅游项目，促进旅游产业由观光游向休闲度假体验式的特色乡村旅游转型升级。培斜村成功打造了一个集农民公园、竹产业展示展销馆、水果采摘、九溪庐漂流、乡村农家乐等多功能

---

① 结对蹲点·名村之路｜培斜蝶变，从敢于"第一个吃螃蟹"开始 [EB/OL]. （2023 - 08 - 03）. https：//cj. sina. com. cn/articles/view/3881380517/e7592aa502001hchr.

② 一个"中国淘宝村"的致富经："美丽乡村"建设要有可持续发展产业 [EB/OL]. （2020 - 08 - 24）. https：//www. chinanews. cn/m/cj/2020/08 - 24/9272893. shtml.

于一体的国家 3A 级旅游景区。2017 年，培斜村接待游客数量达到 38 万人次，单日最高接待量超过 80 辆旅游大巴。① 目前，培斜福海龙乡已发展成为一个设施完善的国家 AAA 级旅游景区，涵盖餐饮、住宿、交通、游览、娱乐和购物等服务。省级、市级及区级的各大党校以及福建古田党员干部教育培训中心纷纷在培斜设立现场教学点，并建立了就业培训、研学实践教育等基地。自 2018 年起，培斜村实施了三五组道路、外新线道路及培九线乡村公路的改造项目，这些举措显著提升了村民的生活生产条件和旅游交通的便利性。据统计，2018 年培斜村接待游客人数已超过 60 万人次。② 近年来，培斜村依托其优良的生态环境，大力发展具有乡村特色的旅游项目，新增了森林水乡、玻璃栈道、滑草、蹦极、彩虹冲浪等富有吸引力的娱乐项目，吸引了众多游客前来体验。培斜村现已发展成为一个集餐饮、住宿、交通、游览、购物和娱乐为一体的特色乡村旅游目的地，村民普遍享受到了乡村旅游带来的经济利益。超过八成的村民持有培斜乡村旅游的股份，真正实现了"人人是股东，户户有分红"的共同富裕局面。到 2019 年，培斜村年接待游客人数达到 100 万人次，营业收入突破 4000 万元，全村社会总产值达到 3.2 亿元，村集体经济收入为 128 万元，农民人均年收入达到 2.6 万元，培斜村已从一个省级贫困村成功转变为省市区新农村建设的示范村。③

四、培斜村城镇化对乡村振兴的促进作用

(一) 产业兴旺

经过 20 多年的探索和实践，培斜村初步实现了竹茶加工、乡村旅游、农村电商"三大产业"并驾齐驱，一二三产业融合发展的格局，成为省、市、区新农村建设试点村，并获得"全国文明村""中国特色村""中国淘宝村"

---

① 追寻培斜村二十五载变化的发展轨迹 [EB/OL]. (2018 – 08 – 07). https：//www. 163. com/dy/article/DOKL8AJ105149KMB. html.

② 新罗区小池培斜村：绿水青山入画来——岩小环带您邂逅宜居宜业宜游的生态村! [EB/OL]. (202 – 09 – 03). https：//mp. weixin. qq. com/s? _biz = MzIxNjExMjQ4OA = = &mid = 2651382265&idx = 1&sn = 18cdce94b4f1684c37522e9a5273b512&chksm = 8c724dfebb05c4e8133c9522cd417dbad932a24de109f5824b1c37fc9942fe9b8a85ae8ee15c&scene = 27.

③ 党建领航，奏响"富民强村"振兴曲——龙岩培斜村创建全国文明村巡礼 [EB/OL]. (2022 – 10 – 01). http：//wmf. fjsen. com/topic/2022 – 10/01/content_31144470. htm.

"省级生态文化村"等荣誉称号。

一是竹茶产业。培斜村利用丰富竹林资源和海拔优势，先后成立"天然竹业专业合作社""茶叶专业合作社"，带动村民参与竹制品加工与茶叶种植，实行统一原料、统一规格等"五统一"管理制度，定期组织专家技术培训以提升产品质量，建成标准化竹席厂房 3 万平方米，规模化种植茶叶面积 1000 多亩，打造了"天然牌"竹席品牌、"小池牌"茶叶品牌。2023 年，培斜竹制品年产值达 1.7 亿元，茶叶年产值达 950 万元，辐射带动周边乡镇劳动力就业。①

二是乡村旅游。培斜村大力发展乡村生态旅游产业。依托当地良好的自然资源和九溪庐原始森林生态优势，开发培斜乡村游和九溪庐生态旅游，打造培斜福海龙乡旅游景区和培斜九溪庐森林水乡景区，采取"文化＋旅游""文化＋农业"等方式，打造工贸观光旅游板块、亲子旅游板块、研学旅游板块与森林旅游板块，建成集吃、住、行、游、娱、购于一体的国家 AAA 级旅游景区。2023 年，全村旅游人数约 56 万人次。同时，依托各级党校现场教学点、劳动教育基地平台优势，建设培斜村培训研学酒店，丰富和完善基础设施；创新咸鸭蛋研学、中医研学、竹编研学等特色研学项目，打造党建引领乡村振兴课、乡村旅游课等农村党校"五堂课"。2023 年，培斜村接待研学培训超 6 万人次。② 培斜村还与时俱进，创新打造了"小奥村"赛事旅游。例如，以儿童运动赛事为主题，建设沙滩运动场、足球文化公园、水立方泼水广场等儿童赛事运动场所；积极对接引进国际儿童 IP，并在全村范围内进行宣传，提升儿童运动氛围；设计相应的纪念品、生活用品等文创产品，为游客留住培斜记忆。

三是电商产业。2013 年，培斜村委会动员思维活跃、熟悉网络的年轻党员、大学生开设淘宝实体店，并为其提供店租优惠、贷款担保、物流保障等服务，打造了近 5000 平方米的"龙岩培斜淘宝村"以发展电商。新兴的电子商

---

① 新罗："培斜模式"富美乡村 [EB/OL]. (2024 - 08 - 19). https：//mp. weixin. qq. com/s？__biz = MzIxNjExMjQ4OA = = &mid = 2651429663&idx = 2&sn = dd5c6c0917a0ea465b3645262a3342de&chksm = 8c733718bb04be0e33a84a90354427cd3548b83c56ab1121f2670dcf2f5407f1dae273cfa9eb&scene =27.

② 《福建日报》刊发！龙岩这位村支书，28 年领着村子奔富美 [EB/OL]. (2024 - 07 - 09). https：//mp. weixin. qq. com/s？__biz = MzI2MjE1NDk4OA = = &mid = 2651634306&idx = 1&sn = 5d09190a36f6c2c25855e278b1314b01&chksm = f08cf76be5755f1897c6e7c27e288972b46a8b9a798d387b2b9ee7528a8663b45acb424200b3&scene =27.

务在培斜村落户后呈现爆发式的增长，成功吸引了 20 家实体店入驻和 120 多家网店投入运营，带动 200 多人就业，吸引 18 名本村大学生毕业回乡创业，并迅速摘得"福建淘宝第一村"的荣誉。2017 年，培斜村电商销售额突破亿元大关。[1]

（二）生态宜居[2]

注重提升人居环境质量，引进智能垃圾分类系统，实施污水管网改造、供水一体化改造，全村建设九座旅游公厕。梳理村庄杆线，通过房前屋后微整治、门前亮化绿化美化工程以及多处乡村微景观的打造改善提升绿化水平，全村绿化覆盖率超 83%。修建农村"四好"公路 20.66 千米，完善网路、电路、水路等，全面实现"六通"。党员带头推进"两治一拆"行动，带动群众主动治理空心房、裸房，实施房前屋后美化、绿化、亮化工程，自觉进行垃圾分类，深入践行移风易俗，全村三格化粪池改造率达 100%，获评"全省农村家园清洁行动示范村""省级乡风文明联系点"。同时，培斜村严格遵循规划，致力于发展乡村文化和生态文化，保持田园风光，丰富竹文化内涵，突出培斜村的特色。迄今为止，累计投资达 850 万元用于培斜"美丽乡村"景观设计；新村大门改造（采用竹材，并建设了汽车停靠休息的竹亭，以彰显培斜"竹席之乡"的特色）；培斜溪 80 米长的防洪堤建设及两座桥面的拓宽工程；二期新村道路主干道硬化；安装新村主干道和村民小组路灯；建设包括闻莺亭、时来运转大水车、幸福长廊、农民休闲水上乐园及净污分流河道和沿溪护栏等在内的农民公园；建设千米瓜果长廊；实施新村绿化及休闲项目绿化、茶园美化工程，新增 200 个定点垃圾桶并配备两部卫生车；持续开展养猪业污染综合治理行动，全面禁止生猪养殖；建设农家乐；建设淘宝村食堂、仓储、宿舍、网店办公设施；实施新村外墙装饰项目；建设竹木休闲屋；建设农史、农耕文化名人山；建设生态停车场、农民综合服务中心及游客服务中心；建设竹产业展示展销馆等。

---

① 【革命基点村的小康生活】"三驾马车"点亮幸福培斜［EB/OL］.（2021-03-13）. https：//baijiahao.baidu.com/s？id=1694106147662769825&wfr=spider&for=pc.
② 福建省龙岩市培斜村：三产融合谱写红土共富篇章［EB/OL］.（2024-07-19）.http：// www.village.net.cn/news/index/7456.

（三）乡风文明①

坚持村干部带头、党员先行，以优良的党风政风引领社风民风，通过"五好"美德模范推荐表彰活动等载体，抓实乡风文明创建工作。培斜村两委注重制度建设，制定并印制《培斜村村民自治制度汇编》，内容涵盖干部监督管理制度、"三资"监督管理制度、村务监督管理制度；制定村务管理《培斜村村规民约》，成为全体村民的行动准则。在完善制度的基础上，村两委大力倡导文明乡风，推进移风易俗、树立时代新风，以良好党风推进农村基层风气的转变。培斜村围绕"机制活、产业优、百姓富、生态美"的目标，大力推进乡风文明建设，发挥新时代文明实践站作用，积极开展文明实践志愿服务主题活动，于2021年荣获"龙岩市十佳乡风文明村"称号。通过倡导文明健康、厉行节约的文明和谐风尚，深入开展移风易俗活动，引导当地村民取消民间订婚流水席。

重视农房的建设水平提升，开展两治一拆、工厂壁画粉刷，在全村范围内对有意愿老人家庭进行适老化改造，对多栋老房实行宜居化改造，吸引外出务工村民回乡居住，同时留住乡愁记忆。利用闲置资源，完善幸福院、乡村大舞台、村史馆、中医文化馆、田间步道、爱心助残驿站、农家书屋、足球场等公共空间与公共景观设施20处，联合文明志愿服务队定期组织慢生活文化节、文艺轻骑兵下乡、球赛等文体与公益活动，切实提升全村村民的幸福感、获得感、归属感，将共富发展成果惠及每一位村民，如2023年组织各类文体活动30余场。

（四）治理有效②

首先，加强基层党组织建设，筑牢坚强战斗堡垒。构建以村党支部为核心，村委会为实施单位，吸纳村共青团、妇联、老人协会、村民小组等村级组

---

① 闽山闽水物华新｜文明村镇创建成果巡礼——龙岩市新罗区小池镇培斜村［EB/OL］．（2022 - 10 - 13）．https：//mp．weixin．qq．com/s？＝biz＝MzIyNzU3NjQ1OQ＝＝&mid＝2247566936&idx＝3&sn＝dfeeafadd2b044447d7e5ce301f35fa3&chksm＝e85c99bcdf2b10aa9d22287864070af002bfe8187977b906bc863c35c983b33b6756be94d7c2&scene＝27．

② 全国生态日｜龙岩生态产品价值实现机制典型经验之新罗区探索"培斜模式"创新生态产品价值实现机制［EB/OL］．（2024 - 08 - 10）．https：//mp．weixin．qq．com/s？__biz＝MzU3MDc2ODY4Mg＝＝&mid＝2247517297&idx＝1&sn＝66b063607660d62a26c0b96ed2fa47e8&chksm＝fd0c369f9cb229b0942b7f525b93934568c20340445a3a945e17433834673ea04b48b6a3d3c8&scene＝27．

织"1＋1＋N"多元融合的组织架构，擘画乡村振兴"同心圆"。探索"支部建在产业上"党建模式，引领村内各行业党员组成"农家乐小组""乡村游小组""竹茶加工小组"等行业党小组，形成"支部—行业小组—党员"三级组织体系，将党的引领延伸至产业发展"神经末梢"。其次，党员带头示范，激活发展内生动力。充分发挥党员先锋模范作用，通过设立"共产党员专业服务工作室""党员先锋岗""党员责任区"、选树党员致富能手和家园建设标兵、实行党员挂钩结对帮带等方式，全村 47 名党员冲锋在前，挂钩 235 户 726名村民，带动群众创新产业发展。实行"包政策解读、包创业致富、包遵规守法、包生活帮助"的党员"四包"责任制。再次，深化引领模式，凝聚产业发展合力。村党支部牵头成立培斜天然竹业专业合作社、培斜生态农业专业合作社等五家专业合作社，吸收 320 名村民作为社员。瞄准市场方向，立足本村资源与区位优势，统筹全村资源分配，因地制宜谋划产业发展。推行"支部＋合作社＋农户"模式，提升运作效率。按照村党支部收集梳理产业发展需求、村民意愿想法，合作社提供统一技术培训、物资供应、经营管理、市场销售，农户进行具体产业运作，实现村集体增收和农民致富双赢。最后，通过强化基层组织建设，持续增强村两委的工作能力。同时，注重民主制度的建设，不断完善村民自治制度，加强民主管理，建立健全民主议事机制，确保对村中重大事项及时召开两委会议、党员大会、村民代表会议，实现村务的及时公开透明，接受群众监督；提升自我管理与服务水平，保障村民及入驻业主的合法权益，使各项工作得到群众的广泛理解与支持，确保工作的有效运行。

（五）生活富裕[①]

1993～2023 年，三个 10 年三次蝶变。培斜村从省定贫困村一跃成为明星村，村党支部多次被省、市、区授予"先进基层党组织""先进党支部"等。村内现有各类大小企业 50 家，其中竹制品加工厂 30 家、茶叶加工厂四家、景区两个、其他企业 14 家。2023 年，全村社会总产值近 3.9 亿元，村集体经济收入 132 万元，农民人均年收入 3.22 万元。

---

① 龙岩市小池镇培斜村书记、村主任华锦先：一竿翠竹划开致富路 ［EB/OL］.（2023－02－10）. http：//www.fujiansannong.com/info/84969.

共建共享，凝聚共富新思路。一是引进社会资本，与村集体合作共建中医文化馆、中草药科普园，投资建设特色民宿；引进第三方管理团队，参与景区环境管理、运营策划；村企共建打造威士忌酒厂、金满冠食品冻干加工、竹制品加工等工贸观光线，串联乡村旅游板块，拓展村集体收入来源。2023 年，接待游客超 5 万人次。二是发动村民以每年每户 3000 元的标准入股乡村旅游合作社，共同打造亲子旅游、工贸观光旅游、研学旅游等乡村旅游项目，每年 12% 保息分红；鼓励村民改造果园、菜园、老旧房屋，建设农旅综合体；探索"合作社＋农户""公司＋农户"的就业模式，实现村民家门口就业与劳动资源的充分使用。

五、结果与讨论

在进行调研时，我们发现培斜村在实施"两山"理念、推动乡村振兴、促进共同富裕方面取得了显著成效。培斜村的乡村振兴并非源于顶层设计的规划，而是源于产业的推动，并专注于产业创新与融合、灵活的市场策略、平衡的投资激励以及持续稳定的能人引领和合作策略。这些因素共同作用，形成了一个以产业为核心、能人引领、不断创新、多元共融、可持续发展的乡村振兴模式。这一模式为新时代乡村振兴、实践"两山"理念、促进共同富裕提供了新的视角和路径参考，有助于推动中国乡村振兴战略的实施与深化。具体的做法和经验总结如下：

（一）主要做法

1. 组织共联：打造农村振兴的骨干力量

乡村振兴战略的成功实施，关键在于构建稳固的组织领导架构。在培斜村的实践中，这一点通过核心村干部的长期稳定任职得以体现，确保了农村基层党建工作的精准规划与有序组织。培斜村的组织创新是持续且一贯的，充分考虑了产业的关联性、项目的联动性以及乡村文化的融合性，从而构建了一种高效的组织联结机制，扩大了党建工作的影响力。村党组织领导人的选拔与长期稳定，强化了村两委班子的建设，形成了以村党支部为核心，与村共青团、妇联、老人协会、村民小组等相结合的"1＋1＋N"多元化融合组织架构。

该组织架构通过引导村内不同行业的党员成立"农家乐小组""乡村游小

组""竹茶加工小组"等行业党小组，形成了"支部—合作社—行业"党小组的三级组织体系。通过实施村两委与村内企业、合作社管理的双向进入、交叉任职，构建了农村综合管理服务的新模式，确保了发展思路的明确性、资源要素的互补性以及发展成果的共享性，将原本思想不统一、各自为政、资源分散的村庄凝聚到乡村振兴和共同富裕的共同目标上来。

2. 机制共建：打造共同富裕的目标导向

在追求共同富裕的进程中，机制的共同建设发挥着至关重要的作用。培斜村的创新实践同样在机制构建方面得到了体现：除了在产业发展方面成立了合作社之外，还利用"红土初心讲堂"这一平台，组建了以全国劳动模范为领导的宣讲团队，并创新性地推出了"草根讲堂""致富讲堂""匠人讲堂"等一系列活动。这些活动为农村党员提供了职业技能培训和种养经验交流等多元化学习资源，有效提升了农村党员的"双带"能力。

此外，通过建立"共产党员专业服务工作室""党员先锋岗""党员责任区"等平台，树立了党员致富带头人和家园建设模范，实施了党员挂钩结对帮扶制度，推动全村 50 名党员与 235 户 726 名村民的挂钩结对，引领和带动群众发展竹茶产业、开发乡村旅游、经营农村电商，充分发挥了党员的示范和引领作用，形成了共同治理和共享成果的新局面。①

3. 产业共融：打造增收创富的强大支撑系统

乡村振兴战略的实施必须依托于产业创新的持续发展。培斜村在产业发展上的创新实践体现在其运用全局性的战略思维上，即综合考虑本村的自然资源、文化特色、传统工艺以及人力资源等多方面优势，紧跟市场需求，从创业初期便选定发展特色竹产业作为突破口，随后根据市场的发展趋势，成功实现了竹器产业、农村电子商务、乡村旅游、茶酒产业以及中医理疗等多元化产业的融合共生。"创新、合作、互动、共生"这四大关键词是培斜村产业发展、促进村民经济增值和收入增加、推动共同富裕的核心理念。

同时，村党支部引领农民专业合作社发展，创新性地采取了"党支部＋合作社＋农户""党支部＋合作社＋农村电商""党支部＋合作社＋公司＋农

① 培斜村：党建引领　山乡蝶变［EB/OL］.（2022-10-21）. https：//www.fujian. gov.cn/zwgk/ztzl/gjcjgxgg/dt/202210/t20221021_6020564. htm.

户"等多种模式，提供了"四统一服务"，实现了生产、生态、生活的和谐统一。这一系列措施推动了竹产业、电子商务、旅游业的相互促进，实现了从"竹器村"到"淘宝村"再到"旅游村"的三级跳，最终实现了村集体经济增长和农民致富的双赢。

4. 成果共享：打造"共建、共治、共享、共富"发展格局

在推进乡村振兴战略的实施过程中，培斜村创新性地采用了"三三三"制模式，确立了利益相关方共同建设、共同承担、共同治理、共同分享的原则，特别强调发展成果的共享性，确保村民能够充分分享到发展的红利。通过制度的构建，村民被纳入为股东；同时，企业中的党员、共青团员、妇女代表等多元主体也被吸纳参与。由此形成了以党员先锋、乡村旅游、产业服务、青年创业、文化宣传等为主题的多支志愿服务队伍，促进了公共资源的透明、平等、公正分配，保障了全体村民能够共享发展成果，从而实现了共同富裕的目标。

（二）主要经验

培斜村成功践行"两山"理念，在乡村振兴中促进共同富裕的经验之精髓在于，通过创新共治共享机制，使企业家精神得以长期稳定地发挥，市场为导向的创新得以贯穿全过程和各领域。具体而言，培斜村的成功启示还有以下方面：

1. 能人引领，创新不辍

培斜村之所以取得成功，根本原因在于具备企业家精神的杰出人士能够长期担任村里的领导职务，并且同时担任村的核心管理者。无论是培斜村创业初期的领航者，还是引领乡村旅游发展的带队者，他们均展现出强烈的市场洞察力和危机意识，以及坚定果断、勇于自我革新的企业家特质。他们凭借企业家精神的共同追求，赢得了村民、市场以及上级领导的广泛信任。培斜村的成功案例再次向我们证明：事业的成败，关键在于人。换言之，乡村振兴项目的选址不应仅仅考虑地理位置的优势或资源与市场的竞争条件，而应着眼于是否有具备企业家精神的领导者愿意担任领头羊的角色。

2. 精确规划，准确定位

培斜村之所以取得成功，关键在于其紧密围绕市场需求，精确规划了农村基层的发展战略，涵盖了产业定位与项目对接，确保资源能在更广阔的范围内

流通，进而实现更大的市场效益。与此同时，通过选拔合适的领导者和团队，构建了高效的组织架构，促进了整个村庄的共同繁荣。

3. 党建引领，优化资源配置

基层党组织是农村经济发展的"主心骨"和信任源，负责领导和组织各种活动，包括农家乐小组、乡村游小组、竹茶加工小组等。"1＋1＋N"的多元融合组织架构的目的就在于扩大党建"朋友圈"，从而更有效地推动资源的整合和共享。

4. 产业融合，共治共富

培斜村选定竹产业作为其发展的关键领域，通过举办各类培训活动、设立党员服务工作室、先锋岗位以及党员责任区等措施，增强了党员引领群众的能力。该村庄实施了"党支部＋合作社＋农户""党支部＋合作社＋农村电商""党支部＋合作社＋公司＋农户"等多种模式，促进了"竹席加工、乡村旅游、农村电商、茶酒共生、中医理疗、冻干果蔬食品与研学培训"八大产业的综合发展。通过这种方式，培斜村优化了资源配置，确保了各项资源能够发挥出最大效益，进而促进了村民的集体增收。此外，志愿服务队的成立进一步推动了党员在村庄治理中的带头作用，实现了"共享共富"的新发展局面。

5. 创新模式，共建共享

培斜村实施了"三三三"制以及"党支部＋合作社＋农户"的模式，确保村民不仅参与生产活动，而且能够共享发展成果，实现了公平分配。这一做法不仅点燃了村民的创业热情，还增强了他们共同建设的风险意识，促进了共同富裕的进程。

6. 得益于"绿水青山"，激发厚植"绿水青山"主动性

培斜村的产业发展模式得益于创新，也得益于其得天独厚的自然生态环境，尤其是乡村旅游项目。在亲身体验到将"绿水青山"转化为"金山银山"的成果后，培斜村的居民以及各项目的实际管理者受到了极大的激励，他们对于维护绿水青山、提升生态品质的主动性和积极性持续增强，进而使其所经营的项目更有可能实现更高且可持续的效益。这告诉我们，"绿水青山"与"金山银山"之间的转化完全可以通过市场机制来实现优化和提升。

第三节　武平云礤村：从穷山村到"绿富美"的蝶变

一、研究设计与过程

（一）案例选择

云礤村坐落于武平县城的东北部，毗邻国家级自然保护区——梁野山的南麓，平均海拔接近600米。该村的大部分山林与水域属于梁野山国家级自然保护区的核心区域，是该保护区内的一个重要村落。云礤村的森林覆盖率高达92.2%。自2013年起，该村荣获"全国特色景观旅游名村"称号，2018年被评为省级"四星级乡村旅游村"，并于2019年入围福建省首批"金牌旅游村"。[①] 村内共有32户森林人家，从业人员超过350人。在20世纪90年代，由于交通条件限制，村民主要依靠上山砍伐木材、狩猎和采集野生食用菌为生，导致盗伐现象频发，严重破坏了当地的生态环境。2001年，武平县开始实施集体林权制度改革，将林地划归农户所有，云礤村的林地随后被划为生态公益林，禁止随意砍伐。然而，有限的生态公益林补偿款无法满足村民的生活需求，导致许多人外出寻求生计，村内仅剩一百多位留守老人，一度成为"空心村"。该村曾是武平县最贫困的村，被贴上"山高林密多光棍，有女不嫁云礤村"的标签。近年来，随着武平县林权制度改革的深入和梁野山景区的开发，云礤村依托其优美的自然环境，围绕武平县旅游规划，打造"云中村寨、世外桃源、生态新村、休闲胜地"的旅游品牌战略，制定"绿色氧吧、清新云礤"的美丽乡村目标，将森林文化与民俗风情相结合，大力发展以提供餐饮、住宿、娱乐等服务为主的"森林人家"休闲健康旅游，实现了在不砍伐树木的情况下也能经济繁荣，保护了森林资源，促进了生态文化的繁荣。该村积极探索"文化＋农业＋旅游"的发展模式，加强产业建设，带动更多农民增收致富，增强农业农村的活力。云礤村以"农业＋旅游"为核心，发

---

① 精品推介 ｜ 中国美丽休闲乡村——龙岩市武平县城厢镇云礤村［EB/OL］.（2020－05－12）. https：//nynct. fujian. gov. cn/ztzl/xxny/202005/t20200512_5263725. htm.

展乡村旅游，使地处闽西山区的普通乡村实现了从默默无闻到明星乡村的转变，成为美丽乡村建设的典范，其发展路径值得研究与借鉴，其研究成果对于推动乡村振兴具有重要的参考价值。

（二）数据收集与分析

本调研设计了一个包含 14 个问题的访谈大纲，并根据受访者的回答内容进行了适时的深入提问，以期获取更详尽的信息。首次调研访谈于 2019 年 10 月 12～14 日进行，共访谈了九名受访者；第二次补充调研访谈则在 2019 年 12 月 20～23 日开展，访谈了 12 名受访者，累计 21 名受访者参与了调研。访谈对象涵盖了旅游区的村民、个体工商户以及村委会的相关工作人员。详细的访谈对象基础信息如表 8－1 所示。

表 8－1　　　　　　　　　　　访谈对象基本信息

编号	性别	年龄	职业	访谈地点
1	男	43	大巴车司机	旅游巴士
2	男	52	村民	梁野山景区入口
3	男	47	景区主管	云礤村
4	男	22	宾馆服务员	宾馆
5	男	45	游客	四季果园
6	男	21	游客	饭店
7	男	19	游客	云礤村农家乐
8	男	55	村民	云礤村
9	男	60	游客	云礤村
10	男	43	游客	梁野山景区
11	男	40	村民	景区停车场
12	女	35	景区工作人员	景区检票口
13	女	37	农家乐老板	云礤村农家乐
14	女	57	村民	云礤村
15	女	42	游客	梁野山景区
16	女	37	表演人员	云礤村

续表

编号	性别	年龄	职业	访谈地点
17	女	22	游客	云礤村
18	女	56	村民	农家乐
19	女	35	游客	四季果园
20	女	43	保洁员	梁野山景区
21	女	48	村民	景区服务站

这次调研是为了探究乡村地区通过旅游业促进乡村振兴的进程以及乡村旅游发展的当前模式。此外，鉴于当地旅游业从业者主要由村民构成，并受到文化教育水平的制约等实际情况，在数据收集上主要采用了访谈法和观察法，并辅以线上文本资料作为补充。

二、云礤村乡村旅游发展模式

（一）访谈资料编码分析

根据主题，以云礤村的发展概况为主线，对数据运用扎根的理论方法进行编码，初级数据编码结果见表 8 - 2，并按照利益主体在乡村旅游发展过程中的角色及作用进行分析。三个利益直接主体为政府—管委会、企业和村民，构成了乡村旅游发展的基础，三者之间既相互协作，又互相监督。通过对主体进行初步的分类，得到 12 个要素——启动建设、基础建设、政府管理、景区构成、景区资源、旅游产品、客源市场、发展战略、景区管理、幸福感、乡村特色、景区评价，以及三个联系关系——政府—村民、企业—村民、村民—村民。这 12 个要素是各个主体对旅游区域的深刻认知和旅游活动体验感的决定因素。统计 21 位受访者对 12 个要素的关注情况，八人提及"景区环境"，六人提及"乡村环境"，九人提及"生活水平"，两人提及"交通状况"，四人提及"旅游活动"，12 人提及"旅游收入和乡村变化"，16 人提及"就业"，八人提及"政府公司管理"。需要指出的是，12 个要素是基于受访者的访谈文本和线上资料自然呈现而得，而三个联系是基于受访者所谈论的内容中提取的。在发展初期，政府积极发挥其职能，建设景区的基础设施，与村民协商适合云礤村发展的道路。待梁野山景区宣传逐步成熟后，政府角色弱化，引进专门的管理人员和旅游企业，负责旅游区的后续发展，村民作为其中的直接参与主体，遵照规章条款经营旅游产品。现有发展模式下，三者构成了乡村旅游发展的基础：管委会负责基础设施的建设和维护，协调政府、村民、企业的相互关系等；企业负责运营管理，对旅游资源、市场、客源、产品、战略等进行部署和具体实施；村民则接受雇用、个体经营、保护乡村特色等。

表 8－2　　　　　　　　　　　　　数据编码过程

主体	范畴化	概念化
政府—管委会	启动建设	政府出钱统一规划；风景比较好看；发展乡村旅游；上了报纸；成为林改大县；各种旅游网站；武平林业部门；江西文山集团；生态旅游；重新种了很多树；有很多动植物；水资源清理；污水治理工作；上了很多新闻；设立 4A 级景区；政府做起来的
	基础建设	房屋统一建设；柏油马路；旅游大巴；交通比以前方便多了；房屋都很有特色；挂起了红灯笼；可以喝的山泉水；门票很优惠；停车场很大；游客服务中心做得很好；农家乐很规范；宾馆住得很舒服；服务还算可以；村民素质挺高；客家人很热情；小桥流水令人很舒服
	政府管理	监察制度；有景区管委会；经常一起共同协商；觉得很有保障；政府牵头很安心；对政策很满意；政府帮助；出钱帮忙整改房子；引进了专门的管理公司
	政府—村民	告知景区的规划；考察资源；与村民沟通；给我们培训；很关心我们的生活；实际地解决问题；征询我们的意见；管委会管理
企业	景区构成	梁野山 4A 风景区；古母石；花海；瀑布很壮观；四季果园；古村落；茶园；草药；珍稀动植物
	景区资源	空气不错；环境好；通天瀑布；钓鱼；摘果子；水很干净；氧含量很高；特别健康；客家人很热情；云中村寨；采摘鲜花；世外桃源；能玩的太少了；绿色农产品；呼吸新鲜空气；休闲自在；土特产不好带走；省级旅游村落
	旅游产品和旅游项目	纪念品很少；土鸡、土鸭；绿色健康；村民自己种的；有机食品；没有农药；山泉水特别甜；客家米酒；簸箕板很好吃；骑马；扔沙包；环山步道；新增了很多游乐设施；果园的水果很便宜；地瓜、薯饼
	客源市场	广州游客；梅州地区；三省交界；城里人；老人很喜欢来；人很多；很多客家人；也有探亲的游客

续表

主体	范畴化	概念化
企业	发展战略	留不住游客过夜；与电信部门合作；微信平台；要让很多人知道；玩的太少了；游乐设施很无聊；拍拍照片；从朋友圈知道的；稳定发展；污水排放；境外宣传；广东游客较多；梅州客家人
	景区管理	交通工具少；价格统一；散户经营；森林安全；森林人家规章制度；保洁工作还行；景区里垃圾比较少；设施有点旧；价格不是很贵；特别实在；路标不太清楚；适合养老居住；保护工作要加强
	企业与村民	组织培训；安排客源；经常沟通；有时候找不到人；跟他们想不到一起；相信他们是专业的；我们了解的少；学起来困难；我们都没那么高的文化
村民	幸福感	当地人；不外出务工；生活很稳定；日子变得好过了；买了车子；对现在的生活很满意；不用担心；家人可以团聚；落叶归根；开店经营；个体户；用自己的房子开农家乐；找一些额外的路子；经常举办活动；挺好的、很热闹；村里福利变好了；养老的好地方；赚钱方式多了
	乡村特色	自产自销；很绿色、健康；有机食品；都是自己家种的；游客很喜欢农家活动；打糍粑活动；猜灯谜活动；果园里经常有很多游客
	村民—村民	我们都很熟悉，彼此相互监督和合作；关系还行；在村子里，大家都是商量着来；大家互相帮助；经常串门，相互学习；有需要的时候，打个招呼就好了；要维护我们村子的脸面；游客就是来体验我们这种村庄氛围的；邻里乡亲没隔夜仇
梁野山	景区评价	森林资源丰富；生态环境良好；周边宣传到位；品牌价值；别人介绍来的；空气很好；在附近住，过来很方便；觉得环境很舒服；避暑胜地；大自然公园；类型单一；游玩项目少；还会再来；会跟朋友讲，帮忙宣传；希望继续发展，还想再来

　　核心编码主要是对上述编码进行连续的比较，然后再进行相关的处理，包括进行合并和划分，使这些编码从理论和指导性上更加合理（见表8-3）。通过对上述编码进行进一步解析和压缩，能够得出六个主要的范畴，分别是经济、环境、人口、文化、组织、思想（见图8-1）。同时，通过建构模型，可以清晰地看出旅游区域乡村振兴的六个主要范畴，发现促进乡村振兴的主要因素。

表 8 – 3   核心数据编码过程

核心编码	范畴化	资料
经济	旅游产品；客源市场	……2016 年，森林人家农户平均纯收入达 20 多万元。2017 年，实现村财收入 29 万元，农民人均收入 23000 元……
环境	启动建设；基础建设；景区资源	……原先被过度砍伐，光秃秃的山林经过休养和保育重新焕发了生机……加强污水处理厂等基础设施建设，对村民房屋立面进行了统一改造
人口	幸福感	……发展旅游后，村里的人口开始回流，首先是本村原先流出的人口……附近的村民也时不时过来村里……
文化	乡村特色；景区管理；政府管理	……梁野山景区打出旅游品牌口号"来武平，我氧你"……
组织	政府—村民；企业—村民；村民—村民	负责管理协调的是云礤村森林人家专业合作社和理事会、云礤森林人家旅游服务有限公司……
思想	景区评价；景区构成；发展战略	现在大家不乱砍树了，靠着好生态，家乡的旅游业开始发展……

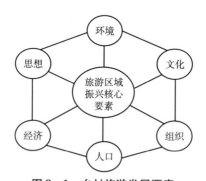

图 8 – 1　乡村旅游发展要素

（二）构建云礤村乡村旅游发展模式

本案例按照各主体之间的逻辑关系在云礤村发展过程中所起到的作用，构建其发展模式。如图 8 – 2 所示，政府—管委会、企业和村民这三个直接的利益主体构成了乡村旅游的发展基础,三者相互协调,形成制约关系,而最重要的核心点则为梁野山景区的开发和发展。由此可看出,云礤村的发展模式呈现为以景区依托为核心、三个利益共同体为基础的结构。在发展初期,只有政府和村民参与村寨发展,梁野山景区成为4A级景区后,云礤村开始步入新规划,由"景区—乡村旅游区—村道—风景道"的点、线、面旅游资源构成体系,而后政府角色弱化,引进专业的景区管理团队和企业。

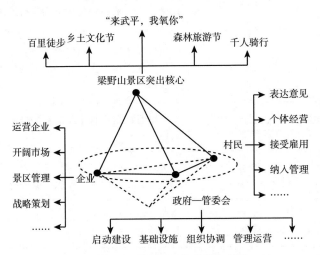

图 8-2　云礤村乡村旅游发展模式

现有发展模式下,管委会—旅游企业—村民构成了云礤村乡村旅游发展的基础。景区管委会主要建设基础公共设施并进行协调行政相关事务等,企业负责运营和管理,村民则做好对资源的保护,营造良好的乡村氛围,传承乡村特色等。由于梁野山的景区宣传及"来武平,我氧你"的品牌推广应用,云礤村在后续的绿色健康旅游活动不断创新,有望累积更多的乡村旅游发展经验。

(三) 云礤村乡村旅游发展路径

1. 起步发展阶段 (2011~2014 年)[①]

2011 年,武平县引进江西文山集团,对梁野山实行保护性开发,当地政

---

① 武平:云礤森林人家"绿水青山就是金山银山"[EB/OL].(2017 - 07 - 19). https://lyj.longyan. gov. cn/xxgk/dt/xsqdt/201707/t20170719_751751. htm.

府抓住契机，提出建设"云中村寨、世外桃源"的生态旅游新路子，位于梁野山脚下的云礤村迎来发展机遇。政府在规划中强调要将有条件和有能力的农户联合起来，共同参与旅游开发，同时加大对农村环境整治和基础设施建设的投入，为乡村旅游发展奠定基础。

2012 年初，有外出务工的农民回到村里开办了全村第一家以吃土鸡、土鸭和原生态绿色食品为主的"森林人家"并取得了丰厚的收入，其他村民纷纷效仿，陆续回到村里开办"森林人家"。截至 2013 年底，云礤村完成了民居建筑立面整治工作，实施了省道 205 线至云礤公路扩建工程和道路绿化景观工程，新修了进村道路、游客服务中心、停车场以及公厕、瀑布群木栈道等，完善了乡村旅游标识系统，使游客数量大幅增加，从 2011 年的 3 万人次增长到 2013 年的 50 多万人次，村民人均收入显著提高。2014 年，云礤村发展"森林人家"18 家，全部被福建省林业厅授牌并评为"三星级森林人家"，共建有大型停车场和标准客房近 30 间，日接待游客可达 300 多桌，从业人员达 225 人。[①]

2. 快速发展阶段（2015～2017 年）[②]

2015 年，梁野山旅游景区被评为 4A 级旅游景区，游客数量进一步增多，旅游服务设施的需求也随之增大。同年，云礤森林人家休闲农业专业合作社成立，通过统一装潢、统一灶具、统一价格等方式，推进行业自律与自治，并打造"森林人家"公共品牌；此外，梁野山四季果园专业合作社也在这一年成立，完善了基础设施设备，修建了观光小道等，带动周边村民就业与增收。2016 年，"森林人家"农户平均纯收入达 20 余万元，全村年人均收入达 2.1 万元，其中 2/3 以上的收入来自"森林人家"、林下种养、森林旅游康养。2016 年，九名村民入股创办猕猴桃采摘园。同年，四季果园合作社拥有果园面积 300 多亩，种植多种水果，吸引了大批游客前来观光、采摘。2016 年，云寨水库开始建设。2017 年，云礤村森林旅游人数达 180 万人次，森林旅游总收入达 8.1426 亿元，接待游客 90 万人次，村民人均纯收入达 2.3 万元。

---

① 武平县"森林人家"旅游驶入快车道［EB/OL］.（2016 - 08 - 30）. http：//lyj. longyan. gov. cn/xxgk/dt/gzdt/201608/t20160830_614518. htm.

② 武平：云礤森林人家"绿水青山就是金山银山"［EB/OL］.（2017 - 07 - 19）. https：//lyj. longyan. gov. cn/xxgk/dt/xsqdt/201707/t20170719_751751. htm.

3. 品牌拓展阶段（2018～2019年）①

在前期发展的基础上，云礤村积累了一定的知名度和游客基础，但也面临着旅游类型较少、留客能力不足等问题。2018年，云礤村在原有基础上进一步扩大品牌效益，举办龙岩市"森林旅游节"和首届"乡土文化节"，同时动工建设"四季瓜果长廊""河石跳步""卵石绘画""流水滑梯""农事体验园"等项目，丰富游客的乡村旅游体验。2018年，云寨水库开始蓄水，仙女湖正式建成。2019年，环湖栈道建成，云礤村面貌焕然一新。自2018年以来，全村接待游客近百万人次。2019年，实现村财收入32.8万元，农民人均收入2.4万元。此时的云礤村已从一个穷山村成为远近闻名的小康村。同时，云礤村还先后被评为国家级旅游特色村、福建省四星级乡村旅游示范村。

4. 创新升级阶段（2020年至今）②

2020～2022年，尽管受新冠疫情影响，但云礤村利用这段时间进行了内部优化升级。2020年，先后投入200多万元，建设了知青馆、自驾游宿营基地等。2021年，在仙女湖边投入50余万元开发了50亩红花脆桃基地，2022年又增加了太空舱设施和五彩月亮景观，形成了仙女奔月景区。同时，还开发了一些线上旅游项目，如虚拟旅游体验、云课堂（介绍当地民俗文化、生态知识等），保持与游客的互动和联系。2023年，随着旅游市场的复苏，云礤村凭借前期的准备和创新举措，迅速吸引了大量游客。此外，森林康养基地的建设也取得了新的进展，与专业医疗机构合作，推出了森林疗养套餐，包括冥想课程、森林浴、生态瑜伽等项目，受到追求健康生活方式游客的青睐。

三、云礤村的旅游发展对乡村振兴的促进作用

从调研结果看，武平云礤村的发展在六个方面推动了乡村发展，分别是思

---

① 践行"绿水青山就是金山银山"理念武平云礤村实现生态美产业兴百姓富［EB/OL］.（2020 - 05 - 22）. https://www.toutiao.com/article/6829659916014191107/? upstream _ biz = doubao&source = m _ redirect&wid = 1731993159518.

② 云寨：从穷山村到"绿富美"的蝶变［EB/OL］.（2023 - 06 - 12）. http://www.mxrb.cn/dzb/mxrb/2023 - 06/12/content_121793.html.

想层面的振兴、乡村文化层面的振兴、社会组织层面的振兴、农村人口层面的振兴、经济层面的振兴、农村环境层面振兴。其中，前三个层面是内在的振兴，能够从内部推动乡村振兴；后三个层面是表象的振兴，是乡村振兴的外在表现（见图8-3）。

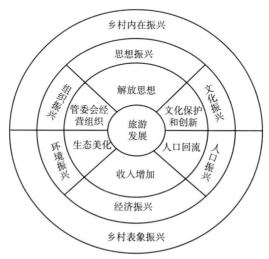

图8-3　乡村旅游促进乡村振兴的表现

（一）思想振兴[①]

武平县被誉为"全国林业改革的先锋"。在深化林业改革的过程中，武平县摒弃了过去依赖木材生产发展林业经济的传统做法。"合作社＋农户"的合作模式使曾经贫瘠的山头披上了"绿装"；通过改革管护机制，激活了87.8万亩生态公益林。云礤村距离县城11千米，全村有三个村民小组，共有188户，856人，党员43人，耕地870亩、林地15830亩。由于地理条件的限制，云礤村的村民世世代代将林业经济作为主导经济，当林地全部划为生态公益林后，无法采伐林木，导致村民的生活来源减少，怨声载道，对林业改革表示不满，与政府的关系一度紧张。随着梁野山景区的深入开发，近年来云礤村利用背靠景区的地理优势，大力发展休闲生态旅游业。乡村旅游的兴起改变了乡村

---

① 深化林权改革　做强做大林业经济［EB/OL］．（2016-08-23）．http：//lyj. longyan. gov. cn/xxgk/dt/gzdt/201608/t20160823_612962. htm.

的生产方式,将危机转化为机遇。在这个仅有三四百人口的小村庄,已有 30 多户村民经营起了农家乐。村民从林业生产转向服务生产,土地从作物生产转向果园生产、公共和服务设施供给,组织形式由松散的个体和家庭转向具有约束力的公司或合作社。

在武平县云礤村乡村旅游发展的实践中,通过乡村思想的解放,各参与主体对乡村有了更深层次的认识。一方面,基层干部积极投身旅游事业,经营农家乐,并致力于打造"森林人家"品牌,成立了云礤村森林人家专业合作社及理事会。各级政府及林业主管部门通过统一发放印有"森林人家"标识的物资给各授牌的森林人家,市、县林业部门先后拨款近 30 万元以促进旅游发展。另一方面,村民在旅游开发过程中也逐步实现了思想的解放,在村寨统一整改中积极配合,努力学习"森林人家"的管理条例并参与相关培训,每当村寨举行旅游推介活动时,每家每户都积极出力协助,村民的思想观念不断进步。

在乡村振兴的过程中,思想振兴是推动乡村振兴的根本动力。通过旅游发展,村民对乡村的认可度得到提升,对乡村的过去、现状和未来方向都有了新的认识。乡村旅游的发展实现了思想振兴,主要体现在村民和村干部这两个主体上。从村干部的角度来看,他们不再单纯追求以工业生产形式快速提升经济,也不再盲目跟随不适合村寨建设的生产方式,而是解放思想,领导村民探索适合当地后工业化社会的服务产品发展方式。从村民的角度来看,他们不再局限于眼前的一亩三分地,而是积极通过旅游发展,探索乡村传统与新兴产业结合的生产方式,创造附加价值。

(二) 组织振兴[①]

随着云礤村乡村旅游的蓬勃发展,各类乡村组织(如党支部、村委会以及梁野山景区管委会等)均积极挖掘本地自然资源、地形地貌、生态环境及风土人情,探索可持续发展的转型路径。梁野山旅游景区荣获 4A 级景区称号后,云礤村的乡村旅游迈入了新阶段,基层组织开始构建"种养结合、生态旅游、综合利用"的立体经营模式,走向非木质利用的复合型林业经营之路。例如,四季果园合作社引领村民发展"农业 + 旅游"的乡村旅游模式,依托

---

① 武平县"森林人家"旅游驶入快车道 [EB/OL]. (2016 - 08 - 30). http://lyj. longyan. gov. cn/xxgk/dt/gzdt/201608/t20160830_614518. htm.

休闲农业、观光农业、生态农业实现增收致富。

为实现"森林人家"规范化管理，云礤村成立了森林人家专业合作社、理事会及云礤森林人家旅游服务有限公司等管理协调机构。同时，云礤村也在积极探索乡村治理新模式，加速完善"一核两委一会"（即以党支部领导为核心，村委会和村务监督委员会，村民议事会）的乡村治理体系，并实行"四议两公开"的民主决策机制。此举旨在提升基层组织的战斗力，打造乡村振兴的新典范。党支部积极履行教育党员、管理党员、监督党员以及组织群众、宣传群众、凝聚群众、服务群众的职责，引领广大党员群众共同建设美丽的云礤村。

组织振兴是乡村旅游发展的重要支撑。旅游带来的组织振兴主要体现在两个方面：一是促进了原有组织的振兴；二是激发了群众力量，催生了众多自发性的基层组织。这些组织共同发挥计划、控制、协调、约束的功能，朝着同一目标努力。在乡村旅游的发展过程中，大部分事务的处理都需要组织的领导。例如，为了规范森林人家的市场准入制度，避免市场混乱，制定了《森林人家基本条件》《森林人家登记划分与评定》等地方标准，这些标准一经发布便得到村民的广泛认可。村民积极对自家农家乐、宾馆进行整改。这些地方标准成为村民加入"森林人家"的准则。2017 年，武平县云礤森林人家合作社荣获龙岩市首届"十佳森林人家"称号。此类案例使村民对组织的重要性有了更深刻的理解，并能主动配合。这种发展有利于提高群众工作的效率和便捷性，村民之间的相互帮助和监督也有助于村寨走向良性发展的轨道。

（三）文化振兴①

旅游业的蓬勃发展对乡村文化的振兴起到了积极的推动作用。为了持续吸引游客并延长其停留时间，云礤村精心策划了一系列结合本土特色与创新元素的文化活动。例如，森林旅游节和乡土文化节等活动已经为云礤村赢得了广泛的关注和积极反响。梁野山景区推出的旅游品牌口号"来武平，我氧你"极大地提升了云中村寨的知名度。这些口号、品牌和宣传推广的完善，共同塑造了一个具有鲜明地方特色的山中桃源村寨形象。同时，村民的创造力和热情得

---

① 武平云礤：手绘文化墙"很走心"文明新风入人心［EB/OL］.（2016 – 11 – 16）. https：// www. longyan. gov. cn/zt/rdzt/whcs/cxhj/201611/t20161116_1189389. htm.

到了激发，村民自发组织的文艺活动内容丰富，形式多样。此外，云礤村还举办了与氧元素相关的文化活动，如"相约七夕"千人徒步、千人骑行等。随着旅游业的发展，云礤村的乡村文化受到了广泛关注。为此，村里加强了对村级干部的培训教育，强化了班子建设和党员队伍建设；同时，扎实开展平安和谐村居和无讼无访村的创建工作，通过修订和完善村规民约，充分发挥其作用，规范和引导村民的行为，促进农民自我管理、自我教育、自我服务、自我提升，通过开展"最美家庭""最美贤内助"等文明创建活动，引导群众追求高尚品德，孝敬老人，关爱亲人，重视道义，守信用，勤俭持家，倡导家庭和谐、邻里和睦、勤俭节约等文明新风尚。

文化振兴是乡村振兴的核心。脱离文化的旅游开发是浅薄的，无法经受时间的考验。旅游开发和发展的持久性必须建立在深入挖掘文化内涵的基础之上。在乡村旅游的发展过程中，云礤村在物质文化、制度文化和精神文化三个方面都取得了显著的振兴成果。在物质文化方面，养生旅游活动和云寨古老的生活文化、客家人的民风民俗受到了旅游者的青睐；在制度文化方面，村民自发组织队伍，对村容村貌、村民行为习惯、景区文明建设等进行监督，并结合本地实际情况制定了新的村规民约；在精神文化方面，以客家风俗为主导，举办了多种文艺表演，传承和保护了珍贵的文化资源。云礤村还计划与全省旅游系统对接，打造"文创＋旅游""文创＋精准扶贫""文创＋古村保护与复兴"等多元化的文化开发模式，以增强乡村旅游的发展活力，聚焦"留旧""留文""留魂"，加强历史文化名城名镇名村、历史文化街区和传统村落的保护工作。

（四）人口振兴①

昔日，有俗语云："山高林密多光棍，有女不嫁云礤村。"此言揭示了云礤村人口结构的显著问题。云礤村人口素来稀少，之后，由于林业改革，村民生活陷入困境，为求生计，纷纷迁出这个偏远闭塞的村落。村中主要的劳动力纷纷进城务工，经济条件稍好的村民迁往他处寻求就业机会。随着时间的推移，云礤村逐渐显现出衰败之象，仅剩下100余名老人，因此成为远近闻名的"空心村""留守村"。然而，随着乡村旅游的兴起，该村迎来了人口复兴，青

---

① 此间有森林，致富新人家［EB/OL］.（2018－10－17）. http：//lyj. zj. gov. cn/art/2018/10/17/art_1276367_21973311. html.

年劳动力回流，周边居民也向本村迁移填补了劳动力的不足。

人口的兴旺是发展乡村旅游的基石。中国众多乡村地区普遍劳动力大量外流，仅留下留守老人、儿童及部分妇女。种种原因导致村落人口数量锐减，结构失衡。在众多发展旅游的案例中可见，旅游发展后，首先回流的是本村先前流出的人口；随着乡村旅游的初步发展，旅游服务接待人员短缺，促使更多村民临时参与；之后，随着乡村旅游的进一步发展，人口流入的方式变得更加多样化；最终，随着人口数量和密度的增加，社会人口结构逐步趋于完善。

（五）环境振兴①

云礤村的乡村旅游发展对当地生态环境产生了显著的正面影响，曾经因过度砍伐而荒芜的山林得以休养生息，重新展现出勃勃生机。为了提升村内旅游的卫生状况，当地新增了 50 个垃圾收集点，并聘请专职保洁人员负责日常的清洁工作。同时，新的污水处理设施也在筹划建设当中。政府还投入资金用于植树造林，建设休闲步道和环境清洁工作。如今的景区村道绿树成荫，流水潺潺。通过环境的美化和设施的升级，云礤村已初步构建起集餐饮、住宿、交通、游览、购物、娱乐于一体的乡村休闲旅游目的地。在各级领导和相关部门的关心与支持下，云礤村以生态宜居为目标，大力推进基础设施建设和村庄美化工程，投资超过 2100 万元用于拓宽村主干道、硬化环村道路、安装太阳能路灯，以及建设迎宾广场、停车场、休闲长廊、土特产购物长廊、农家书屋、老年活动中心和云礤溪亲水体验区等基础设施；同时，加强村道和居民住宅周边的绿化美化工作，强化村容村貌整治和环境卫生管理，统一采用"白墙、灰瓦、青砖、木窗、楼阁"的客家建筑风格，完成了 54 户房屋的改造工程，拆除了 5218.26 平方米的危旧闲置房屋，以及 22 间烤烟房和 23 间旱厕，彻底改善了乱倒垃圾、乱堆放杂物、乱占道路等现象，村庄面貌焕然一新。村民住宅周边的绿化和美化工作也得到了加强，实现了生态和谐与美丽乡村建设的健康发展。此外，互联网时代的到来也积极推动了乡村旅游信息平台的建设，网上预订、支付、交流等功能已成为基础设施建设中不可或缺的一部分。

环境振兴是乡村振兴的基础要求。乡村地区的人居环境问题一直是乡村振

---

① 武平云礤村实现生态美产业兴百姓富 [EB/OL]. (2019 - 04 - 07). https：//baijiahao. baidu. com/s？id = 1667580846708435075&wfr = spider&for = pc.

兴进程中的难题，长期以来，乡村依赖于生态系统的自我修复和净化能力，但人类对生态环境的破坏已超出了生态系统的自我调节能力。乡村旅游的发展促进了乡村公共基础设施的完善，从而推动了乡村环境振兴。值得注意的是，村民因生态利益而自发参与环境保护，这种自发性比政府主导的环境整改更为有效。

（六）经济振兴①

云礤村旅游业的兴起为当地乡村经济注入了强劲的动力。随着游客数量的持续增长，乡村旅游得以蓬勃发展，进而促进了村民经济收入的增加。目前，云礤村成立了梁野山森林人家专业合作社。一部分村民致力于"森林人家"的经营，另一部分则从事林下种养业，为"森林人家"提供产品，形成了包括林下养殖家禽、家禽供应农家乐以及家禽粪便作为果园有机肥料的生态产业链。村民各得其所，家家户户均实现了经济上的富足。这个曾经被称作"有女不嫁云礤郎"的贫困山村，如今已蜕变为远近闻名的小康村。

近年来，云礤村围绕乡村旅游这一经济增长点，采取了多项措施。首先，发展林下生态种养业，全村种植茶叶 140 亩、生态蔬菜 20 余亩。同时，大力发展生态瓜果种植，建成了 139 亩的梁野山四季果园，成立了梁野山四季果园专业合作社，拥有社员 230 人，解决了 150 人的就业问题。此外，大力发展林下家禽养殖和养蜂产业。目前，全村林下养殖的鸡、鸭、羊等家禽数量超过 4 万只，林下养蜂产业也逐渐兴起。其次，发展乡村生态休闲旅游。充分利用"绿色氧吧、清新云礤"的自然优势，大力发展生态休闲旅游，将休闲采摘、森林文化与民俗风情相结合，按照"统一授牌、集中管理、规范经营"的模式发展"森林人家"农家乐，形成了林下养殖家禽、家禽供应农家乐、家禽粪便作为果园有机肥料的生态产业链。2016 年，森林人家农户平均纯收入达到 20 多万元。2017 年，全村已发展"森林人家"25 家，从业人员 355 人，年接待游客超过 60 万人次，仅 2016 年国庆期间就接待游客 19 万人次。2017 年，村集体收入达到 29 万元，农民人均收入达到 23000 元。2018 年以来，全村接待游客超过 70 万人次，人均增收 3000 多元，村集体增收 5.6 万元。2019 年第

---

① 发展森林生态产业　助力福建乡村振兴 ［EB/OL］. (2021 - 06 - 25). https：//www.sohu.com/a/474077806_121106994.

一季度，梁野山景区共接待游客 43.59 万人次，同比增长 28.57%；春节黄金周期间，共接待游客 41.3 万人次，同比增长 28.7%，实现旅游收入 2.7 亿元，同比增长 28.6%。① 目前，云礤村已成为县级生态党建示范村、市级美丽乡村建设示范村、省级生态村、国家级特色旅游名村。

四、结论

武平云礤村的乡村旅游发展依托于"管委会 + 企业 + 村民"与"梁野山景区"的模式。在推动乡村振兴的进程中，政府的角色逐渐淡化，而由管委会等相关企业接替政府职能。企业与村民基于维护自身利益，形成相互牵制与平衡的现状。乡村旅游的发展在六个方面为乡村振兴提供了助力。具体而言，思想振兴是指乡村价值的新认识，村民思想的开明与学习新知识、政策、技术的主动性，以及创新意识的增强，这些是乡村振兴的根本；组织振兴涉及村委会及组织经营委员会等的振兴，是乡村振兴过程中的重要保障；文化振兴关乎物质、制度和精神层面的振兴，村民对传统文化的保护、开发与创新是乡村振兴的灵魂；人口振兴指的是减少乡村人口流出、增加流入，是乡村振兴的基础；环境振兴涉及乡村生态环境与设施设备的改善，是乡村振兴的本质要求；经济振兴则体现为村民个人收入的增加与集体经济的发展，是衡量乡村振兴成效的关键指标。

审视云礤村乡村旅游与乡村振兴的现状，不难发现还存在诸多挑战。首先，产业化的水平较低。尽管从事农业生产与旅游产业经营的主体数量在增长，但总体规模较小，产业链较短，产品附加值不高，市场竞争力不强，辐射带动力有限，农业产业化进程亟须加速。其次，新型职业农民队伍薄弱，培育与培训力度不足。新时代乡村振兴的思维意识不强，缺乏长远的发展视角，仍旧沿用传统方式，无法适应新时代生产力的发展，缺乏参与市场竞争的能力。最后，村庄治理任务艰巨。部分村民自治意识与自我管理能力不足，未形成良好的卫生习惯，违规搭建与摆摊设点等问题依然存在。

然而，云礤村旅游区的品牌建设意识良好，大力创新节事活动，为乡村旅

① 武平梁野山第一季度接待游客 43.59 万人次！"农旅"联姻吸睛外地游客［EB/OL］.（2019 - 04 - 07）. https：//www. sohu. com/a/306455630_168582.

游的发展不断注入新活力。从云礤村乡村旅游的现状来看，乡村旅游发展能够有效促进乡村振兴，但其后续的稳定与健康发展仍有待观察。为此，可从以下几方面提出进一步推进乡村振兴战略的指导计划：第一，增强对特色产业发展的支持。积极发展林下经济、观光农业、森林人家、主题民宿等产业，支持森林人家合作社、四季果园合作社等产业龙头的延伸发展，培育"客家小吃"、水果采摘示范户、"森林人家"和主题民宿示范户，探索"文化＋农业＋旅游"等复合发展模式，加强产业建设，带动更多农民增收致富，增强农业农村的活力，奏响乡村振兴的新篇章。第二，强化村庄环境的综合整治。实施村庄人居环境整治计划，以生活垃圾处理、家禽圈养、污水治理和村容村貌提升为主要内容，加大资金投入，提升乡村环境与生活质量，建设美丽乡村。第三，进一步加强村级组织建设。加大对村级干部的培训教育力度，加强班子建设、党员队伍建设，同时积极发挥村民理事会的作用，引导群众向上向善、孝老爱亲、重义守信、勤俭持家。充分发挥村规民约的作用，引导农民自我管理、自我教育、自我服务、自我提高，传播正能量。

第四节　永定湖坑镇：乡村文旅，让福建土楼"土里生金"

一、永定湖坑镇概况①

湖坑镇地处永定区东南部，位于金丰溪上游，东与南靖县书洋镇相连，东南与平和县芦溪镇接壤，西邻大溪，北毗古竹、高头，是中国历史文化名镇、全国首批特色景观旅游名镇、全国第二批特色小镇，国家5A级景区福建土楼永定景区的核心区域。全镇旅游资源丰富，土楼资源异彩纷呈，有振成楼、振福楼、承启楼、衍香楼等众多形态各异的单体土楼，以及洪坑土楼群、南溪土楼群等土楼1500余座，其中保土楼五座，省保土楼九座。湖坑镇还是中共闽粤边区工委、闽西特委等机关所在地，全镇有革命基点村31个，南江村有

①　湖坑镇概况［EB/OL］.（2022－01－10）. https：//www. yongding. gov. cn/xzjd/hkzr/xzjs_44750/xzgk/.

"红色小延安"的美誉，奥杏片的"裕德楼"中留下的红军标语近年来，湖坑镇抓住入选全国乡村旅游重点镇、福建省乡村振兴重点特色镇的机遇，扎实推进中国历史文化名镇项目建设，总投资 2500 万元，包括集镇立面改造、集镇游步道建设、旅游公厕和福文化馆等项目。以龙岩市"一县一片区"土楼十里长廊乡村振兴示范带建设为契机，认真谋划实施乡村振兴项目，着力打造"镇区客家风情体验游""北部土楼世遗探秘游""东部红色传习研学游""南部绿色乡村乐活游"四个旅游板块。通过实施"旅游＋"战略，开展"文化进土楼"工程，改造、建造多处非遗文化保护传承场所，形成了集乡村旅游观光、传统文化体验、非遗技艺研学等于一体的文旅产业集群。牢牢把握国家文化和旅游部对口支援永定的契机，引进了数字旅游产业项目——"天涯明月刀"项目；在洪坑民俗文化村世界文化遗产、国家 5A 级景区的核心区域打造"梦回土楼"的沉浸式灯光秀，推出了"走古事"的数字化互动式演出；在十里南溪的南江村，建设以"中央红色交通线"为背景的红色数字化沉浸式剧场项目，通过数字赋能古民居保护的方式进行土楼的保护开发，不仅有效保护了土楼，还进一步丰富了旅游业态，带动了当地旅游业发展。2024 年 1 月，湖坑镇共有八个涵盖民生、旅游、农业等领域的项目竣工，这些项目将为永定土楼旅游业的发展注入新动能，满足游客的多元化需求。

二、研究方法

本案例研究采用访谈法与观察法作为主要的信息采集手段，对永定区湖坑镇的村民、村委会成员以及旅游业界相关人士进行了深入的访谈和详尽的资料收集，以掌握该地区乡村旅游发展的实际情况。此外，通过整理网络上的二手资料，对乡村旅游与乡村振兴等领域的文献进行了系统的分析，为本案例研究奠定了坚实的理论基础。

本案例研究的访谈提纲是根据乡村振兴的总体要求精心设计的。在访谈过程中，根据受访者的回答进行了适当的追问，以丰富研究内容并获取更全面的信息。在 2024 年 2 月 20 日～21 日以及 5 月 1 日的两次实地调研中，共对 20 名受访者进行了访谈，受访者包括湖坑镇的居民、民宿和农家乐的经营者、个体工商户、村委会干部以及旅游公司的职员等。

三、湖坑镇乡村旅游发展模式

(一) 访谈资料编码

首先，开放编码是对操作进行"标注"，即对原始数据进行逐步编码，并在编码过程中对原始数据进行概念化和分类，主要目标是使分析对象更加明确、对相关概念进行界定、发现研究范畴。根据研究主题，以湖坑镇旅游业的发展模式为主体，对数据进行了三个层次的编码（见表8－4）。

表8－4　　　　　　　　　　　　数据编码过程

主体	范畴化	概念化
政府	启动建设	1998年5月，永定县政府成立了申遗委员会和申遗办；1998年，湖坑镇成功列入省级历史文化名镇，旅游业成为湖坑的支柱产业；前期景区规划；政府投资；报纸宣传；加大绿化建设；发展旅游业；土楼有特色；政府拆迁安置；旅游宣传；政府扶持
	基础设施	湖坑镇对公共基础设施进行完善和美化；洪坑村铺设石板路，进行厕所革命，修建停车场，整治河道，通电工程，改善交通条件；奥杏驿站内设有文化墙、休息区、文化宣传、旅游导识等设施；南江村道路改造，农村厕所革命；对洪坑村、六联村河道进行清淤整治
	政府管理	政府检查；保证食品安全；对特产商品店进行抽查，下架不合格和过期商品；对农耕情况进行考察
	政府—村民关系	定期开村民代表大会；土楼景区居民住房问题有矛盾，不允许新建房屋；无大问题
企业	景区移交	旅游公司的建立；移交旅游公司；旅游公司接手；旅游公司接管土楼管理
	景区构成	湖坑镇、福建土楼客家民俗文化村、世界遗产地、南江村的南溪"土楼沟"景区、奥杏村
	景区资源	湖坑的一群两楼九座本体楼，国保土楼五座，省保土楼九座；洪坑村的客家民俗文化村景区；南江村的南溪"土楼沟"景区，拥有26座保存状态完好的各具特色的客家土楼，鹅卵形的"天一楼"、八角的"东成楼"、独特人文景观的"女儿林"；南江村种植20亩实用型向日葵和观赏型向日葵

续表

主体	范畴化	概念化
企业	旅游产品	洪坑村土特产、客家家训馆中小学研学基地；奥杳农耕研学夏令营；奥杳村的烤烟；南江村的"巨峰"葡萄，葡萄观光园、采摘园两个；"空中看土楼""南溪土楼沟实佳蛟蟒云上土楼旅游"；田河客家土楼国际大酒店和田河客家美食城；南江村"福成农家乐"；南溪土楼沟漂流、高山风电观光项目
	客源市场	龙岩市区及周边县城居民；厦漳泉；邻省游客；海外客家华侨
	发展战略	策划推动王子酒店至洪坑景区休闲步道、洪坑村"夜景工程"、景区拦水坝、河道整治；联合周边景区发展全域旅游；开发好南溪土楼沟；提高湖坑大道周边出让土地利用率；建设湖坑大福场至南江村休闲步道，南江村道路改造
	景区管理	管理很好；修缮和管理土楼；修建景区内观光车专用通道
	企业名录	福建省客家土楼旅游发展有限公司、奥杳乡情旅游发展有限公司
	企业—村民关系	征用田地；录用本永定居民做员工；60%左右的一线员工是洪坑村村民
村民	个人收入	收入增加；旅游公司员工工资稳定；收入比以前好一些；当导游工资不稳定；个体经营户；卖特色产品，茶叶增加收入；种植百香果；饲养小鸡仔
	生活水平	生活条件变好了；不用出去打工；回家照顾老人孩子；教育水平提高；比种田轻松
	参与形式	门票收成的分红；民宿；摆摊；旅游公司上班；房子是村民的；无房租；农家乐
	乡村特色	农家特色；游客喜欢；福裕楼的装修风格有特色，吸引很多外国游客留宿；农家乐；世界遗产地；特色民俗文化
	邻里和谐	挺好的；没有什么矛盾；关系不错

（二）发展模式构建

案例分析基于三个主要利益相关者之间的逻辑联系，构建了湖坑镇旅游发展模式。如图8-4所示，其核心由三个主要利益相关者及土楼群景区构成，它们之间相互支持，共同构成了保持乡村旅游稳定发展的基石，而土楼群景区则处于核心地位。在现行的发展模式中，政府、企业和村民以土楼群景区为核心，共同构成了乡村旅游发展的基础。该核心点的独特之处在于能够利用福建省永定土楼5A级风景名胜区的地理位置和开发基础，结合旅游开发的总体布

局，深入挖掘该镇乡村旅游资源，进行科学规划，高标准推进，有序引导建
设，使人民群众能够参与并消费。湖坑镇乡村旅游主要以体验乡村酒店、乡村
餐饮、客家民俗为主，以洪坑村、六联村、南江村等为重心，向湖坑村、西片
村、新街村辐射，覆盖洋多村、新南村、南中村三个村。

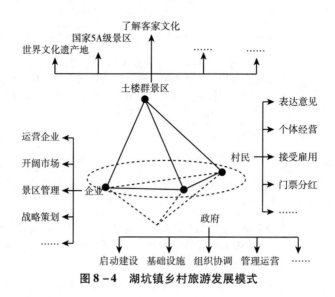

图 8 - 4　湖坑镇乡村旅游发展模式

（三）发展路径梳理①

1. 兴起阶段（1980 ~ 1997 年）

1980 年，洪坑村开始吸引建筑领域的专业人士前来学习土楼文化。1984
年，振成楼的共同业主之一林日耕接待了第一批游客，为土楼的后续发展奠定
了基础。1985 年，以林日耕为代表的当地人士开始在土楼内部开展商业活动。
1986 年，振成楼的业主与湖坑村乡政府携手保护并开发振成楼，筹集资金约 1
万元人民币，用于土楼的建设与开发，并在振成楼内设立了"民俗展览室"，
开始收取门票费用，每人 4 元。1988 年，振成楼被评为县级文物保护单位，
其内部的旅游活动形式逐渐丰富多样。1991 年，随着旅游业的兴起，永定县
相继成立了旅游局和旅游公司，旅游公司取得了振成楼的经营权和开发权。

---

① 福建："土楼之乡"的变迁［EB/OL］.（2018 - 05 - 15）. https：//m. fznews. com. cn/dsxw/20180515/
5afa372752c84. shtml.

1995 年，"永定客家土楼观光节"成功举办，显著提升了洪坑村的社会知名度和美誉度。

2. 扩张阶段（1998~2008 年）

1998~2008 年，永定土楼景区历经十年的不懈努力，终于成功列入世界遗产名录。在此期间，洪坑土楼群作为这一世界文化遗产的核心组成部分，极大地推动了当地旅游业的蓬勃发展。1998 年 5 月，永定世界遗产申报组织正式成立。同年，湖坑镇也被列为省级历史文化名镇，这使得旅游业成为湖坑镇的主导产业。湖坑镇荣获省委、省政府颁发的"福建文明村"及"省卫生乡镇"荣誉称号。2007 年 9 月，福建客家土楼旅游公司正式挂牌成立，这为洪坑村的旅游开发提供了统一的规划与管理。同年，洪坑村在"福建最美乡村"评选中脱颖而出。福建土楼最终成为中国第 36 处，也是福建省第 2 处世界文化遗产。申遗成功后，吸引了众多散客前来观光旅游。秉承"旅游兴县"的发展策略，湖坑镇大力投资旅游业，并全面加强了土楼文化的保护与传承工作。

3. 巩固阶段（2009~2016 年）

2009 年，湖坑镇荣获中央文明办颁发的"创建全国文明村镇工作先进村镇"荣誉称号，与此同时，福建土楼永定景区着手准备申报国家 5A 级旅游景区的相关工作。2011 年，洪坑村客家土楼民俗文化村荣获国家 5A 级旅游景区。自 2013 年起，南江村开始征收卫生费，团体巴士每人需缴纳 5 元，散客则免收。2014 年，国家文物局授予湖坑镇"中国历史文化名镇"的称号。但是，2016 年 8 月，洪坑村因野导扎堆、乱象丛生而受到国家旅游局的严重警告，并被要求在六个月内完成整改，洪坑村的旅游发展因此步入衰退期。为了应对这一局面，土楼景区启动了全面的整改工作，旨在逐步恢复其昔日的盛誉。

4. 转型发展阶段（2017 年至今）

湖坑镇痛定思痛，开始进行转型升级。按区域划分组建立了四个片区党总支，各片区明确产业定位，协同发展。例如，集镇片区以传统民俗"作大福"活动为载体，做大做强客家文化风情体验游产业；丰盛片区促进旅游基础设施和配套产业一体化建设，推动世遗土楼旅游产业转型升级；南溪片区发挥示范村的辐射作用，打造生态乡居生活印象；奥杳片区整合各类资源，打造红军标语特色小镇。2017 年，奥杳村正式注册成立了奥杳乡情旅游发展有限公司，旨在通过一种独特的商业模式，促进奥杳乡村旅游经济的发展以及美丽乡村的规划与建设。2019 年 6 月 30 日，湖坑镇隆重举行了奥联路的开工仪式。2019
年 12 月 31 日，"一机游全镇"智能导游系统及手绘导游图正式投入使用。该
系统作为全市首个具备语音功能的地图，能够全面展示所有旅游景点。近年
来，湖坑镇依托世界文化遗产土楼，以"旅游增色、生态增绿、农民增收"
为目标，大力发展乡村绿色旅游，带动第三产业的发展。

　　湖坑镇乡村旅游发展历程如图 8 - 5 所示。

图 8 - 5　湖坑镇乡村旅游发展历程

四、湖坑镇乡村旅游对乡村振兴的促进作用

（一）经济振兴①

　　湖坑镇始终秉承党建引领乡村振兴的方针，积极开发"福"文化资源，
致力于招商引资、产业发展和项目建设，以发展"福"产业为核心，为实现
高质量发展注入动力。2023 年，湖坑镇成功签约七个项目，其中包括五个亿
元级项目。同时，湖坑镇积极推进 16 项重点工作、11 项重点项目、10 项重点
工程，并主动策划并实施了 27 个乡村振兴项目。全力推进南溪片"一县一片
区"土楼十里长廊乡村振兴示范带建设，先后建成了南江"党建故事千米长
廊"和"党建引领乡村振兴南溪画卷"，讲好乡村振兴里的南江党建故事，大
胆实践探索跨村联建，创新党建模式，激发基层党组织活力。联合打造"十
里南溪"土楼沟旅游景区，实施夜景工程、读旅、香叙民宿集群、绳网世界、
南江影视小镇等 11 个项目，将旅游景点串点连线，实现南江村单一"小景

---

　　①　唱响乡村振兴"大福之歌"——永定区湖坑镇着力打造"福文化之乡"纪实［EB/OL］．（2024 -
03 - 25）．https：//www.fjydnews.com/2024 - 03/25/content_1688888.htm.

点"向十里南溪"大景区"转变,推动实现富民强村,促使南江村又添一枚"全国先进基层群众性自治组织"金字招牌。

2024 年,湖坑镇积极争取"开门红"。继 1 月 15 日直升机空中看土楼飞行体验项目投入运营后,2 月 2 日,肯德基永定土楼洪坑景区店、云途纪音乐主题民宿两个项目也正式对外营业。据悉,云途纪音乐主题民宿项目从签约到建成开业仅用了 73 天,刷新了湖坑镇招商引资项目落地运营的速度。此外,直升机空中看土楼飞行体验项目一期推出了土楼王子景区"精华飞"、土楼王子景区至土楼王景区往返"豪华飞"两条航线,让游客能够俯瞰土楼景区,领略土楼的壮观美景,不仅丰富了游客的旅游体验,也进一步提升了永定土楼景区的吸引力。

湖坑镇充分利用客家土楼的优势,深入挖掘"福"文化内涵,积极发展红色旅游、生态旅游、健康养生等"福"文化旅游业态,推动开发"福"文创产品、文旅商品,推动建设一批"福"文化特色鲜明的高端酒店、特色田园生活式精品民宿和风情客栈,打造沉浸式"福"文化体验住宿环境,先后成功引进了天涯明月刀沉浸式文旅融合项目以及读旅升恒楼、朝阳楼、东昌楼、香叙长源楼、外婆家等土楼民宿,助推文旅融合发展。此外,湖坑镇还被评为龙岩市文旅品牌强镇。

（二）环境振兴①

第一,建设绿盈乡村。以绿盈乡村建设为抓手,梯次推进绿化、绿韵、绿态、绿魂的乡村生态振兴村建设。截至 2023 年 12 月,永定区共命名初级版"绿盈乡村"151 个、中级版 89 个、高级版 17 个,总计 257 家,占比达 95.90%（永定区共有 268 个行政村）。

第二,实施"一河两岸"工程。湖坑镇在保护水生态的基础上,开发了漂流、网红摇摇桥等一系列水上游乐项目和夜景工程,极大地促进了乡村旅游业的发展。例如,湖坑镇修复南溪两岸古道,实施岸绿工程,打造乡村振兴亲水走廊和配套夜景工程,将南溪流域的古树、古廊桥、古村落与周边景观相融合,形成独特的"南溪十二景"。同时,打造的"福建土楼第一漂"让游客可以边漂边欣赏两岸土楼美景,逐步形成了集土楼观光、乡村体验、民俗狂欢、

---

① 【闽西日报】永定:助力生态振兴　打造美丽乡村［EB/OL］.（2023 - 12 - 05）. https://www.fjydnews.com/2023 - 12/05/content_1613505.htm.

生态观光、登高探险和高端民宿体验等于一体的原生态休闲体验乡村旅游带。2021年12月，十里南溪被评为省级水利风景区。

第三，治理农村生活污水。科学推进农村生活污水治理，不断提高辖区生活污水处理能力。已投入运行24处农村生活污水处理设施、15座垃圾中转站。2023年6月，永定区成功签约了总投资13.7亿元的永定区全域生活污水提升治理特许经营项目。

第四，推进人居环境整治。全面实施美丽乡村建设，全力推进农村人居环境整治。例如，实行"户清理、村收集、镇转运"的垃圾处理长效机制，将全镇保洁工作统一打包给专业保洁公司负责，实现环境卫生保洁常态化。2023年以来，"一县一片区"土楼十里长廊共计整治裸房43栋、10160平方米，空心房335栋、12527.63平方米。湖坑镇还完成了湖坑大道（一期）、集镇主街道立面改造、道路"白改黑"、金丰溪干流湖坑段安全生态水系等项目建设，并规划实施中国历史文化名镇、田河大桥、全民健身中心等项目，大力整治集镇乱停放车辆、乱摆摊设点等问题，提升集镇品位和生活品质。

这些举措有助于保护和改善湖坑镇的生态环境，推动生态与旅游、经济的协同发展，提升居民的生活质量和幸福感。

（三）文化振兴①

乡村文化的繁荣昌盛与旅游业的推进紧密相连，而农村旅游的核心魅力则源于乡土文化。为了传承和弘扬这一文化，一系列活动应运而生，如"大福湖坑"文学采风活动，旨在展现湖坑作为中国历史文化名镇的独特魅力。南江村积极实施"五子棋"战略，而奥杳村则成立了奥杳慈善组织协会，并开展了一系列评选活动。同时，奥杳村优先发展教育事业，致力于办好奥杳小学，并实施了"城乡交换生"培养计划。洪坑村客家家训馆设立了中小学研学基地，吸引学生学习客家传统美德，了解客家文化；通过土楼营造技艺体验区，让游客体验建造土楼的乐趣，传承了土楼技艺文化。

湖坑镇积极举办客家福文化节，建设客家文化馆，打造镇域福文化IP，

---

① "大爱龙岩"在行动｜湖坑：最喜大福暖人心［EB/OL］.（2023 – 11 – 15）. https：//mp. weixin. qq. com/s？__biz = MzA3NzMzMjQzOA = = &mid = 2654686868&idx = 3&sn = 55a270c09c31e9693fdc14f59c5ee5 e8&chksm = 849c442db3ebcd3bfda4e2a0c3a42c08e59a24baf9af86e955b9a56b9fd073a5ef6f12dd41af&scene = 27.

2022 年 12 月，以"福星高照，福佑中华"为主题的首届客家福文化节成功举办，并推出了全省首个镇域福文化 IP——"大福湖坑"形象标识。2023 年 12 月 24 日，永定区第二届客家福文化节在湖坑镇大福场开幕。文化节以福建省大力实施福文化传承工程为行动基准，弘扬客家福文化，助力乡村振兴。活动现场有聘请客家福文化宣传使者、发布展播镇歌、举办福文化馆开馆活动以及精彩的文艺演出等活动。2023 年 12 月 24 日，客家福文化馆在湖坑镇湖坑村东生楼揭牌开馆，这是永定区首个以"福耀土楼、幸福永定"为主题的福文化展示馆。该文化馆以"福耀土楼 幸福永定"为主题，分为"土楼有福"和"永定有福"两大板块，介绍土楼的福文化内容以及永定的福山、福水、福景、福乡、福地等，让群众和游客更好地了解客家福文化。

湖坑镇还积极推动文旅融合发展，充分发挥客家土楼的优势，积极发展红色旅游、生态旅游、健康养生等"福"文化旅游业态，推动开发"福"文创产品、文旅商品，打造沉浸式"福"文化体验住宿环境。例如，"天涯明月刀"文旅融合项目以永定湖坑土楼景区环兴楼为依托，结合客家文化和土楼建筑特色，加入电竞元素，布局沉浸式互动演出等业态，实现多元化文旅新体验。同时，认真做好湖坑"一桌菜"，推动"土楼大福宴"进入各种场所，让百姓在日常生活中吃出"文化"与"福味"。

此外，借助网络直播提升知名度。2023 年 11 月 30 日，"福农优品·我在家乡等你来"文旅乡村网络直播活动走进永定区湖坑镇南江村，主播团走访南江村的多个地点，直播推介当地的特色文旅产品和农特产品，提升南江村的知名度和品牌影响力。这些举措不仅弘扬了客家福文化，也促进了当地文化旅游产业的发展，为乡村振兴提供了有力支持。

（四）组织振兴①

第一，发挥党建引领作用。始终将基层党建工作置于重要位置，致力于使党建成为乡村振兴的"红色引擎"，巩固战斗堡垒、建设高素质队伍、强化先锋模范作用，以基层党建推动乡村振兴的倍增效应。例如，在南溪片区党总支的领导下，实施"党建富民强村"工程，积极探索发展模式，促进当地旅游

---

① 龙岩永定厚培密植传统村落"活化"网：跨村联建全链条 雨露均沾共富路［EB/OL］.（2024 - 11 - 28）. https：//baijiahao. baidu. com/s？ id = 1816949042783226267&wfr = spider&for = pc.

业发展和经济增长。

第二，推动政策、资金、人才等资源要素向产业集聚。以发展产业品牌为杠杆，解决产业发展过程中遇到的问题。例如，针对"六月红"早熟芋产业所面临的困境，制定扶持政策，派遣乡村振兴党建指导员，协调各方资源以助力产业发展。

第三，发挥人大代表作用。各级人大代表积极投身人居环境整治工作，担任宣传员和引领员的角色，入户宣传提升人居环境的重要性，引导群众养成良好习惯；同时，亲自参与清理垃圾、整治环境，并劝导不文明行为。

第四，解决历史遗留问题，规范项目管理。尊重历史、维护现实，用心解决历史遗留问题；规范管理、建管并重，确保项目建设能够经受考验；加快项目建设进度、按计划推进，确保在"作大福"民俗活动举办前全面完成相关项目。

第五，加强基层党组织建设。选齐配强村两委班子，将支部建在产业链上，充分发挥"领头雁"作用，扎实推进"党建富民强村"工程。

（五）人才振兴①

湖坑镇以村级组织换届为契机，精心选拔具备高尚政治素质和群众威信，同时具备带头致富及带领群众致富能力的"双高双强"型村干部，以激发乡村振兴队伍的活力。充分利用区乡党校、农民党员学校、红土初心讲堂等教育平台，建立师资库，对村党支部书记进行系统培训，并组织优秀村党支部书记外出学习，以提升其能力素质。全面实施村（社区）党组织书记区级备案管理制度，构建日常监管体系。同时，探索建立干部容错纠错和澄清正名机制，以激励干部积极担当作为。

持续向重点村派遣驻村第一书记，引导党员群众发展经济、引进项目、筹集资金。整合各领域人才资源，吸引农业专业人才进行培训、组织家庭医生与贫困户挂钩、推进金融助理派驻行政村（居）全覆盖，并推出相关信贷产品。开展"三培三带"活动，加强在优秀青年农民中发展党员的工作，发挥党员

---

① 抓党建促乡村振兴｜福建永定：筑好"乡村人才蓄水池"［EB/OL］.（2024 - 07 - 23）. https：// mpweixin. qq. com/s？ __biz = Mzg2NTA1MTY2Mw = = &mid = 2247553399&idx = 3&sn = cb66f22b839e436c5adcb5 fa7d9d13ad&chksm = cfc8a3d9b27a4c67465fdef709f6c991179fd8e3934858693ff1e093a6330626c074a639a045&scene = 27.

在脱贫攻坚中的示范引领作用。

通过个人自荐、党员推荐、支部举荐等途径，从村级致富带头人、复员退伍军人、当地在外高校毕业生等群体中择优选拔，储备村级后备力量，并建立培养、跟踪和锻炼制度，鼓励后备力量提前参与村级事务管理，纳入村干部培训体系。实施村主干储备人才引进计划，引导村主干储备人才到区内党建示范村或贫困村任职。此外，通过多种措施确保每村储备一定数量思想政治素质高、综合素质强的入党积极分子，并加强农村发展党员工作，提升农村党员队伍的整体素质。

福建省人力资源和社会保障厅等相关部门组织专家开展服务乡村振兴活动，为湖坑镇的发展提供咨询和技术指导。福建农林大学的教授参与福建省专家服务永定区湖坑镇乡村振兴活动，深入南江、洪坑等村进行实地调研，就乡村产业融合发展、乡村旅游创意规划、乡村文旅融合和民宿运营等方面提供针对性指导。

2020年11月，由福建省留学人员创业园管理中心组织的"2020年海归英才八闽行——留学人员走进永定区湖坑镇"活动成功举办。华侨大学等机构组织的海归英才深入湖坑镇多地，开展精准对接帮扶调研，认可湖坑镇旅游产业的发展潜力，并就如何打造生态宜居型秀美乡村、保护乡村人文景观等提出意见和建议。他们还将根据湖坑镇文旅发展需求，持续开展技术帮扶、项目对接、人才交流等服务基层活动，搭建海外人才与基层联系的桥梁，以促进湖坑镇特色旅游业开发，为湖坑镇全方位高质量发展超越提供智力支持。

同时，永定区还在一些方面进行了探索和实践，如实施村党组织书记后备力量培育储备三年行动。通过精心选苗、悉心育苗、用心蹲苗、暖心护苗等措施，建立后备力量台账，建立"导师帮带"工作机制，安排后备力量到相关岗位跟岗锻炼，开展集中轮训和学历提升行动，建立跟踪管理机制等，建设村党组织书记后备力量队伍。

五、结论

湖坑镇的发展模式清晰地揭示了旅游业如何从五个维度促进乡村振兴。具体而言，农村经济的振兴主要体现在提升村民个人收入和拓展就业机会上。农村环境与公共基础设施的复兴也是关键。文化复兴作为农村复兴的核心，涉及物质、制度和精神三个层面的振兴。其中，组织振兴关乎构建和谐稳定的社会环境与秩序，并提升基层群众的法治意识；人口振兴则表现为村民生活水平的提升、居住环境的改善，以及减少人口外流、吸引人才回流。因此，发展乡村旅游成为实现乡村振兴的可行途径。

乡村旅游的发展模式采用了"政府＋企业＋村民"与"土楼群景区"相结合的"3＋1"模式。在乡村振兴的进程中，政府的角色逐渐转变，旅游企业开始承担起管理职责。这种特色的"3＋1"模式对乡村旅游区的经济发展起到了积极的推动作用。

一是组织联建。湖坑镇以特色村为中心村，发挥"头雁联盟"效应。同时，通过建立健全党总支联席会议、红土初心论坛、红土先锋党员工作室、党总支主题日等制度，夯实党建基层基础，发挥党组织核心引领作用。在不改变原有行政划分和自治主体的情况下，湖坑镇打破"就村抓村"的传统做法，按照"地域相近、发展相助、组织相连"的原则，以强化基层组织力为抓手，通过"1＋1""1＋N"等方式组建跨企跨村党组织，将全镇16个行政村组建成集镇片区、丰盛片区、南溪片区、奥杳片区四个片区党总支。这四个片区党总支牢固树立"一盘棋"思想，以"跨村联建"发展新格局为引领，明确产业定位，齐心协作配合，实行资源互享，加强融合共建，力创文明乡风。集镇区域发展由"分散管治"向"跨村联建"转变。

二是产业联促。湖坑镇确立以旅游业为主导产业，以共同开发利用资源，把资源变资本，壮大村集体经济为目标，打造片区产业集群，产业发展强链补链，实现资源配置优化。在发展产业中，主动搭建好"村企联建"平台。

三是项目联建。湖坑镇在"跨村联建"党建引领乡村振兴中注重强化项目策划，每个项目实行一个工作专班、一张作战图、一个挂钩领导，强化项目推进。全镇四大片区根据当地自然资源禀赋，按长短结合、统筹兼顾原则，顺利生成一大批项目并取得较好成效。聚焦"乡村旅游＋民宿"，充分利用土楼资源，通过招商引资，引进公司对土楼进行改造，成功打造了朝阳楼、东昌楼、升恒楼、长源楼、环兴楼等一批土楼民宿，让沉睡多年的土楼"活"了起来，做到了"将收益带给群众、把土楼留给后代"，推动了共同富裕。

四是民生联办。湖坑镇注重充分挖掘古色、绿色、红色等文化资源，实现文化资源传承利用深度融合，着力打造乡风文明示范村。同时，强化基层治理，紧盯民生热点，积极倡导民生项目共建共享，节约利用资源，促进和谐共处。

第五节　三明市泰宁县："生态＋文旅"，打造全域旅游 IP

一、泰宁县乡村旅游发展现状和模式

（一）泰宁县概况①

泰宁县隶属三明市，位于福建省西北部，下辖三镇六乡。截至 2023 年底，全县户籍总人口 13.55 万人。泰宁历史悠久，人杰地灵，文化底蕴丰厚，素有"汉唐古镇，两宋名城"的美誉，创造了"隔河两状元、一门四进士、一巷九举人"的科举盛况。泰宁县有着光荣的革命斗争历史，在土地革命战争时期是中央革命根据地的重要组成部分，是较早成立红色政权的原中央苏区县之一，也是第五次反"围剿"的主战场之一。

泰宁县的自然概貌为"八山一水一分田"，是青年期丹霞地貌的典型代表，被誉为"中国丹霞故事开始的地方"，拥有世界自然遗产（寨下大峡谷）、世界地质公园（泰宁世界地质公园）、国家 5A 级旅游景区（三明市泰宁风景旅游区）等著名景点。旅游产业作为泰宁县域经济的主导产业，形成了"一业兴百业旺"的大旅游格局，在泰宁县政府主导下发展的旅游发展模式被誉为全国第五个县域旅游发展模式，是具有县域发展特色的"泰宁路径"。2010年 8 月 2 日，中国丹霞·福建泰宁被正式列入世界遗产名录，成为全国第八个世界自然遗产。2011 年 8 月，泰宁县大金湖荣膺国家 5A 级旅游景区。2017 年泰宁成功入选全国首批国家全域旅游示范区创建单位。

泰宁县的文化遗产也同样非常丰富。截至 2022 年上半年，共有 43 个非物

① 泰宁县情［EB/OL］.（2024－06－12）. http：//www.fjtn. gov. cn/mltn/tnxq/201512/t20151217_772974. htm.

质文化遗产在录。其中，梅林戏是第一批国家级非物质文化遗产；上青桥灯、大源赤膊灯、朱口花灯等是省级或市级传统舞蹈；游浆豆腐、碧玉卷、大龙擂茶等是省级或市级传统技艺类美食；还有竹编技艺、上青棕编、戈口蓑衣等市级传统技艺。此外，泰宁县还有尚书第古建筑群等多个全国重点文物保护单位，以及甘露岩寺等岩穴古刹。

从 20 世纪 80 年代开始，泰宁县始终把"旅游兴县"作为县域发展战略推动各项工作。2023 年，全县游客接待量达 895.2 万人次，旅游总收入 76.6 亿元，创下历史新高，并获评全国县域文旅融合发展潜力 100 强第四名。① 泰宁县积极把好山、好水、好空气转化为产业优势，将生态旅游与乡村振兴结合，开发了"耕读李家、豆香崇际、渔悦水际"等一系列特色乡村旅游产品，形成了融山水风光游、民俗非遗文化游、田园乡村游、研学文创游等为一体的全域旅游格局，培育出两个全国乡村旅游重点村、两个省级旅游休闲集镇、一个省级全域生态旅游小镇和四个省级金牌旅游村。泰宁县立足当地资源优势，推进农文旅融合。例如，岭下村将农业跟文化旅游相融合，相继开发了森林康养、研学写生、影视基地等合作项目，走出了一条"农业 + 旅游"的发展道路；崇际村结合"鲤鱼文化"和本地非物质文化遗产，开发相关项目并带动村民从事文旅产业。同时，以治水推动乡村振兴，将水美乡村建设与文旅经济、绿色经济、产业发展等相融合，助力全域旅游发展。按照"12345"全域旅游发展战略，构建一个主题（中国静心之城）、两个转变（由全省知名向全国一流旅游目的地转变、由观光型向休闲度假型转变）、三大功能（森林康养、休闲度假、文体创意）、四大板块（滨湖休闲、古城开发、乡村旅游、高山安养）、五种业态（森林康养、特色民宿、影视文化、研学旅行、运动休闲）的全域旅游发展新格局。

泰宁县的经验在全国、全省范围内得到推广，通过承办福建省旅游扶贫工作现场会和农村人居环境整治工作会等重要会议，"泰宁模式"得到广泛传播。泰宁县的崇际村、水际村、际溪村等重点旅游乡村也被选为旅游扶贫试点村、全国首批乡村旅游重点村、中国美丽休闲乡村。目前，泰宁县拥有现代农

---

① 中国旅游新闻网. 泰宁　百舸争流千帆竞　文旅发展正逢时［EB/OL］.（2024 - 04 - 15）. https：//www.ctnews.com.cn/paper/content/202404/15/content_94299.html.

业、乡村休闲、旅游观光等产业点超过 100 个，从事旅游相关产业的人口占全县总劳动人口的 20%，共吸纳 5398 名农民从事旅游相关工作。在全县年度 GDP 产业分布中，第三产业产值占比达到 40%，其中旅游产业占据主导地位，在农民收入构成中，旅游收入占比达到 25%，旅游产业已成为名副其实的"支柱产业"。①

（二）泰宁县乡村旅游发展案例

1. 崇际村②

在新农村建设的初期阶段，崇际村于 2010 年被选定为精品示范村，随即展开了对村庄环境的整治工作，显著提升了村庄的外在形象。随后，通过实施"春风工程"，争取相关政策资金，有效解决了基础设施薄弱和资金不足的问题。该村累计投入超过 2000 万元，建设了包括景观长廊、豆腐文化体验馆、民俗馆、龙鳞坝、写生服务综合体等在内的多个景观节点，并完善了旅游公厕、停车场、游客集散中心等基础设施。

崇际村明确自身发展方向，依托本村的自然景观优势，确立了"生态立村、旅游兴村、产业富村"的战略目标，致力于打造"鲤鱼文化旅游专业村"。同时，深入挖掘并利用本地的"鲤鱼、桥灯、古乐、豆腐"等文化资源，将乡村转化为旅游景区，将农产品转化为旅游商品。

在经营开发模式的选择上，上清溪和九龙潭景区采取了政府主导的项目公司模式，有效集中力量，加速了景区开发进程；际下景区则采用了不完全经营权出让模式，由上青乡人民政府负责招商引资，泰宁县上青乡旅游发展有限公司统一管理部分项目，各企业负责运营维护。这有效地吸引了社会企业的参与，并激发了本地群众参与建设的积极性。

崇际村通过文旅融合，以建设高校写生基地为突破口，实施"走出去、引进来"的策略。乡镇主要官员亲自前往各大高校进行推介，并与第三方机构合作，引进共建写生基地的高校。目前，已与多家高校建立联系，并挂牌成立高校写生基地，每年接待众多写生和研学团队。同时，通过举办各类精品民

---

① 福建泰宁依托资源优势，因地制宜发展特色经济　好风景带来好前景 [EB/OL]. (2024 – 07 – 30). http：//life. china. com. cn/web/cjsh/detail2_2024_07/30/4443827. html.

② 泰宁崇际村："文旅融合"为乡村振兴添动能 [EB/OL]. (2021 – 08 – 12). http：//smsnyj. sm. gov. cn/nyyw/nyxw/202108/t20210812_1694105. htm.

俗活动，如"小城过大年""淘气节""上青夕阳红重阳儿时乐"等，宣传本地文化，提升旅游人气。县政府积极引导发展民宿产业，由本地乡贤牵头成立民宿公司，将外出务工村民的闲置房屋改造为主题特色民宿，为游客提供住宿、餐饮及其他特色服务。2020年5月，写生服务综合体的建设完成，可同时容纳500人就餐。

崇际村在创新旅游业态方面，围绕"生态产业化创新发展示范点""龙门里文旅融合发展实践地""泰宁研学写生第一村"三个发展目标，不断探索新的旅游业态。例如，建设龙门里农庄、乡村游乐园，完善书吧、咖啡吧等休闲场所，打造龙鳞坝等亲水系列景点，丰富了游客的亲水体验；建设写生长廊、写生作品展览馆等配套项目，提升了旅游服务品质。

崇际村的省级非物质文化遗产"游浆豆腐"享誉已久，村里设立了"兜福坊"，供游客体验豆腐制作过程，并开发了一系列游浆豆腐的伴手礼。同时，通过直播带货等新媒体形式进行产品宣传和销售。

通过旅游带动村庄发展，建立长效化管理制度以实现精准扶贫。例如，采用"量化折股"分红模式，投资旅游写生、光伏发电和休闲驿站等稳定项目以实现稳定增收；每年审定扶贫户名单并进行动态管理，公示贫困户"量化折股"情况以确保帮扶款规范使用；对因残因病缺乏劳动力的会员进行资金扶持和产业帮扶，提升其自身发展动力，实现扶贫扶志。2017年底，全村已实现整村脱贫。

崇际村通过以上模式，充分利用自身优势，推动了文旅融合发展，实现了村民增收和乡村振兴。同时，上青乡还利用辖区内上清溪、九龙潭等旅游资源优势，采取"强村带弱村"模式，重点打造联建主村崇际村，整合景区、文化、劳动力等资源，发展相关产业，带动全乡发展。例如，发挥上青游浆豆腐品牌优势，全乡联合发展豆制品产业；由联村党总支牵头制定统一服务标准，提升旅游服务水平；实施相关工程加强基础设施建设，成立联村矛盾纠纷调解中心等。经过多年的努力，崇际村荣获了多项荣誉，包括全国第四批美丽宜居村庄示范村、第二批全国乡村旅游重点村、中国美丽休闲乡村，以及福建省首批乡村旅游特色村、四星级乡村旅游村和金牌旅游村等。展望未来，崇际村将继续深化文旅融合，不断丰富旅游新业态。

2. 水际村①

水际村曾被誉为"鱼米之乡"，然而自 1980 年池潭水库建设以来，村庄被迫迁移至高地，导致山林、良田及基础设施几乎全部被水淹没，成为交通、电力、邮政服务均无法覆盖的"孤岛"，村民人均年收入仅 370 元，被认定为省级贫困村。至 20 世纪 90 年代末，泰宁县提出以旅游促进县域发展，水际村迎来了发展的新机遇。当时的村党支部书记与村干部共同提出"旅游兴村、产业富村"的发展策略，决定利用地理优势建设旅游景点。村两委采取集体牵头、村民入股集资的方式，成功筹集资金开发了"野趣源"景点，当年即实现门票收入 2 万元，随后，村民纷纷转向旅游产业。然而，随着越来越多的村民从事旅游产业，出现了争夺客源、过度捕捞等问题，对水际村的旅游经济和生态环境造成了负面影响。面对这一挑战，水际村党支部采取"党建引领、能人带动、自愿入股"的方式，先后成立了家庭旅馆协会、游船协会、渔业协会。游船协会由大户牵头，小户以资金或游船入股，组建了大金湖航运集团公司这一经营实体。协会对大金湖景区游船实行统一调度，整顿了私自揽客接客的现象。针对过度捕捞问题，联合金湖渔民组建了渔业协会，村民以自愿入股的方式参与，实行统一放养、经营、对外经营、服务要求、安排客源、收费标准等，共同经营。家庭旅馆协会实施"五个统一"，即统一诚信品牌、统一对外经营、统一服务要求、统一安排客源和统一收费标准，形成了正向连锁效应。2005 年，泰宁县被批准建立世界地质公园，大金湖成为公园核心景区。20 多年来，该村充分发挥党支部的领导核心作用和党员的先锋模范作用，走出了一条"协会＋公司＋农户"的旅游扶贫道路。

第一，特色资源资产化。联合金湖渔民组建渔业协会，并取得金湖渔业养殖承包经营权，改变了以往只捕不养的局面；整合利用农村住房等资源，成立家庭旅馆协会，支持贫困户加入；发掘周边旅游价值，开发景区景点，引进新业态，共建写生基地接待站，将特色资源转化成村民创业脱贫的优质资产。

第二，优质资产股权化。按照"资源整合、资产托管、股权到户、按股

① 泰宁水际村：党建引领下的美丽蜕变［EB/OL］.（2024－07－11）. http：//fjsm. wenming. cn/WMCJ/WMCZ/202407/t20240711_8594870. html.

分红"的思路，让村民受益。渔业协会通过增资扩股，吸引金湖周边多村农户入股，其中包括部分贫困户；家庭旅馆协会以床位数量化折股，带动全村近70%农户开办家庭旅馆，贫困户占一定比例；游船协会由村民以游船或资金入股组建，解决部分贫困户入股资金困难问题。通过这些方式，实现了资源变资产、资产变股权、村民变股东的转变。

第三，经营管理市场化。"三大协会"推行公司化、市场化经营管理。家庭旅馆协会成立统一接待服务中心，采取"五个统一"发展模式；渔业协会依托公司，实行统一放养、捕捞、经营，并创建淡水有机鱼品牌，延伸发展精深加工项目和连锁加盟店；游船协会不断壮大，拥有多家造船厂、游船公司和各类船只，并提供了大量就业岗位，优先安排贫困人口就业。如今，水际村渔业公司、家庭旅馆协会公司、航运集团公司都取得了良好的经济效益，带动了全村及库区周边乡村众多贫困户脱贫，水际村也成为国家级旅游扶贫示范村。

3. 际溪村①

际溪村曾是基础设施薄弱、经济条件落后的省级贫困村。2012年，村民人均年收入不到6000元，村集体经济主要依赖政府援助。2014年初，泰宁县委、县政府启动了"五朵金花"旅游专业村建设项目，际溪村凭借其独特的丹霞田园风光和丰富的岩穴文化，被定位为"耕读李家"。际溪村坚持绿色发展理念，结合当地人文历史，尊重乡村传统，突出"耕"与"读"的主题特色，与知名景区规划公司合作，将"耕读李家"项目作为一个整体进行规划和建设。特别是邀请了台湾地区的策划团队进行专业指导，力求在不破坏原有生态的前提下，开发生态资源，致力于打造一个以"一座丹霞山乡、一脉岩穴文化、一处心灵静地、一方农耕乐园"为特色的美丽乡村。

2014年底，相关团队进驻际溪村，开始实施"耕读李家"项目。2015年，际溪村完成了闽台美丽乡村交流中心的建设。自2017年以来，共吸引了457名台湾同胞首次来泰宁，并持续举办了"跨越海峡来乡建"、研学交流汇

① 乡村振兴再出发 | 泰宁县际溪村：活化传统村落文旅资源　助力乡村振兴高质量发展 [EB/OL]. (2022 - 01 - 26). https：//www.smnet.com.cn/folder126/folder131/2022 - 01 - 26/157556.shtml？_t = 17299 73170.

等活动，不断吸引更多的台湾青年、文化人入驻"耕读李家"。2020 年，际溪村被评为福建省对台交流示范点。

从台青大陆创业项目到美丽乡村项目、旅游文创项目、森林康养基地，"耕读李家"的项目内涵日益丰富，吸引了众多外地企业，形成了新型旅游产业集聚。同时，际溪村不断改善基础设施，实施了柏油村路、骑行慢道、强弱电落地（杆线下地）、生态停车场等 30 多个基础设施项目，实现了生态宜居与乡村旅游的融合发展。际溪村也因此获得了多项荣誉，如中国乡村旅游创客示范基地、中国美丽休闲乡村等。

际溪村还注重挖掘文化底蕴，加强耕读文化、佛学文化、岩穴文化的挖掘与保护性开发，按照修旧如旧的原则，对房屋立面进行改造，使村容村貌焕发出浓厚的文化气息。设计并安排了众多体验项目，以"耕""读"为主题，打造了稻田咖啡馆、禅修中心、李家菜地、李家岩禅寺、尚书故里、四季花海、络珠岩等多处体验景点，满足了游客多样化的游玩需求。此外，际溪村鼓励群众广泛参与。在相关政策的引导下，当地居民纷纷将住房改造成具有地方特色的民宿，吸引了更多社会资本的进驻，共同合作开发景区。

通过这些措施，际溪村的经济收入显著提高，2017 年成功摘掉了贫困村的帽子，2023 年村民人均可支配收入达到 1.96 万元，村集体收入达到 35.7 万元。2024 年，际溪村继续通过微整治、微改造，提升江家坊小组房前屋后的田园景观，打造"耕读文化"乡村旅游示范样板区，吸引了更多的游客前来体验。2024 年，际溪村接待游客约 2.3 万人次，写生人数达到 11982 人。

际溪村依托其生态优势，走出了一条以乡村旅游为核心、产旅互融共生的发展道路，有效促进了乡村振兴。

二、泰宁县乡村旅游对乡村振兴的实效分析

（一）产业兴旺①

泰宁县精心打造了诸多具有特色的旅游项目，成功构建了"乡乡有特色、

---

① 乡村振兴再出发｜产业兴、乡村美、农民富！泰宁县绘就乡村振兴和美画卷［EB/OL］. (2023 – 07 – 03). http://www.zgtnzx.com/2023 – 07/03/content_1544344.htm.

县域有品牌"的发展格局。以际溪村为例，该村通过实施"耕读李家"项目，吸引了九家企业共同参与开发。当地村民以房屋、资金和田地入股，实现了资源向资产的转变、民房向民宿的转变以及村民向股民的身份转变。2019 年，际溪村的游客接待量超过 8 万人次，平均每户家庭收入增加了 5000 余元，村集体收入超过 30 万元。水际村借助"景区 + 农户"的模式，成立了家庭旅馆、游船、渔业三大协会，带动全村及周边库区 200 多户贫困户脱贫。崇际村通过"合作社 + 农户"的模式，成立了旅游专业合作社，发展写生民宿、特色豆腐宴等业态，2019 年接待了 3.2 万人次的写生团队。王坑村则发展了富硒种养、农旅休闲、娱乐体验三大特色产业。下渠镇大坑村利用较低的成本和日益增长的人气，发展热带鱼养殖业，吸引游客。全县范围内的 3 万亩茶园、30 万只乌凤鸡、3000 吨有机鱼、3000 万袋食用菌、1 万亩铁皮石斛等特色产业与旅游相结合，形成了 100 余个休闲农庄与乡村旅游点、150 余家农家乐、300 余家民宿，一年吸引超过百万人次的游客。泰宁县还打造了"寻找泰味"公共品牌，开发文创产品，将农产品转化为旅游商品和文创产品。池潭村打造了"80 影视小镇"，利用旧景和山水资源，建设了影视拍摄外景基地和大学生影视创作实训基地。这不仅为村民带来了分红收益，解决了就业问题，还吸引了众多高校师生前来开展教学实训活动，促进了游客量的增加。同时，一些村庄还充分利用本地资源，将红色文化、绿色资源转化为发展优势，带动村民增收。例如，岭下村保护并开发了革命历史景点，打造了增收项目，促进了农业和文旅产业的发展，村民人均可支配收入显著增长。泰宁县还推出了文旅夜间消费的新业态、新场景、新产品，以满足游客的多元化需求。例如，九龙潭景区的"梦境·九龙潭"夜游项目将自然实景与现代声光电技术相结合，为游客带来了新奇的体验；泰宁古城通过各种特色业态，展现了夜经济的独特魅力。根据相关扶持政策，以一批高端主题民宿为示范，鼓励各乡镇通过多种方式打造精品民宿，形成民宿经济增长点，推动乡村旅游的发展。这些举措使泰宁县的旅游产业蓬勃发展，并入选全国乡村旅游发展典型案例。旅游产业的繁荣不仅促进了当地经济的发展，也为当地居民提供了更多的就业机会和收入来源。同时，泰宁县于 2018 年成为首批退出省级扶贫开发工作重点县之一，并在 2020 年底入选第二批国家全域旅游示范区名单。"十三五"以来，泰宁地区生产总值突破百亿元大关，城乡居民人均可支配收入也实现了显著增长。

（二）生态宜居①

泰宁县自成功申遗以来，已历经十三载，投入超过 10 亿元人民币用于遗产地的管理、服务及生态保护项目。为加强遗产地的监管，成立了景区监察分队和旅游综合执法大队，并建立了智慧旅游大数据中心。通过互联网、视频监控、无人机等多种技术手段，对遗产地资源、景区及河道进行了全面的巡查和管控。此外，泰宁县还完善了"双河长"制度，加强了河道及湖面垃圾的治理工作，实现了河湖库的常态化、网格化保洁。自 2023 年起，已累计清理转运水面垃圾约 2000 吨。泰宁县还推进了瑞溪、上清溪等小流域的整治工作，推动了多个乡镇主要水系的整治，并实施了相关河道治理项目，促进了流域水质的持续改善。该地区在全省率先实施资源有偿使用征收制度，以及遗产地村庄生态公益林补偿，并率先开展低碳景区的试点创建，首创了遗产地村庄"节材改燃"政策。例如，购置全省最大的垃圾清理船，常态化地开展湖面垃圾清理工作，以维护和展示遗产地的真实性和完整性。泰宁县坚持保护与发展的并重，积极培育和壮大了森林康养、研学市场、写生基地、影视基地、职工疗休养及会务活动等新兴产业，实现了绿色经济增长。同时，泰宁县将旅游与乡村振兴紧密结合，将生态优先理念贯穿人居环境整治的全过程。高起点编制了乡村振兴发展规划，推广以"粉墙、黛瓦、坡顶、翘角、马头墙"为标志的泰宁本土建筑风格，打造出现代田园乡村。例如，在泰宁县的大田村，农房庭院整洁有序，沿河休闲步道幽静曲折，呈现出人与自然和谐共生的田园景象。水际村积极推行"禁柴改燃"政策，减少对山体的破坏，防止水土流失；充分发挥"企业河长"的作用，组建了专业清理队伍对河湖水面进行管护。通过多部门联合开展"世界水日""中国水周""水土保持日"等主题宣传活动，形成了全民参与、齐抓共管的水治理格局。完成了所有建制村户用厕所的无害化改造，普及率达到 100%；推进农村生活污水处理设施的提升改造，全县农村生活污水治理率达到 78.37%；所有建制村均已建立垃圾治理的常态机制，垃圾无害化处理率达到 100%。各村庄精心策划了特色体验活动，吸引了大量游客前来体验自然之美和田园之乐。例如，朱口镇王坑村实施人居环境提

---

① 绿色生态，泰宁的幸福底色！[EB/OL].（2023-10-13）. https://www.163.com/dy/article/IGUJ8G5J05342064.html.

升项目，打造了农耕老物件展示墙、莲塘步道、花果长廊、休闲驿站等。以"一革命五行动"为抓手，全面推进整治行动，动员党员群众清洁家前屋后、宅旁空地、村道树木、塘渠沟系等，清理垃圾、整治乱堆乱放等问题。例如，际溪村进行了立面改造、道路硬化、提升周边绿化景观等。

（三）乡风文明①

泰宁县蕴藏着深厚的历史文化遗产，包括诸多古建筑和传统村落。泰宁县致力于对尚书第、世德堂等古迹的保护与修复工作，并深入探究李纲、李春烨等历史人物的文化底蕴。同时，泰宁县持续对各级非物质文化遗产进行整理，如泰宁梅林戏、泰宁大源傩舞、泰宁茶东坑鱼子灯等，并建立了非物质文化遗产展示馆，邀请非物质文化遗产的传承人举办系列传承活动。此外，泰宁县将文化元素融入旅游项目，如在泰宁古城尚书街，游客可以品尝擂茶、游浆豆腐、暖菇包、状元糍等地方特色小吃，观赏梅林戏的公益演出，体验舞龙灯、背新娘、跳花灯、抛绣球等民俗活动。这些举措旨在展示泰宁的传统文化魅力，增强当地居民的文化自信和自豪感。

泰宁县还举办各类文化活动，以激活夜经济为机遇，如举办了"啤酒节""状元文化节""非物质文化遗产体验""音乐节"等，激发了消费市场潜力，推动了旅游市场升温。泰宁县推出了以梅林戏为主题的旅游演艺节目，如《梦回泰宁》，将泰宁的历史文化、民俗风情与现代舞台艺术相结合，为游客提供视听盛宴。此外，泰宁县积极发展文化创意产业，将泰宁的历史文化元素融入旅游纪念品、工艺品等产品中，如泰宁木雕、竹编、银饰等。这些文化创意产品不仅具有较高的艺术价值和收藏价值，也成为游客热衷购买的商品。

泰宁县全力创建国家历史文化名城，推动际溪村、崇际村、里坑村等村落入选中国传统村落，促进全域旅游的纵深推进和多元化发展。在乡村和景区等地设置宣传栏、文化墙等，宣传社会主义核心价值观，使其深入人心。通过开展"身边好人""道德模范"等评选活动，树立榜样，引导居民树立正确的价值观和道德观。制定村规民约，规范村民行为。开展"文明家庭""美丽庭院"等评选活动，激发村民参与乡村文明建设的积极性。加强农村精神文明

① 【文明创建】泰宁：发挥资源禀赋 让城乡精神文明"富"起来［EB/OL］．（2024-09-30）．https：//www.sohu.com/a/813102193_121117452.

建设，推动移风易俗，破除陈规陋习，树立文明新风。

（四）治理有效①

在旅游领域强化党组织建设，设立旅游行业党委，将党建工作与旅游发展紧密融合。通过实施党员示范岗、党员志愿服务等项目，发挥党员的先锋模范作用，以提高旅游服务质量。在乡村旅游重点村建立党支部，以党建为引领推动乡村旅游发展。党支部引导村民发展农家乐、民宿等旅游产业，促进乡村振兴。成立泰宁县旅游协会，制定行业规范和标准，加强旅游企业的自律管理。旅游协会通过培训、交流等活动，提升旅游从业人员的业务水平和服务质量。旅游协会组织旅游企业合作，共同开发旅游产品、拓展旅游市场。通过资源整合、优势互补，增强泰宁县旅游的整体竞争力。与周边地区建立旅游合作，共同打造旅游精品线路，实现资源共享、客源互送。通过区域合作，扩大泰宁县旅游的影响力和辐射范围。与文化、体育、农业等部门建立合作关系，开展跨界融合发展。通过举办文化活动、体育赛事、农业观光等活动，丰富旅游产品供给，满足游客多样化的需求。出台优惠政策，扶持旅游龙头企业发展。加大对旅游企业的资金投入、税收优惠等支持力度，鼓励企业做大做强。建立健全旅游人才培训体系，针对不同需求开展多层次、多形式的培训活动，提升旅游从业人员的专业素养。同时，制定人才引进政策，吸引专业人才和高端人才，助力旅游管理水平和创新能力的提升。出台优惠政策，吸引人才返乡创业。鼓励大学生、农民工、退伍军人等返乡创业，发展乡村旅游产业。为返乡创业人员提供创业指导、资金支持、政策扶持等服务，帮助他们实现创业梦想。引导旅游龙头企业加强品牌建设，提升企业的知名度和美誉度。设立泰宁县旅游管委会，统筹协调全县旅游发展工作。明确各部门职责，加强对旅游市场的监管和服务。建立旅游、公安、工商、质监、卫生等多部门联合执法机制，定期开展旅游市场综合整治行动，打击违法违规行为，维护旅游市场秩序。在景区、酒店等旅游场所配备完善的安全设施，如消防设备、监控系统、安全警示标识等。定期对安全设施进行检查和维护，确保其正常运行。对旅游从业人员进行安全培训，提高他们的安全意识和应急处置能力。组织开展应急演练，提升应

---

① 泰宁："三坚持"绘就乡村治理新图景［EB/OL］.（2022-08-09）. https://baijiahao.baidu.com/s? id=1740665681877814251&wfr=spider&for=pc.

对突发事件的能力。加大对旅游安全的监管力度，对旅游企业的安全管理制度、安全设施设备、安全应急预案等进行检查，督促企业落实安全主体责任。制定旅游服务标准，规范旅游企业的服务行为。加强对旅游从业人员的服务培训，提高服务水平和质量。设立旅游投诉热线，及时处理游客投诉。建立投诉处理台账，对投诉问题进行跟踪督办，确保游客的合法权益得到保障。定期开展旅游服务质量评价活动，邀请游客、专家等对旅游企业的服务质量进行评价，促进旅游企业不断提升服务质量。建立泰宁县智慧旅游平台，整合旅游资源信息、旅游服务信息、旅游监管信息等，为游客提供便捷的旅游服务。在景区、酒店等旅游场所推广智慧旅游应用，如电子门票、智能导览、在线预订等，提高旅游服务的智能化水平。深入挖掘泰宁县的旅游资源特色，打造"泰宁世界自然遗产地""泰宁古城""大金湖"等旅游品牌，提升泰宁旅游的知名度和美誉度。采用多种宣传营销方式，如网络营销、社交媒体营销、节庆活动营销等，扩大泰宁旅游的影响力。

（五）生活富裕①

泰宁县坚决贯彻"四个不摘"政策要求，持续巩固"三保障"及饮水安全的成果。完善防止返贫的动态监测与帮扶机制，对监测范围内的人员提供必要的援助，并确保财政专项扶贫资金向这些人员倾斜。不断拓展脱贫人口的收入增长途径，积极争取产业帮扶资金和发放小额信贷，以支持脱贫人口发展产业。深化对农村相对贫困家庭的精准帮扶措施，确保相对贫困帮扶资金的落实，并根据"一户一策"的原则实施精准帮扶。

一是优化和强化组织队伍的建设。积极推进"人才回引"计划，鼓励在外的优秀人才返回家乡参与选举，其中一些人成功当选为村主要干部。派遣农业科技特派员到乡村振兴的前沿阵地，引导农村科技领域的"土专家"返乡创业，开展农业项目。选派杰出的干部担任驻村第一书记或工作队员，聘请乡村振兴指导员，并选拔经验丰富的老支书、老先进等担任帮带导师，加强对新任村干部的培训与指导。制定并实施人才激励保障措施，确保本土人才得到正向激励补助金等人才经费的兑现。

---

① 高质量发展调研行 | 绿色生态绘就泰宁富民底色［EB/OL］.（2024-08-11）. https：//baijiahao. baidu. com/s？id=1807103921096007295&wfr=spider&for=pc.

二是深度整合第一、第二和第三产业。积极发展"五个一"特色农业，培育并壮大黄精、青梅和黄花菜等特色农业产业基地，多个村庄被评为省级"一村一品"示范村。成功完成众多"三品一标"农产品的认证，"寻找泰味"品牌授权多家企业使用。培育一批具有特色的主题民宿，助力农业、文化和旅游产业的发展。培育农村新型经营主体，全县累计培育新型农业经营主体达到599个，且数量持续增长。深化"互联网＋农产品"的融合，建立多个电商服务站点，覆盖率较高，荣获国家电子商务进农村综合示范县称号。

例如，泰宁县梅口乡拥坑村坚持党建引领产业发展，发挥村党支部的核心领导作用，成立专门的工作小组，将党建工作贯穿于产业发展的各个阶段。通过协会促进特色产业的发展，推动茶产业的集群化发展，打造"玫瑰谷"基地，探索渔业养殖的新模式，引进热带鱼养殖产业。同时，村党支部积极策划，增强村级的自我发展能力，通过多渠道巩固帮扶效果，推进脱贫攻坚与乡村振兴的有效衔接，扎实完成相关建设工程。通过这些措施，全村初步展现出生活富裕的良好局面，先后被评为省级乡村治理示范村、省级乡村旅游休闲集镇、全省三星级乡村旅游休闲集镇。

三、乡村振兴战略下泰宁县乡村旅游发展路径

（一）统筹规划坚持政府主导机制

乡村旅游精准扶贫的实施，需要政府、企业及其他相关方的共同努力与协作。政府作为主导力量，在乡村旅游精准扶贫中扮演着至关重要的角色。各扶贫主体间的合作依赖于乡村旅游精准扶贫各参与方之间的协调与共同推进。泰宁县政府应负责制定乡村旅游的总体发展规划，并对精准扶贫的成效进行严格的评估与考核。同时，政府应确保在政策和资金等方面为乡村旅游精准扶贫项目提供有力支持，积极引导农民参与旅游扶贫开发项目，建设旅游公共基础设施，并提供资助与信息服务。此外，政府还应加强贫困人口的服务技能培训，提升乡村旅游业务的专业知识水平，激发村民参与乡村旅游扶贫项目的积极性和主动性。通过引导村民投身旅游产业，帮助他们提高收入水平，改善生活条件，提升生活品质。政府应充分发挥其主导作用，以村庄为基本单位，整合村民和贫困群体的力量，形成内部凝聚力强的有机整体，确保村民能够通过乡村旅游的发展实现经济上的自立和生活上的全面改善。

在泰宁县政府的引领下，乡村旅游精准扶贫的蓝图正逐步转化为生动的现实。为了深化这一进程，政府不仅着眼于宏观规划与政策扶持，还积极探索创新模式，促进多元主体的深度融合。一方面，政府鼓励企业与乡村建立"一对一"或"一对多"的帮扶关系，通过企业投资、技术引入、市场拓展等方式，为乡村旅游注入新鲜血液和强大动力。企业凭借其在市场运营、品牌建设、产品开发等方面的优势，帮助乡村打造独具特色的旅游项目，提升市场竞争力，实现可持续发展。另一方面，政府还重视社会力量的参与，动员非政府组织、慈善机构、志愿者团体等社会各界为乡村旅游精准扶贫提供智力支持、物资捐赠和志愿服务。这些力量在文化传播、生态保护、教育扶贫等领域发挥着不可替代的作用，进一步丰富了乡村旅游的内涵，增强了其社会影响力。

在项目实施过程中，泰宁县政府还特别强调生态保护与文化传承的并重。在政府的引导下，乡村旅游项目开发过程中注重保护乡村的自然生态和文化遗产，避免过度商业化对乡村环境的破坏。同时，通过举办文化节、民俗活动等形式，挖掘和传承乡村的传统文化，让游客在享受自然风光的同时，也能深刻感受到乡村的独特魅力。

此外，政府还积极推动乡村旅游与电子商务、智慧旅游等新兴业态的融合。通过建立乡村旅游电商平台，拓宽农产品销售渠道，提高农民收入；利用大数据、云计算等技术手段，提升旅游服务智能化水平，为游客提供更加便捷、个性化的旅游体验。这些创新举措不仅为乡村旅游带来了新的发展机遇，也为精准扶贫注入了新的活力。

总之，泰宁县政府在乡村旅游精准扶贫的实践中，坚持政府主导、多元参与、生态优先、文化引领的原则，不断探索和创新扶贫模式，努力实现乡村旅游与精准扶贫的互促共进。随着这些实践的不断深入，泰宁县的乡村将焕发出更加绚丽的光彩，成为人们向往的旅游胜地和幸福家园。

（二）打造具有创新性的特色乡村旅游产品

在推动乡村旅游以助力脱贫的进程中，旅游资源对于贫困乡村的重要性显而易见。我们应把握这一发展机遇，持续深化开发力度，积极发掘贫困乡村的自然环境、历史文化、民俗风情等多元化的旅游资源。根据各地实际情况，开发具有地方特色的乡村旅游产品和旅游设施，打造一系列自然景观优美、生态环境优良、文化底蕴深厚、市场潜力巨大、带动效应显著的乡村旅游扶贫特色产品，以有效促进贫困地区及其居民的稳定脱贫和经济收入增长。以泰宁县大田乡为例，尽管其地理位置并不优越，远离城区和主要交通干线，但其农业和山林资源丰富，农业基础条件良好。相较于其他旅游资源丰富、开发条件更佳的乡镇，大田乡根据自身特点，开发了多种体验式旅游项目，引导农户参与经营农业餐厅、农业体验、农家旅馆等项目。同时，鼓励其他经营主体充分利用乡村旅游资源，为游客提供观赏美景、休闲娱乐、体验民俗文化、品尝地方特色美食的丰富体验。通过这种方式，确保每个贫困户都能利用自身资源获得经济收益，从而更有效地推动他们实现脱贫致富。

（三）开发打造旅游发展差异化路径

乡村旅游的新兴发展迫切需要创新的承载平台，而绿道网络的建设为此类旅游空间提供了至关重要的平台。在规划不同地域和环境下的空间布局时，必须充分考量本地区的实际情况。泰宁县拥有众多旅游景区，其特色主要体现在丰富的水体和山林自然资源上，且已具备一定的旅游开发基础。例如，基于上青乡得天独厚的山水环境资源，提炼出"生活养生"的创新理念，以迎合当前旅游市场的需求。杉城镇作为泰宁县的政治、经济、文化及旅游中心，不仅拥有尚书第、红军街、尚书巷等历史遗迹，还有寨下大峡谷、地质博物馆等旅游景点，以及圣丰岩、李家岩、状元岩等自然资源，吸引了大量游客。金湖作为杉城镇和梅口乡的关键资源，是泰宁世界地质公园的核心部分。

在推动乡村旅游特色发展的过程中，需采取一系列措施，以确保其可持续性和高效性。首先，应强化旅游基础设施建设，提升游客体验，包括完善交通网络，确保游客能够便捷地抵达各个景点；加强住宿、餐饮等配套设施的建设，满足游客多样化的需求；同时，提升公共服务水平，如增设游客服务中心、优化旅游信息服务等，为游客提供全面、便捷的服务。其次，注重生态保护与旅游发展的和谐共生。泰宁县拥有丰富的自然资源，这是其乡村旅游的核心吸引力。因此，在旅游开发过程中，必须严格遵守生态保护原则，防止过度开发和破坏环境。可以通过科学规划、合理布局，确保旅游活动对自然环境的影响降到最低；同时，加强环境监测和治理，及时发现并解决生态问题。此外，还应深入挖掘乡村文化内涵，提升乡村旅游的品质。泰宁县的国学文化是其独特的文化资源，可以通过举办文化节庆、展览、演出等活动，展示其独特的文化魅力；同时，将文化元素融入旅游产品中，如开发具有地方特色的纪念品、手工艺品等，增加游客的文化体验。最后，加强市场推广和品牌建设。通过多渠道、多形式的宣传和推广，提高泰宁县乡村旅游的知名度和美誉度；同时，注重品牌建设，打造具有地方特色的旅游品牌，提升市场竞争力。

综上所述，泰宁县乡村旅游的发展需要依托绿道网络等创新平台，充分考虑地区实际情况，强化基础设施建设，注重生态保护与文化挖掘，加强市场推广和品牌建设。通过这些措施的实施，将推动泰宁县乡村旅游实现可持续发展，为当地经济注入新的活力。

第九章　乡村振兴背景下福建省乡村旅游高质量发展的建议

第一节　福建省乡村旅游实现特色化发展的建议

一、深入挖掘地方特色资源

（一）自然景观资源

1. 山水风光

福建省拥有丰富的山水资源，如武夷山的奇峰异石、泰宁金湖的湖光山色等。在乡村旅游开发过程中，应充分保护和利用这些山水风光，打造以自然风光为主题的特色片区。例如，武夷山星村镇是武夷山茶叶的主产区之一，周边山水环绕，未来可以进一步深化茶旅融合，打造"茶韵山水"特色片区，开发多条茶文化与山水风光相结合的旅游线路，如"茶园漫步—溪流溯源—茶禅养心"线路。游客在此不仅可以参观茶园，了解茶叶种植和制作过程，还可以沿着清澈的溪流徒步，欣赏溪边的自然风光，在宁静的禅修场所体验茶禅文化，放松身心。同时，可以利用现代科技手段，如虚拟现实（VR）和增强现实（AR）技术，为游客提供更加丰富的山水体验。例如，可以开发一款手机应用程序，游客通过扫描景区的特定标识，就可以在手机上看到虚拟的山水历史文化场景，了解武夷山的地质演变、茶文化的发展历程等。

2. 生态田园

福建省的乡村田园风光旖旎，有大片的茶园、果园、稻田等，可以以生态田园为基础，开发乡村田园体验产品。例如，福清市一都镇以枇杷种植闻名，未来可以将其打造成"枇杷田园小镇"特色片区。除了现有的枇杷采摘活动，还可以开发枇杷深加工体验项目，如制作枇杷果酱、枇杷膏、枇杷酒等。同时，结合当地的古村落和自然风光，发展乡村民宿和生态农庄，让游客在采摘枇杷之余，还能品尝地道的农家菜，欣赏美丽的田园风光，体验乡村生活的宁静与惬意。除此之外，还可以举办枇杷文化节，通过枇杷主题的文艺表演、摄影比赛、绘画展览等活动，丰富游客的体验，提升一都镇枇杷田园旅游的文化内涵和品牌知名度。另外，还可以利用互联网平台进行直播和线上推广，吸引更多游客。

（二）人文历史资源

1. 古村落与古建筑

福建省有许多保存完好的古村落和古建筑，如永定土楼、培田古民居等。这些古村落和古建筑承载着丰富的历史文化信息。例如，永定土楼所在的乡村可以以土楼为核心，打造"土楼文化体验区"特色片区。未来，在保护土楼建筑的基础上，可以开发更多互动性的文化体验项目，如可利用土楼内部的空间打造土楼文化沉浸式体验区，通过虚拟现实技术，让游客"穿越时空"，回到土楼建造的年代，亲身体验土楼居民的生活方式和文化传统。此外，可以开发土楼主题的文创产品，如土楼模型、土楼文化书籍、土楼特色纪念品等，并在土楼景区内设立专门的文创商店进行销售。同时，可以加强与影视、动漫等文化产业的合作，将土楼文化融入影视作品和动漫作品，进一步扩大土楼文化的影响力。

2. 民俗文化

福建省的民俗文化丰富多彩，如闽南的南音、高甲戏，闽西的客家山歌、连城姑田游大龙等，可以以民俗文化为核心，打造民俗文化旅游产品。例如，泉州的蟳埔村以其独特的蟳埔女服饰和民俗文化而闻名，未来可以将蟳埔村打造成"蟳埔民俗文化村"特色片区。一方面，加强对蟳埔女服饰和民俗文化的保护和传承，建立蟳埔女服饰博物馆和民俗文化展示馆，展示蟳埔女服饰的制作工艺、历史演变和文化内涵。另一方面，开发蟳埔女服饰体验项目，让游客穿上蟳埔女服饰，学习蟳埔女的梳妆技巧，拍摄特色照片。同时，还可以定期举办蟳埔民俗文化节，邀请游客参与蟳埔女的传统婚礼、祭祀等民俗活动，欣赏南音、高甲戏等传统戏曲表演，品尝蟳埔特色美食，全方位体验蟳埔民俗文化的魅力。

二、开发特色乡村旅游产品

(一) 特色美食产品

1. 地方风味小吃

福建省各地有众多特色小吃，如福州的鱼丸、肉燕，厦门的沙茶面，泉州的肉粽等，可开发特色美食街区或美食广场，集中展示和销售地方风味小吃。例如，沙县小吃闻名全国，未来沙县的乡村旅游可以以小吃为特色，打造"沙县小吃文化旅游区"。在美食文化旅游区内，不仅可以品尝到各种正宗的沙县小吃，还可以参观小吃制作工艺展示馆，了解小吃的历史文化和制作过程。不仅如此，还可以开设小吃制作培训课程，让游客亲手制作沙县小吃，并将自己制作的小吃带回家与家人分享。同时，结合现代健康饮食理念，开发创新型沙县小吃，如推出低糖、低脂、低盐的健康小吃系列，满足不同游客的需求。此外，可利用电商平台和物流配送服务，将沙县小吃推向全国乃至全球市场，让更多人品尝到美味的沙县小吃。

2. 农家特色菜肴

利用当地的农产品和农家烹饪方法，开发农家特色菜肴。例如，南平市的乡村可以以当地的竹笋、香菇、土鸡等为原料，打造"南平生态农家菜"特色品牌，未来可以进一步挖掘农家菜的文化内涵，将每一道农家菜与当地的历史文化、民俗故事相结合，为游客提供更加丰富的饮食文化体验。此外，可以开发"竹笋宴"系列菜品，并为每一道竹笋菜品取一个独特的名字，如"竹韵清风"（清炒竹笋）、"竹影摇曳"（竹笋肉片汤）等。同时，可以加强与周边城市的餐厅和酒店的合作，将南平生态农家菜推广到城市，提高品牌知名度和市场份额。

(二) 特色手工艺品

1. 传统手工艺品

福建省有许多传统手工艺品，如德化陶瓷、福州脱胎漆器、莆田木雕等，可在乡村旅游区设立手工艺品制作工坊，邀请手工艺人现场展示和传授制作技艺，让游客亲身体验手工艺品的制作过程。例如，德化的乡村可以以陶瓷为主题，打造"陶瓷艺术小镇"特色片区。未来，除了现有的陶瓷制作工坊和陶瓷艺术馆，还可以建设陶瓷创意产业园，吸引更多的陶瓷艺术家和设计师入驻，开发具有创新性和艺术性的陶瓷产品。此外，可以举办国际陶瓷文化节，邀请国内外陶瓷艺术家和爱好者参加，展示不同国家和地区的陶瓷文化和艺术作品，促进陶瓷文化的交流与合作。同时，还可以利用互联网平台，开展陶瓷产品线上展览和销售，拓宽陶瓷产品的销售渠道。

2. 民俗手工艺品

结合当地的民俗文化，开发民俗手工艺品。例如，宁德市畲族乡村可以开发畲族服饰、银饰、刺绣等民俗手工艺品，打造"畲族风情手工艺品"特色品牌。未来，不仅要加强对畲族民俗手工艺品的传承和保护，培养更多的畲族手工艺人，提高手工艺品的制作水平和质量，还要将畲族民俗手工艺品与现代时尚元素相结合，开发出既具有民族特色又符合现代审美需求的产品，如设计畲族元素的时尚饰品、家居装饰品等，并通过参加国内外的手工艺品展览和文化交流活动，将畲族风情手工艺品推向更广阔的市场。

（三）特色文化体验产品

1. 农耕文化体验

开发农耕文化体验项目，如农田劳作、农事节庆、农家生活体验等。例如，龙岩市的乡村可以以农耕文化为主题，打造"龙岩农耕文化体验园"特色片区。未来，体验园可以进一步丰富农耕文化体验项目，如开发亲子农耕体验课程，让家长和孩子一起参与农事活动，学习农业知识，增进亲子关系；举办农耕文化主题的研学活动，邀请学生和教育机构参加，通过实地考察、讲座、实验等形式，让学生深入了解农耕文化的历史和发展。同时，结合现代科技，打造智慧农耕体验区，让游客通过智能设备了解农作物的生长过程、土壤湿度、气象信息等，体验现代农业与传统农耕文化的结合。

2. 红色文化体验

福建省是革命老区，有许多红色文化资源。在乡村旅游开发过程中，可以结合红色文化资源，开发红色文化体验产品。例如，古田会议旧址所在的乡村可以以红色文化为核心，打造"古田红色文化旅游区"特色片区。未来，旅游区可以进一步加强对红色文化的挖掘和整理，开发更多的红色文化体验项目，如利用虚拟现实技术打造红色文化沉浸式体验馆，让游客身临其境地感受古田会议的历史场景和革命精神；开发红色文化主题的研学课程，针对不同年龄段的学生设计不同的课程内容和教学方法，让学生在参观学习中接受爱国主义教育和革命传统教育。同时，加强与周边乡村的合作，整合红色文化资源和乡村生态资源，开发红色文化＋生态旅游线路，如"古田会议旧址—红军长征出发地—乡村生态果园"线路，让游客在感受红色文化的同时，体验乡村生态之美。

三、打造特色乡村旅游片区

进行主题定位，打造特色乡村旅游片区。

（一）生态休闲片区

以生态资源为核心，打造生态休闲乡村旅游片区。例如，三明市将乐县可以整合其丰富的生态资源，如天阶山国家森林公园、玉华洞等，打造"将乐生态休闲旅游片区"。未来，该片区可以进一步加强生态保护和环境建设，提升生态景观质量。此外，开发森林康养、生态科普、户外运动等多元化的生态休闲旅游产品，如建设森林康养基地，提供森林浴、瑜伽冥想、中医理疗等服务；打造生态科普馆，通过多媒体展示、互动体验等方式，向游客普及生态知识；举办山地自行车赛、徒步大赛等户外运动赛事，吸引运动爱好者前来参与。同时，加强与周边城市的旅游合作，推出"生态休闲周末游""生态康养度假游"等旅游产品，吸引城市居民前来休闲度假。此外，利用互联网和新媒体平台进行精准营销，提高片区的知名度和美誉度。

（二）文化传承片区

以历史文化和民俗文化为主题，打造文化传承乡村旅游片区。例如，泉州市鲤城区可以整合其丰富的历史文化资源，如开元寺、西街、清净寺等，打造"泉州古城文化传承片区"。未来，该片区可以进一步加强历史文化遗产的保护和修复，提升古城的文化品位。同时，开发文化体验、民俗节庆、创意文化等多样化的文化旅游产品，如推出古城文化夜游项目，通过灯光秀、实景演出等形式，展现古城的历史文化魅力；举办闽南民俗文化节，展示南音、高甲戏、木偶戏等传统民俗文化；打造文化创意街区，吸引文化创意企业和艺术家入驻，开发具有泉州特色的文化创意产品。与此同时，完善旅游服务设施，提高旅游服务质量，为游客提供更加舒适、便捷的旅游体验。此外，加强与国内外文化旅游城市的交流与合作，举办文化论坛、艺术展览等活动，提升泉州古城文化传承片区的国际影响力。

（三）海滨度假片区

利用福建省沿海的优势，打造海滨度假乡村旅游片区。例如，平潭岛的一些乡村可以整合其海滨资源，如沙滩、海浪、海岛等，打造"平潭海滨度假旅游片区"。未来，该片区可以进一步优化海滨度假设施，提升度假服务品质，开发海上运动、海鲜美食、渔家民宿等多元化的海滨度假旅游产品，如建设海上运动中心，提供帆船、帆板、潜水等海上运动项目；打造海鲜美食街，汇聚平潭各种特色海鲜美食；发展渔家民宿，让游客体验渔家生活的乐趣。同时，加强与台湾地区的旅游合作，推出"闽台海滨度假之旅"等旅游产品，吸引来自台湾地区的游客前来度假。此外，利用平潭岛的独特地理位置和政策优势，举办国际海岛旅游节、海洋文化论坛等活动，提升平潭海滨度假旅游片区的国际知名度。

第二节　福建省乡村旅游推动产业融合的建议

一、"乡村旅游 + 农业"融合发展

（一）农业观光与乡村旅游相结合

1. 建设农业观光园

漳浦台湾农民创业园是福建省农业观光与乡村旅游结合的成功案例之一。未来，可以进一步拓展观光内容，如增加智能温室展示区，向游客展示现代农业科技在花卉种植中的应用。游客可以通过互动屏幕了解花卉的生长环境控制、无土栽培技术等。同时，开发花卉主题的亲子游乐区，设置花卉迷宫、花卉手工 DIY 等项目，让孩子们在游玩中学习花卉知识。

除了现有的观景台、休息亭和摄影点，未来可以引入虚拟现实（VR）和增强现实（AR）技术，让游客通过设备更深入地了解花卉的文化内涵和历史故事。例如，游客可以通过 VR 设备"走进"花卉的传说故事，或者利用 AR 技术与虚拟的花卉精灵互动。此外，观光园还可以与周边乡村合作，开展乡村民俗表演，如闽南布袋戏、芗剧等，丰富游客的体验。

2. 发展田园采摘体验活动

（1）特色农产品采摘。莆田的荔枝、龙眼采摘和南平的茶叶采摘已经有了一定的基础。未来，可以发展精细化采摘体验，根据不同品种的水果和茶叶，设计不同的采摘路线和讲解内容。例如，在莆田的荔枝采摘园，为游客介绍不同品种荔枝的特点、口感和营养价值，并提供专业的采摘工具和指导，让游客能够采摘到自己心仪的荔枝。同时，开发荔枝加工体验项目，如制作荔枝干、荔枝酒等，让游客将自己采摘的荔枝加工成特色产品带回家。

（2）亲子互动项目。进一步丰富亲子互动内容，如举办亲子农耕比赛，让家长和孩子一起参与农事活动，包括耕地、播种、浇水等，体验农耕的乐趣。同时，设立农业科普实验室，让孩子们通过实验了解土壤、种子、植物生长等知识。此外，还可以开展亲子田园绘画比赛，让孩子们用画笔描绘出他们眼中的田园风光。

（二）农产品加工与乡村旅游相融合

1. 农产品加工厂参观

（1）透明化生产。例如，连城地瓜干加工厂可以进一步提升参观体验，通过互联网技术，实现线上线下同步参观。线上，游客可以通过直播平台随时随地观看地瓜干的加工过程；线下，可增加互动体验环节，让游客亲手制作地瓜干造型的糕点或工艺品。同时，开发虚拟加工体验游戏，让游客在游戏中模拟地瓜干的加工流程，增加趣味性和参与度。

（2）体验式加工。例如，福安茶厂除了让游客体验茶叶炒制以外，还可以开展茶文化深度体验活动，如举办茶艺表演和茶文化讲座，邀请专业茶艺师为游客讲解茶道礼仪和茶文化内涵。同时，开发茶叶深加工体验项目，如制作茶皂、茶香薰等，让游客了解茶叶的多种用途。此外，茶厂可以与当地的艺术家合作，推出茶叶主题的艺术创作活动，如茶叶绘画、茶叶书法等，让游客在体验中感受茶文化与艺术的融合。

2. 特色农产品展销

（1）乡村旅游购物点。在乡村旅游景点的特色农产品展销中心，可以引入大数据分析技术，根据游客的购买记录和偏好，精准推荐当地的特色农产品。同时，加强与当地农民合作社的合作，直接从农户手中采购农产品，确保产品的新鲜度和质量。此外，展销中心可以设置农产品溯源展示区，通过二维码等，让游客了解农产品的种植、加工、运输等全过程信息，增强游客对农产品的信任度。

（2）与电商平台合作。进一步深化与电商平台的合作，开展农产品直播带货。邀请当地的农民网红或专业主播在农产品产地进行直播，向全国乃至全球的消费者推广福建乡村的特色农产品。同时，利用电商平台的大数据优势，分析市场需求和消费者反馈，及时调整农产品的种植和加工策略。此外，电商平台可以与乡村旅游相结合，推出"农产品＋乡村旅游"套餐，如购买一定金额的农产品，赠送乡村旅游景点门票或住宿优惠券，吸引更多游客到乡村旅游。

二、"乡村旅游＋文化"融合发展

（一）民俗文化与乡村旅游相融合

1. 民俗文化节庆活动

（1）传统节庆传承。未来可以更加注重文化内涵的挖掘和传承。例如，在普渡节期间，除了传统的祭祀和聚餐活动，可以举办普渡文化研讨会，邀请专家学者和当地老人共同探讨普渡节的历史渊源、文化意义和现代价值。同时，开展普渡文化展览，展示普渡节的传统服饰、祭祀用品、民间艺术等，让更多人了解这一独特的民俗文化。

（2）游客互动体验。增加游客参与民俗文化节庆活动的深度和广度。比如，在客家圩日，游客不仅可以观看民俗表演，还可以参与民俗手工艺品的制作，如编织竹篮、制作剪纸等，并将自己制作的手工艺品作为纪念品带走。此外，开发民俗文化主题的沉浸式体验项目，如打造客家圩日虚拟现实（VR）体验区，让游客通过 VR 设备身临其境地感受客家圩日的热闹场景，与虚拟的客家人物进行互动，了解客家文化的传统习俗和生活方式。

2. 民俗文化村建设

（1）文化展示与体验。例如，宁德的畲族民俗文化村未来可以进一步丰富文化展示内容和体验项目，如建设畲族文化数字博物馆，利用多媒体技术展示畲族的历史、文化、艺术等方面的内容，让游客通过触摸屏、虚拟现实设备等，全方位地了解畲族文化。同时，开展畲族传统技艺传承培训活动，邀请畲族手工艺人向游客展示畲族刺绣、银饰制作等技艺，体验畲族传统技艺的魅力。

（2）民宿与民俗相结合。在民俗文化村的民宿发展方面，未来可以加强民宿与当地民俗文化的深度融合。例如，民宿可以根据不同的季节和节日，推出相应的民俗主题活动，如在春节期间为游客准备畲族特色年夜饭，组织游客一起参与畲族的传统祭祀活动和篝火晚会；在端午节组织游客一起包畲族粽子，制作畲族香囊等。此外，民宿的服务人员可以穿着畲族传统服饰，为游客提供具有畲族特色的餐饮和服务，让游客在住宿过程中充分感受畲族文化的独特魅力。

（二）历史文化与乡村旅游相融合

1. 古村落保护与开发

（1）古村落修缮与保护。例如，永泰的庄寨、南平的宝珠村等古村落在修缮和保护方面可以更加注重生态环境的保护和可持续发展。例如，采用绿色环保的建筑材料和修缮技术，减少对古村落生态环境的破坏。同时，加强对古村落周边自然景观的保护和开发，如修建生态步道、观景台等，让游客在欣赏古村落建筑的同时，也能感受到大自然的美丽。

（2）文化旅游产品开发。开发更多个性化的文化旅游产品。比如，针对摄影爱好者，推出古村落摄影之旅，邀请专业摄影师提供摄影指导，拍摄古村落的日出、日落、星空等美景；针对文化爱好者，推出古村落文化探秘活动，邀请当地的文化学者讲解古村落的历史文化、建筑风格、民俗风情等。此外，可以利用现代科技手段，如3D打印、虚拟现实等，开发古村落文化创意产品，让游客可以将古村落的文化带回家。

2. 历史文化遗迹旅游

（1）遗迹保护与展示。加强数字化保护和展示。例如，利用三维扫描技术建立历史文化遗迹的数字模型，通过互联网平台向全球游客展示。同时，开发历史文化遗迹手机应用程序（App），游客可以通过App获取遗迹的详细介绍、语音导览、虚拟游览等服务。

（2）文化研学旅行。进一步丰富文化研学旅行的内容和形式。例如，与当地的学校和教育机构合作，开发适合不同年龄段学生的文化研学课程。在课程中设置实地考察、实验探究、文化创作等环节，让学生在实践中深入了解历史文化遗迹的价值和意义。同时，邀请历史文化专家、学者担任研学导师，为学生提供专业的指导和讲解。此外，还可以开展文化研学旅行成果展示活动，如举办学生摄影展、征文比赛等，激发学生的学习兴趣和创造力。

三、"乡村旅游＋康养"融合发展

（一）森林康养与乡村旅游相结合

1. 森林康养基地建设

（1）生态资源利用。未来可以进一步挖掘森林生态资源的价值。例如，开发森林生态科普教育项目，建设森林生态博物馆、科普小径等，让游客了解森林生态系统的组成、功能和保护意义。同时，开展森林生态体验活动，如森林冥想、森林瑜伽、森林浴等，让游客在亲近自然的过程中，缓解压力，放松身心。

（2）康养服务配套。完善森林康养基地的服务配套设施，提升服务质量。例如，引入国际先进的康养理念和技术，开发个性化的康养套餐，根据游客的身体状况和需求，提供定制化的康养服务。同时，加强与医疗机构的合作，建立森林康养医疗服务中心，为游客提供健康体检、疾病预防、康复治疗等服务。此外，还可以开展森林康养美食节，推出以森林食材为主的健康美食，如野生菌汤、竹笋宴、蜂蜜糕点等，让游客在享受美食的同时，达到养生保健的目的。

2. 乡村生态养生旅游产品开发

（1）养生活动策划。开发更加多样化和个性化的乡村旅游产品。例如，开发中医药养生旅游线路，结合武夷山的中药材资源和中医文化，游客可以参观中药材种植基地、中医诊所，体验中医推拿、针灸、艾灸等传统中医疗法。同时，开展茶文化养生活动，如举办茶艺大赛、茶文化讲座等，让游客在品尝武夷岩茶的过程中，了解茶文化与养生的关系。

（2）养生课程与讲座。加强养生课程与讲座的专业性和实用性。例如，邀请国内外知名的养生专家、学者到乡村旅游景区举办养生讲座和培训，内容涵盖饮食养生、运动养生、心理养生、睡眠养生等方面。同时，利用互联网平台，开展线上养生课程和讲座，让更多的人可以随时随地学习养生知识。此外，还可以建立养生交流社区，让人们分享自己的养生经验和心得，互相学习和交流。

（二）中医药康养与乡村旅游相融合

1. 中医药康养园建设

（1）中药材种植与观赏。在中药材种植与观赏方面，未来可以打造中药材主题公园。例如，在公园内种植各种珍稀中药材，并设置中药材科普区，介绍中药材的药用价值、种植方法和炮制工艺。同时，开展中药材采摘体验活动，让游客亲手采摘中药材，并在专业药师的指导下制作中药材香囊、药膳等。

（2）中医药体验项目。进一步丰富中医药体验项目。例如，开发中医药美容养生项目，如中药面膜、中药浴、中药熏蒸等，让游客享受养生服务美容养颜。同时，开展中医药康复理疗项目，如针对慢性疾病患者，提供个性化的中医药康复治疗方案，包括中药调理、针灸推拿、康复训练等，帮助患者恢复健康。

2. 中医药文化旅游产品开发

（1）中医药文化之旅。开发深度中医药文化之旅，如组织游客参观中医药老字号企业，了解中医药的传统制作工艺和企业文化。同时，开展中医药文化寻根活动，带领游客探寻福建中医药的历史渊源和发展脉络，参观中医药博物馆、历史遗迹等。

（2）中医药养生美食。推出更多创新的中医药养生美食。例如，结合当地的特色食材和中药材，开发中医药养生火锅、中医药养生甜品等。同时，举办中医药养生美食大赛，邀请厨师和游客共同参与，评选出最受欢迎的中医药养生美食，并将其推广到更多的乡村旅游餐厅。此外，还可以开展中医药养生美食文化节，让游客在品尝美食的同时，了解中医药养生美食的文化内涵和制作方法。

四、"乡村旅游＋体育"融合发展

（一）户外运动与乡村旅游相结合

1. 户外运动基地建设

（1）场地规划与设施配备。例如，永泰的山地自行车户外运动基地可以进一步优化场地规划和设施配备，如根据不同难度等级设置多条山地自行车赛道，满足不同水平的骑行者需求。同时，建设自行车文化展示馆，展示自行车的发展历史、文化内涵和骑行技巧。此外，配备专业的自行车维修和保养服务站，为骑行者提供全方位的服务保障。

（2）安全保障措施。加强安全保障措施，引入智能化安全监控系统。例如，在赛道沿线安装智能摄像头和传感器，实时监测骑行者的位置和状态。一旦发生意外情况，系统可以立即发出警报并通知救援人员。同时，为骑行者提供智能安全装备，如带有定位和求救功能的头盔、手环等，确保骑行者的安全。

2. 户外运动赛事举办

（1）特色赛事策划。策划更多具有福建乡村特色的户外运动赛事。例如，举办乡村水上运动挑战赛，结合福建丰富的水域资源，开展皮划艇、龙舟竞渡等项目。同时，举办山地徒步越野赛，穿越福建的山区乡村，让参赛者一边参加比赛一边欣赏美丽的自然风光和乡村风光。

（2）赛事与旅游相结合。加强户外运动赛事与乡村旅游的深度融合。例如，在赛事期间，为参赛选手和游客提供乡村旅游套餐，包括住宿、餐饮、景点游览等服务。同时，举办赛事文化节，展示当地的民俗文化、特色美食和手工艺品。此外，还可以开发赛事主题的旅游纪念品，如赛事纪念邮票、徽章、文化衫等，让游客留下美好的回忆。

（二）休闲体育与乡村旅游相融合

1. 休闲体育项目开发

（1）水上休闲项目。例如，南平市的乡村可以进一步丰富水上休闲项目，如开发水上摩托艇、水上飞行器等刺激的水上运动项目，同时提供专业的教练指导和安全保障。此外，开展水上亲子游乐项目，如水上城堡、水上滑梯等，让家长和孩子一起享受水上乐趣。

（2）乡村高尔夫。在乡村高尔夫球场的建设方面，未来可以注重球场的生态环保和文化特色。例如，采用环保型的草坪养护技术，减少对环境的影响。同时，将当地的文化元素融入球场设计中，如在球场周边设置具有福建特色的雕塑、壁画等，让游客在打球的过程中感受到福建的文化魅力。

2. 休闲体育设施建设

（1）健身步道与休闲广场。在健身步道和休闲广场的建设方面，可以增加智能化设施。例如，在健身步道上设置智能健身器材，自动记录运动数据，并通过手机应用程序（App）反馈给用户。同时，在休闲广场上安装智能灯光系统和音响系统，根据不同的时间和活动场景，自动调节灯光和音乐。

（2）体育主题公园。打造更加多元化的体育主题公园。例如，除了现有的运动场地和儿童游乐区，还可以建设户外拓展训练区、极限运动区等。同时，公园内可以定期举办体育赛事、文化活动和亲子活动，如户外音乐节、亲子运动会等，吸引更多的游客前来参与。

第三节　福建省乡村旅游基础设施建设的建议

一、交通基础设施建设

（一）外部交通网络优化

1. 加强与主要城市的交通连接

加大对通往乡村旅游景点的高速公路、铁路建设的投入。例如，从福州市区到永泰嵩口镇的交通条件不断改善，不仅有高速公路直达，而且还开通了旅游专线。未来，可以进一步增加从福州市区到嵩口镇的旅游直通车班次，并根据游客流量灵活调整发车时间，方便游客随时出行。同时，在交通沿线设置更多的旅游信息展示牌，介绍嵩口镇的特色景点、美食和文化活动，吸引游客的注意力。

2. 提升公路交通的便利性

武夷山乡村旅游公路路况良好且交通标识清晰明了，公路沿线还建设了多个休息站。未来可以进一步拓展休息站的功能，除了提供休息、餐饮服务外，还可以设置旅游纪念品展销区，展示和销售武夷山乡村的特色手工艺品、农产品等。此外，可以利用智能交通技术，实时监测公路交通状况，通过电子显示屏或手机应用程序为游客提供路况信息和出行建议，帮助游客更好地规划行程。

（二）内部交通设施完善

1. 乡村道路建设与维护

宁德市霍童古镇在乡村道路建设与维护方面表现出色。未来可以在道路两旁种植更多的本地花卉和绿植，打造特色景观道路，增加游客的游览体验。同时，引入智能路灯系统，根据天气和人流情况自动调节亮度，既节能环保又能保障游客的安全。

2. 特色交通方式

平潭岛北港村引入的观光小火车成为乡村旅游的一大亮点。未来可以对小火车进行主题化改造，如根据不同的季节或节日，设计不同的车身装饰和车内布置，增加游客的新鲜感。此外，可以开发小火车沿线的互动体验项目，如在特定站点设置民俗表演区、手工制作体验区等，让游客在乘坐小火车的过程中不仅能欣赏风景，还能参与各种活动。在福州市永泰大喜村，可以进一步完善自行车道的配套设施，如设置自行车租赁点的智能管理系统，方便游客租车和还车。同时，举办更多的自行车赛事和活动，吸引更多的骑行爱好者和专业选手，提升大喜村的知名度和影响力。

二、住宿基础设施建设

（一）乡村民宿品质提升

永定土楼周边的乡村民宿以其独特的土楼建筑风格和优质的服务吸引了众多游客。未来民宿可以进一步加强与当地文化的融合，如开展土楼文化体验活动，包括土楼建筑工艺学习、客家民俗文化讲座等，让游客更深入地了解土楼文化。同时，可以利用互联网技术，实现民宿的智能化管理，如智能门锁、智能客房控制系统等，提高游客的入住便利性和舒适度。

（二）特色酒店与露营地建设

在福州市永泰县青云山，可以进一步挖掘温泉文化，开发更多与温泉相关的特色项目，如温泉瑜伽、温泉美容护理等，满足游客对健康养生的需求。同时，加强酒店与周边乡村旅游景点的合作，推出联合套票，为游客提供更多的选择。在南平市武夷山的露营基地，可以增加露营主题活动，如星空摄影讲座、户外探险培训等，吸引更多不同兴趣爱好的游客。此外，完善露营地的配套设施，如建设公共厨房、淋浴间等，提高游客的露营体验。

三、餐饮基础设施建设

（一）挖掘地方美食

沙县夏茂镇作为沙县小吃的发源地之一，未来可以进一步打造小吃文化街，集中展示和销售各种沙县小吃。同时，开展小吃制作体验活动，让游客亲手制作沙县小吃，增加互动性和趣味性。在泉州市，西街附近的乡村小吃店可以加强品牌建设，推出统一的品牌标识和包装，提高小吃的辨识度和品质感。此外，可以利用社交媒体和网络平台进行推广，吸引更多的游客前来品尝。

（二）餐饮与文化相融合

在晋江市，五店市传统街区可以进一步深化闽南文化与餐饮的融合，如开发闽南文化主题的餐饮套餐，根据不同的历史时期或文化主题设计菜品和用餐环境。在宁德市猴盾村，当地餐厅可以加强与当地畲族文化传承人的合作，邀请他们到餐厅为游客讲解畲族文化和美食背后的故事，增加游客的文化体验。同时，可以开发畲族特色的餐饮伴手礼，如畲族风味的酱料、糕点等，让游客把美食带回家。

四、公共服务设施建设

（一）游客服务中心建设

1. 功能完善

在鼓浪屿，乡村旅游区游客服务中心功能齐全。未来游客服务中心可以利用虚拟现实（VR）和增强现实（AR）技术，为游客提供更加生动和丰富的旅游信息。例如，游客可以通过 VR 设备虚拟游览鼓浪屿的乡村景点，或者通过 AR 设备获取景点的增强现实信息。此外，游客服务中心可以加强与当地社区的合作，开展社区旅游活动，如居民家访、民俗文化体验等，让游客更好地了解当地的生活和文化。

2. 信息化建设

进一步完善信息化服务，如南靖土楼的游客服务中心可以开发土楼旅游专属的手机应用程序，提供更加个性化的旅游攻略和导览服务，根据游客的兴趣和时间，为游客推荐定制化的游览路线，并实时推送土楼的文化活动信息和周边乡村的旅游动态。同时，利用大数据技术分析游客的行为和需求，不断优化服务内容和功能。

（二）环境卫生设施建设

1. 垃圾处理设施完善

厦门市曾厝垵的垃圾处理设施较为完善。未来可以引入先进的垃圾分类技术和设备，提高垃圾分类的效率和准确性。例如，使用智能垃圾分类回收箱，通过人脸识别或二维码识别技术，对游客的垃圾分类行为进行记录和奖励，鼓励游客积极参与垃圾分类。同时，加强对垃圾处理过程的监管和公示，让游客了解垃圾的去向和处理方式，增强游客的环保意识。

2. 污水处理设施建设

在三明市泰宁县，大金湖景区周边的乡村污水处理厂可以进一步提升污水处理能力和技术水平，采用更加环保和高效的处理工艺，确保污水达标排放。同时，可以开展污水处理科普教育活动，邀请游客参观污水处理厂，了解污水处理的过程和意义，提高游客的环保意识。此外，利用污水处理后的中水进行景区的绿化灌溉和景观用水，实现水资源的循环利用。

（三）娱乐休闲设施建设

1. 文化娱乐设施建设

在晋江市，乡村旅游区的闽南民俗博物馆可以进一步丰富展览内容和形式，如利用多媒体技术打造沉浸式展览体验，让游客仿佛穿越时空，亲身感受闽南文化的发展历程。同时，加强与学校和教育机构的合作，开展研学旅行活动，为学生提供更加专业和系统的闽南文化教育。博物馆还可以定期举办文化创意活动，如闽南文化创意设计大赛、民俗文化手工艺品制作等，激发游客的创意和参与热情。

2. 休闲运动设施建设

在泉州市永春县岵山古镇，可以进一步拓展荔枝林健身步道的功能，如在步道沿线设置健身器材和休息驿站，为游客提供更加完善的健身和休息设施。同时，可以结合当地的文化特色，举办荔枝文化节、健身徒步大赛等活动，吸引更多的游客前来参与。在莆田市后黄村，可以加强与专业体育机构的合作，举办高水平的体育赛事和培训活动，提高场地的利用率和影响力。此外，开发周边的休闲娱乐项目，如儿童游乐区、户外拓展区等，满足不同年龄段游客的需求。

五、智慧基础设施建设

（一）智能导览系统建设

1. 景点信息数字化

在福州市的三坊七巷，未来可以进一步优化乡村旅游区智能导览应用程序的功能，如增加语音互动功能，让游客通过语音提问获取更加详细和个性化的景点信息。同时，利用增强现实（AR）技术，为游客提供更加丰富的互动体验，如通过手机摄像头扫描景点，即可看到虚拟的历史人物或场景在现实场景中重现，增强游客对历史文化的理解和感受。

2. 实时导航与推荐

武夷山乡村旅游区的智能导览系统可以进一步加强与当地旅游企业和商家的合作，根据游客的实时位置和需求，为游客推荐个性化的旅游产品和服务，如特色美食餐厅、手工艺品店等。同时，利用大数据分析游客的游览行为和偏好，不断优化推荐算法，提高推荐的准确性和满意度。此外，系统可以与景区的应急管理系统相结合，在遇到突发情况时，及时为游客提供安全提示和疏散路线。

（二）智慧旅游平台建设

1. 信息整合与发布

福建省的智慧旅游平台未来可以进一步整合全省的乡村旅游资源，实现与周边省份旅游平台的互联互通，扩大旅游市场的覆盖范围。同时，加强与旅游社交媒体的合作，通过社交媒体平台推广乡村旅游景点和活动，吸引更多的潜在游客。平台可以利用人工智能技术，为游客提供更加智能的客服服务，及时解答游客的疑问和需求。

2. 在线预订与互动

智慧旅游平台可以进一步拓展在线预订功能，除了门票、住宿、餐饮等服务外，还可以提供旅游包车、导游服务等个性化预订服务。同时，加强平台的社交互动功能，如建立游客社区、旅游达人分享等板块，让游客可以更好地交流和分享旅游经验。此外，利用区块链技术，确保在线预订的安全性和透明度，保护游客的权益。

第四节　福建省乡村旅游提升宣传营销质效的建议

一、明确目标市场与品牌定位

（一）挖掘特色

深入挖掘福建省乡村旅游的独特卖点，如武夷山周边乡村的自然风光、闽南乡村的民俗文化、福州乡村的特色美食、三明乡村的农耕体验等。将这些特色元素整合起来，塑造一个鲜明、独特的乡村旅游品牌形象。例如，"清新福建·绿色三明"这一品牌形象突出了三明市乡村的生态优势。三明市拥有丰富的森林资源和优美的田园风光，其乡村旅游宣传可以强调森林康养、生态农业观光等特色。游客可以在三明市乡村的青山绿水之间漫步，呼吸清新的空气，参与农事活动，品尝绿色有机食品，感受大自然的宁静与美好。这种品牌形象的塑造可以吸引众多追求健康、自然生活方式的游客。

又如，"海丝泉州·古韵乡村"这一品牌充分展现了泉州市乡村丰富的历史文化底蕴。泉州市作为海上丝绸之路的起点，其乡村保留了众多古老的建筑、传统的手工艺和独特的民俗风情。在宣传营销中，通过展示古村落的风貌、传统戏曲表演、特色手工艺品制作等内容，可以吸引大量文化爱好者前来探寻泉州市乡村的历史足迹，体验古韵悠长的乡村文化。

（二）品牌定位

确定福建省乡村旅游的品牌定位，如"清新福建，多彩乡村"突出福建乡村的自然清新和丰富多彩的旅游体验。在宣传营销中，应始终围绕这一品牌定位，强化游客对品牌的认知。例如，可以在宣传海报、宣传视频中突出福建省乡村的青山绿水、田园风光和丰富多彩的民俗活动，让游客直观地感受到"清新福建，多彩乡村"的魅力。

二、丰富宣传内容与形式

（一）打造多样化宣传内容

1. 乡村故事

挖掘福建省乡村的历史故事、名人逸事、民间传说等，以生动有趣的方式呈现给游客。比如，在永定土楼所在的乡村，可以通过讲述土楼的建造历史和家族传承故事，让游客了解土楼背后的文化内涵；又如，在晋江市五店市传统街区，可以通过介绍当地名人的故事和历史遗迹的由来，让游客感受到乡村的深厚文化底蕴。

2. 特色活动

宣传福建省乡村旅游的特色活动，如民俗节庆、农事体验、乡村音乐节、美食节等。例如，在福鼎市的乡村，举办白茶文化节，让游客参与白茶采摘与制作，欣赏茶艺表演，品尝白茶美食；在漳州市的乡村，举办水仙花文化节，让游客观赏水仙花展，了解水仙花的种植和雕刻技艺。通过这些特色活动，吸引游客的关注，激发他们的参与欲望。

3. 游客体验

分享游客在福建省乡村旅游的真实体验，通过游客的视角展示乡村旅游的魅力。可以邀请游客撰写游记、拍摄视频或进行直播，分享他们在乡村的美好时光。比如，游客在三明市泰宁县，游客在乡村旅游时可以体验竹筏漂流，欣赏大金湖的美景，可以通过社交媒体分享自己在福建乡村旅游时的感受和照片，吸引更多人前往；或者在美食评价平台上分享自己在福建乡村旅游时的美食体验，推荐更多人来品尝福建乡村美食。

（二）创新宣传形式

1. 社交媒体营销

利用社交媒体平台，发布图片、视频、短文等内容，吸引用户的关注和分享。例如，在社交媒体平台创建"福建乡村旅游"官方账号，定期发布福建省乡村美景的短视频，如武夷山脚下的茶园风光、平潭岛的海岛乡村美景等，吸引大量粉丝关注；通过微信公众号推送乡村旅游攻略，如"福建乡村美食之旅攻略""福建乡村民俗文化体验攻略"等，方便游客获取信息。

2. 短视频与直播

制作高质量的乡村旅游短视频，展示福建省乡村的自然风光、人文景观和特色活动。同时，开展乡村旅游直播活动，让主播带领观众实时感受乡村的魅力。比如，直播安溪乡村的茶园采摘过程，让观众看到茶农们采摘茶叶的辛勤劳作，以及茶园的美丽景色；或者直播霞浦乡村的滩涂风光，展示渔民捕捞、紫菜养殖等场景，让观众领略海边乡村的独特魅力。

3. 虚拟现实（VR）与增强现实（AR）技术应用

利用 VR 和 AR 技术，为游客提供沉浸式的乡村旅游体验。例如，开发福建省乡村旅游 VR 应用程序，游客可以通过 VR 设备欣赏福建土楼的内部结构和装饰，仿佛置身于土楼之中；或者在福州三坊七巷周边的乡村旅游景点设置 AR 互动体验区，游客通过手机扫描景点，即可获取景点的历史文化信息，并观看虚拟的历史场景再现，增强游览的趣味性和互动性。

三、加强与旅游平台合作

（一）与在线旅游平台合作

1. 产品推广

与在线旅游平台合作，将福建省乡村旅游产品纳入平台推荐列表，提高产品的曝光度。优化产品页面设计，提供详细的景点介绍、行程安排、用户评价等信息，吸引游客预订。

2. 专题活动

联合在线旅游平台开展福建省乡村旅游专题活动，如"福建乡村旅游季""福建最美乡村评选"等。通过活动吸引更多游客关注，并提供优惠的旅游产品和套餐，刺激游客的消费需求。比如，与平台合作开展"福建乡村旅游季"活动，推出一系列优惠的乡村旅游线路和住宿套餐，同时举办线上抽奖活动，为游客提供免费的乡村旅游体验机会。

（二）旅游社交媒体平台合作

1. 达人合作

与旅游社交媒体平台上的知名旅游达人、博主合作，邀请他们到福建省乡村旅游，并分享自己的体验和感受。这些达人的推荐和分享往往能够吸引大量粉丝的关注和效仿，从而带动更多游客前来旅游。

2. 社区互动

在旅游社交媒体平台上建立福建省乡村旅游社区，鼓励游客分享自己的乡村旅游经历、照片和心得。通过社区互动，增强游客之间的交流和互动，提高游客对福建省乡村旅游的认同感和忠诚度。此外，还在平台上可以定期举办社区活动，如游记评选、摄影比赛等，激发游客的参与热情。

四、开展区域联合营销

（一）省内区域联合

1. 旅游线路整合

整合福建省内不同地区的乡村旅游资源，设计多样化的乡村旅游线路。例如，将闽北的武夷山乡村旅游与闽西的古田红色乡村旅游相结合，游客可以先在武夷山欣赏自然风光，体验茶文化，然后前往古田参观红色遗址，了解革命历史；或者将闽南的泉州古村落乡村旅游与厦门周边的海岛乡村旅游串联起来，游客可以在泉州感受闽南文化的深厚底蕴，然后前往厦门周边的海岛乡村享受海滨风光和渔家生活。通过联合宣传推广，吸引更多游客选择这些线路，实现区域内乡村旅游的协同发展。

2. 开展联合推广活动

开展省内区域联合推广活动，如举办福建省乡村旅游文化节、乡村旅游博览会等，集中展示福建省各地乡村旅游的特色和亮点，吸引国内外游客。同时，通过媒体合作、广告投放等方式，扩大活动的影响力和传播范围。例如，举办福建省乡村旅游文化节，各地市设立自己的乡村旅游展区，展示当地的特色美食、民俗文化、手工艺品等，同时举办民俗表演、文化讲座、旅游推介等活动，吸引大量游客和媒体的关注。

（二）省际区域联合

1. 客源互送

加强与周边省份的旅游合作，实现客源互送。例如，与广东、浙江、江西等省份的旅游部门和企业合作，互相推荐乡村旅游产品，组织游客互访。比如，与广东省合作，向广东游客推荐福建武夷山乡村旅游、土楼乡村旅游等产品，向福建游客推荐广东潮汕乡村旅游、梅州客家乡村旅游等产品，通过互相宣传和推广，拓宽双方的客源市场，提高旅游收入。

2. 联合营销推广

与周边省份联合开展营销推广活动，共同打造区域旅游品牌。例如，联合举办"闽粤赣乡村旅游联盟"等活动，整合三省的乡村旅游资源，共同开发市场。通过在各自省份的主要城市开展宣传推广活动，吸引更多游客前往三省的乡村旅游目的地。比如，在广州、深圳、福州、厦门、南昌、赣州等城市举办"闽粤赣乡村旅游联盟"推介会，向当地游客介绍三省的乡村旅游特色和线路，发放宣传资料和优惠券，吸引游客前往三省的乡村旅游。

五、强化口碑营销与游客服务

（一）提升游客服务质量

1. 培训与管理

加强对乡村旅游从业人员的培训，提高他们的服务意识和专业技能。定期开展服务质量评估，建立完善的服务质量管理体系，确保游客在乡村旅游过程中能够享受到优质的服务。例如，在福州市永泰县的乡村旅游景区，定期组织民宿经营者、导游、餐饮服务人员等参加培训，学习服务礼仪、旅游知识和应急处理等方面的内容，提高服务水平；同时，通过游客满意度调查、在线评价等方式，对服务质量进行评估和改进。

2. 设施完善

完善乡村旅游的基础设施和服务设施，如道路、停车场、卫生间、标识牌等。同时，提供多样化的服务项目，如导游服务、餐饮服务、住宿服务等，满足游客的不同需求。比如，在平潭岛的乡村旅游景点，加强道路建设和停车场规划，方便游客自驾前往；在景区内设置清晰的标识牌，引导游客游览；同时，提供多种类型的住宿选择，如民宿、酒店、露营地等，以及丰富的餐饮服务，包括海鲜美食、当地特色小吃等，满足不同游客的需求。

（二）鼓励游客口碑传播

1. 互动与反馈

积极与游客互动，关注游客的反馈和评价。通过在线评论、问卷调查、电话回访等方式，收集游客的意见和建议，并及时进行改进和优化。同时，对游客的好评和推荐进行积极回应和感谢，增强游客的满意度和忠诚度。例如，在福建省乡村旅游的官方网站和社交媒体平台上及时回复游客的留言和评论，解决游客的问题；对游客的好评进行点赞和转发，让游客感受到自己的意见被重视。

2. 奖励机制

建立游客口碑传播奖励机制，鼓励游客在社交媒体上分享自己的乡村旅游经历。例如，游客在社交媒体上分享自己的乡村旅游照片和心得并获得一定数量的点赞和评论，就可以获得当地乡村旅游景点的门票、优惠券或特色礼品等奖励。

六、结合文化与生态特色营销

（一）文化特色营销

1. 民俗文化传承

加强对福建省乡村民俗文化的保护和传承，将民俗文化融入乡村旅游宣传营销中。例如，在宁德市的畲族乡村，举办畲族民俗文化节，通过观看畲族的歌舞表演、参与畲族的传统祭祀活动、学习畲族的手工艺制作等，让游客深入了解畲族文化；或者在泉州市的乡村，举办闽南文化节，展示南音、高甲戏、木偶戏等闽南传统艺术，让游客感受闽南文化的独特魅力。

2. 文化创意产品开发

开发具有福建省乡村文化特色的创意产品，如文化纪念品、手工艺品、特色美食等。将这些文化创意产品作为乡村旅游的宣传载体，通过线上线下渠道进行销售和推广。例如，以福建土楼为主题，开发土楼模型、土楼文化衫、土楼明信片等文化纪念品；或者以福州的寿山石文化为基础，开发寿山石雕刻的手工艺品，如印章、摆件等，吸引游客购买和收藏。

（二）生态特色营销

1. 生态旅游产品开发

充分利用福建省乡村的生态资源，开发生态旅游产品，如森林徒步、生态农业观光、乡村温泉疗养等。在宣传营销中突出生态旅游产品的特色和优势，吸引游客关注。例如，在福州市永泰县的乡村，开发森林徒步和温泉疗养相结合的旅游产品；在南平市的乡村，开发生态农业观光旅游产品。

2. 生态保护宣传

在宣传福建省乡村旅游的同时，加强对生态保护的宣传。倡导游客文明旅游，爱护乡村的生态环境。例如，在旅游宣传资料中加入生态保护小贴士，提醒游客不要随意破坏植被、不乱扔垃圾等；或者在乡村旅游景点设置生态保护宣传栏，介绍当地的生态环境特点和保护措施，提高游客的生态保护意识。比如，在武夷山乡村旅游区，设置多个生态保护宣传栏，向游客介绍武夷山的生物多样性和生态保护意义，引导游客文明旅游，共同保护武夷山的生态环境。

第五节 福建省加强乡村旅游人才建设的建议

一、加强乡村旅游人才培养

（一）本地人才培养

1. 开展职业技能培训

与当地职业院校、培训机构合作，针对乡村居民开展乡村旅游职业技能培训。例如，在福州市永泰县，与当地职业学校合作，为乡村居民开设了餐饮服务培训课程。培训内容包括当地特色美食的制作，如永泰葱饼、李干等的传统制作工艺，以及如何根据游客的口味进行创新。同时，还教授餐饮服务的礼仪和规范，提高乡村居民在餐饮服务方面的专业技能。又如，在平潭岛的乡村开展了客房管理培训，结合当地民宿的特点，教授村民如何整理客房、布置房间，以及如何与游客进行有效的沟通，提供个性化的服务。

2. 设立乡村旅游实训基地

在乡村旅游发展较好的地区设立实训基地，为当地居民提供实践操作的机会。例如，在晋江市五店市传统街区所在的乡村，设立文化旅游实训基地。村民可以在这里学习导游讲解技巧，了解当地的历史文化、建筑风格和民俗风情。实训基地还模拟真实的游客接待场景，让村民在实践中提高服务能力。此外，在泉州市安溪县的乡村，以茶文化为主题设立实训基地，村民可以学习茶叶采摘、制作、品鉴等方面的技能，为游客提供更专业的茶旅服务。

（二）引进外部人才

1. 制定优惠政策

政府出台吸引乡村旅游人才的优惠政策，如提供住房补贴、生活津贴、创业扶持资金等。例如，宁德市为吸引旅游管理专业人才到乡村工作，为他们提供免费的人才公寓，并给予一定的生活津贴。对于在乡村创业的旅游人才，提供创业扶持资金，帮助他们开展乡村旅游项目，如建设特色民宿、开发乡村旅游线路等。

2. 搭建人才交流平台

举办乡村旅游人才招聘会、交流会等活动，搭建人才交流平台，让乡村旅游企业与人才进行对接。比如，厦门市定期举办乡村旅游人才招聘会，吸引来自全国各地的旅游管理、市场营销、文化创意等方面的人才。同时，利用互联网平台发布乡村旅游人才需求信息，拓宽人才引进渠道。比如，南平市通过线上平台发布当地乡村旅游发展的优惠政策和人才需求，吸引众多高校毕业生和专业人才前来应聘。

二、提高乡村旅游人才素质

（一）专业知识培训

1. 定期举办专题讲座

邀请旅游专家、学者到乡村举办专题讲座。例如，在武夷山的乡村，经常邀请知名的旅游规划师和市场营销专家举办讲座。其中，旅游规划师讲解如何根据武夷山的自然景观和文化特色，规划更具吸引力的乡村旅游线路；市场营销专家则分享如何利用新媒体平台推广乡村旅游产品。又如，在三明市泰宁县邀请文化学者讲解当地的历史文化，如丹霞地貌的形成过程、古建筑的文化内涵等，让乡村旅游人才更好地将这些知识融入导游讲解和旅游活动策划中。

2. 组织外出考察学习

组织乡村旅游人才到乡村旅游发展先进地区考察学习。例如，福建省组织了一批乡村旅游从业者到浙江省莫干山考察学习民宿经营管理经验。莫干山的民宿以其独特的设计风格、优质的服务和多元化的经营模式而闻名。福建省的乡村旅游从业者通过实地参观莫干山的民宿，与当地经营者交流研讨，学习如何打造具有特色的民宿品牌，如何提升服务质量和游客满意度。此外，还组织到四川省成都市的乡村旅游示范村，学习其在乡村文化保护与传承、旅游产品创新等方面的经验。

（二）文化素养提升

1. 开展文化培训课程

开设与福建本土文化相关的培训课程。例如，在泉州市的乡村，开展闽南文化培训课程，内容包括闽南建筑的风格特点、闽南民俗的由来和传承、闽南艺术（如南音、木偶戏等）的表演技巧等。通过这些课程，旅游从业者能够更深入地了解闽南文化，在导游讲解中能够更加生动地向游客介绍闽南文化的魅力。又如，在龙岩市的乡村，开展客家文化培训课程，让旅游人才了解客家土楼的建筑智慧、客家美食的制作工艺、客家民俗的独特之处等，将客家文化更好地融入乡村旅游服务中。

2. 鼓励文化传承与创新

鼓励乡村旅游人才参与当地文化的传承与创新。例如，在宁德市的畲族乡村，支持当地手工艺人将畲族传统的刺绣、银饰制作等手工艺与现代设计相结合，开发具有畲族文化特色的旅游纪念品，如畲族风格的饰品、手工艺品等。同时，鼓励文艺工作者以畲族乡村生活为题材创作文艺作品，如畲族歌舞表演、诗歌、绘画等，丰富乡村旅游的文化内涵。又如，在福州市的乡村，鼓励将传统的福州茉莉花茶文化与现代旅游相结合，开发茉莉花茶主题的旅游产品，如茉莉花茶采摘体验、花茶制作工艺展示、花茶品鉴活动等，让游客感受福州的文化魅力。

三、完善乡村旅游人才激励机制

（一）物质激励

1. 提高薪酬待遇

乡村旅游企业应根据人才的工作表现和贡献，合理提高薪酬待遇。例如，在永定土楼所在的乡村，对于优秀的导游，可根据他们接待游客的数量和游客的满意度评价，给予相应的导游服务费提成和奖金。一些经营良好的民宿经营者会根据民宿的盈利情况，给员工发放绩效奖金和年终分红，提高员工的收入水平，增强他们对工作的积极性和满意度。

2. 设立奖励制度

设立乡村旅游人才奖励基金。例如，漳州市每年评选"漳州市乡村旅游杰出人才"，对在乡村旅游发展中做出突出贡献的人才进行表彰和奖励。奖励包括荣誉称号、奖金以及参加专业培训和学术交流的机会。这些奖励不仅激励了获奖者本人，也为其他乡村旅游人才树立了榜样，激发了他们的工作热情和创造力。

（二）非物质激励

1. 职业发展机会

为乡村旅游人才提供广阔的职业发展空间。例如，武夷山的乡村旅游企业，对于表现优秀的员工，会提拔他们成为景区管理人员或旅游项目负责人，让他们有机会参与景区的规划和管理，发挥自己的才能。又如，厦门市的乡村旅游区为有创新想法和能力的人才提供项目负责机会，鼓励他们开发新的旅游产品和服务，如乡村亲子游项目、乡村研学旅行项目等，让他们在工作中实现自我价值，增强归属感和忠诚度。

2. 社会认可与尊重

通过媒体宣传、表彰大会等形式，对乡村旅游人才的工作成果进行宣传和表彰。例如，福建省在当地媒体开设了"福建乡村旅游之星"专栏，介绍乡村旅游人才的先进事迹和成功经验。同时，在每年的全省旅游发展大会上，对乡村旅游优秀人才进行表彰，让他们感受到社会的认可与尊重，营造尊重人才的良好社会氛围。

四、加强乡村旅游人才管理

（一）建立人才库

对乡村旅游人才进行登记和管理，建立乡村旅游人才库。例如，泉州市建立了乡村旅游人才库，详细记录人才的基本信息、专业技能、工作经历等内容。政府部门可以根据人才库的信息，有针对性地开展人才培养和引进工作。当有新的乡村旅游项目开发时，可以从人才库中快速筛选出合适的人才，为项目提供人才支持。同时，企业也可以通过人才库了解当地乡村旅游人才的情况，进行人才招聘和调配。

（二）规范人才市场

加强对乡村旅游人才市场的规范和管理，建立健全人才招聘、使用、流动等方面的制度。在福建省的一些乡村旅游发达地区，制定了乡村旅游人才招聘规范，明确了招聘流程和标准。例如，要求招聘信息必须真实、准确，招聘过程必须公平、公正，避免企业之间的不正当竞争。同时，规范人才的使用和流动，保障乡村旅游人才的合法权益，促进人才市场的健康发展。

五、促进乡村旅游人才合作与交流

（一）区域内合作

1. 乡村旅游联盟

成立乡村旅游联盟，促进不同乡村之间的旅游人才合作与交流。例如，福建省的一些相邻乡村组建了乡村旅游联盟，共同开发旅游线路，如闽西地区的几个乡村整合各自的红色文化资源、生态资源和民俗文化资源，开发了红色文化＋生态旅游线路。旅游人才在联盟内相互学习和交流，共同提高服务水平。比如，导游们可以互相分享讲解经验，共同研究如何更好地向游客展示当地的文化和特色。

2. 企业间合作

鼓励乡村旅游企业之间开展合作，互派人才进行学习和交流。在福州市的一些乡村，民宿与当地的旅行社合作，互派员工进行短期培训和交流。民宿员工到旅行社学习市场营销和客户管理技巧，旅行社员工则到民宿了解客房服务和游客接待流程。通过这种合作，双方员工都能够拓宽视野，提升自己的专业能力，为游客提供更优质的服务。

（二）跨区域交流

1. 与发达地区交流

加强与国内乡村旅游发达地区的交流与合作。福建省与浙江、江苏等地的乡村旅游发达地区建立了合作关系，定期组织人才交流活动。例如，选派福建省的乡村旅游人才到浙江省乌镇学习古镇旅游的开发与管理经验。乌镇以其独特的江南水乡风貌和成熟的旅游运营模式而闻名，福建省的人才通过在乌镇的学习和挂职锻炼，带回了先进的管理理念和营销方法。同时，邀请浙江、江苏等省份的旅游专家和人才到福建省乡村进行指导和交流，为福建省乡村旅游的发展提供新的思路和建议。

2. 国际交流与合作

积极开展国际交流与合作，引进国际先进的乡村旅游理念和管理经验。福建省组织乡村旅游人才参加国际旅游展会、研讨会等活动。例如，参加国际乡村旅游大会，与来自世界各地的乡村旅游从业者交流经验。同时，邀请国际乡村旅游专家到福建省举办讲座和培训，介绍国际乡村旅游的发展趋势和成功案例。此外，一些乡村旅游企业还与国外的旅游机构合作，引进国外的游客，同时学习国外的服务标准和管理经验，推动福建省乡村旅游与国际接轨。

附　　录

福建省乡村旅游资源评价指标体系咨询问卷

专家姓名		工作单位		研究领域	

尊敬的专家：

　　您好！首先感谢您在百忙之中填写本问卷。我是龙岩学院经济与管理学院《乡村振兴背景下福建省乡村旅游高质量发展差异和协调发展研究》课题组成员，本问卷旨在针对福建省乡村旅游资源评价课题的有关指标体系进行初步筛选，形成客观科学的乡村旅游资源评价指标体系。鉴于您丰富的学识和经验，恳请您对本问卷给予帮助和指导，谢谢！

填表说明：

　　表1、表2和表3分别为乡村旅游资源评价指标体系中的综合层、要素层和指标层，按其重要程度预先给出了非常重要（5分）、重要（4分）、一般（3分）、不太重要（2分）和不重要（1分）五个标准。请您在分值栏目内赋予合适的分值，若您认为此评价体系有需要增加的指标或者其他不足之处，请在"增加指标或其他建议"栏加以说明，谢谢！

表1　　　　　福建省乡村旅游资源评价指标体系综合层咨询表

目标层	综合层	非常重要 (5分)	重要 (4分)	一般 (3分)	不太重要 (2分)	不重要 (1分)
福建省乡村旅游资源评价	乡村旅游资源					
	乡村旅游设施与服务					
	乡村资源开发条件					

增加指标或其他建议

表2　　　　　福建省乡村旅游资源评价指标体系要素层咨询表

综合层	要素层	非常重要 (5分)	重要 (4分)	一般 (3分)	不太重要 (2分)	不重要 (1分)
乡村旅游资源	资源价值					
	资源丰富度					
乡村旅游设施与服务	基础设施					
	旅游服务					
乡村旅游开发条件	可达性					
	内部条件					
	外部条件					

增加指标或其他建议

表3　　　　　福建省乡村旅游资源评价指标体系指标层咨询表

要素层	指标层	非常重要 (5分)	重要 (4分)	一般 (3分)	不太重要 (2分)	不重要 (1分)
资源价值	资源观赏价值					
	资源科学价值					
	资源人文价值					
	资源民俗价值					

要素层	指标层	非常重要 （5分）	重要 （4分）	一般 （3分）	不太重要 （2分）	不重要 （1分）
资源丰富度	景观知名度					
	资源奇特度					
	资源完整性					
	资源文化性					
基础设施	公共卫生设施					
	景区内基础设施 （如讲解牌）					
旅游服务	饮食					
	住宿					
	购物					
	娱乐					
可达性	交通条件					
	距客源地距离					
外部条件	地方政策					
	区位条件					
内部条件	客源地市场规模					
	游客吸引力					
	市场知名度					

增加指标或其他建议

福建省乡村旅游资源评价指标体系权重问卷

尊敬的专家：

您好！首先感谢您在百忙之中填写本问卷。我是龙岩学院经济与管理学院《乡村振兴背景下福建省乡村旅游高质量发展差异和协调发展研究》课题组成员，本问卷旨在针对福建省乡村旅游资源评价课题进行指标体系权重的确定。鉴于您丰富的学识和经验，恳请您对本问卷给予帮助和指导，谢谢！

填表说明：参照以下"标度含义表"，在判断矩阵1至判断矩阵11的空白处打分。

标度含义表（标度说明）

分值	含义
1	表示两个元素相比，具有同等重要性
3	表示两个元素相比，前者比后者稍重要
5	表示两个元素相比，前者比后者明显重要
7	表示两个元素相比，前者比后者强烈重要
9	表示两个元素相比，前者比后者极端重要
2、4、6、8	表示上述相邻判断的中间值
用倒数表示（如1/3）	若后者比前者重要

例如：如果您认为"乡村旅游资源"与"乡村旅游设施与服务"相比，"乡村旅游资源"稍重要，则打分3，那么"乡村旅游设施与服务"与"乡村旅游资源"相比应该是稍次要，则打分1/3，如示例表格所示。

福建省乡村旅游资源评价	乡村旅游资源	乡村旅游设施与服务	乡村资源开发条件
乡村旅游资源	1	3	1/2
乡村旅游设施与服务	1/3	1	1/5
乡村资源开发条件	2	5	1

判断矩阵 1

福建省乡村旅游资源评价	乡村旅游资源	乡村旅游设施与服务	乡村资源开发条件
乡村旅游资源	1		
乡村旅游设施与服务	×	1	
乡村资源开发条件	×	×	1

判断矩阵 2

乡村自然资源	资源价值	资源丰富度
资源价值	1	
资源丰富度	×	1

判断矩阵 3

乡村旅游设施与服务	基础设施	旅游服务
基础设施	1	
旅游服务	×	1

判断矩阵 4

乡村旅游开发条件	可达性	内部条件	外部条件
可达性	1		
内部条件	×	1	
外部条件	×	×	1

判断矩阵 5

资源价值	资源观赏价值	资源科学价值	资源人文价值	资源民俗价值
资源观赏价值	1			
资源科学价值	×	1		
资源人文价值	×	×	1	
资源民俗价值	×	×	×	1

判断矩阵 6

资源丰富度	景观知名度	资源奇特度	资源完整性	资源文化性
景观知名度	1			
资源奇特度	×	1		
资源完整性	×	×	1	
资源文化性	×	×	×	1

判断矩阵 7

基础设施	公共卫生设施	景区内基础设施（如讲解牌）
公共卫生设施	1	
景区内基础设施（如讲解牌）	×	1

判断矩阵 8

旅游服务	饮食	住宿	购物	娱乐
饮食	1			
住宿	×	1		
购物	×	×	1	
娱乐	×	×	×	1

判断矩阵 9

可及性	交通条件	与客源地距离
交通条件	1	
与客源地距离	×	1

判断矩阵 10

外部条件	地方政策	区位条件
地方政策	1	
区位条件	×	1

判断矩阵 11

内部条件	客源地市场规模	游客吸引力	市场知名度
客源地市场规模	1		
游客吸引力	×	1	
市场知名度	×	×	1

乡村旅游发展对旅游地居民幸福感的
影响研究问卷调查

尊敬的先生/女士：

　　您好！感谢您参与本次问卷调查。我是龙岩学院经济与管理学院《乡村振兴背景下福建省乡村旅游高质量发展差异和协调发展研究》课题组成员。这份问卷旨了解乡村旅游传统村落农户适应性的现状。请您根据个人情况，对问卷中的问题进行作答。本问卷所有数据仅供学术研究使用，我们承诺对您提供的资料予以保密，不对外公开，请您安心作答。您的回答对我们的研究结果非常重要，在此衷心地感谢您的参与和配合。

一、居民基本信息

1. 您的性别：

☐男　　　　　　☐女

2. 您的年龄：

☐ 18 岁以下　　☐ 18～30 岁　☐ 31～50 岁　　☐ 51 岁及以上

3. 您是否从事旅游相关行业？

☐是　　　　　　☐否

4. 您的受教育程度：

☐小学　　　　　☐初中　　　　☐高中　　　　☐本科（专科）及以上

5. 您的月收入水平：

☐ 5000 元以下　　☐ 5001～10000 元　　☐10001 元以上

二、旅游发展对居民幸福感的影响

6. 您在本村的收入提高。

☐非常同意　　　☐同意　　　　☐比较同意　　☐中立
☐比较不同意　　☐不同意　　　☐非常不同意

7. 您的家庭收入渠道增加。

□非常同意　　　□同意　　　□比较同意　　　□中立

□比较不同意　　□不同意　　□非常不同意

8. 您从本村获得旅游相关的分红。

□非常同意　　　□同意　　　□比较同意　　　□中立

□比较不同意　　□不同意　　□非常不同意

9. 本村环境卫生条件改善。

□非常同意　　　□同意　　　□比较同意　　　□中立

□比较不同意　　□不同意　　□非常不同意

10. 您在本村的居住条件改善。

□非常同意　　　□同意　　　□比较同意　　　□中立

□比较不同意　　□不同意　　□非常不同意

11. 本村基础设施改善。

□非常同意　　　□同意　　　□比较同意　　　□中立

□比较不同意　　□不同意　　□非常不同意

12. 本村传统文化风俗得到保护。

□非常同意　　　□同意　　　□比较同意　　　□中立

□比较不同意　　□不同意　　□非常不同意

13. 本村休闲文化活动变丰富。

□非常同意　　　□同意　　　□比较同意　　　□中立

□比较不同意　　□不同意　　□非常不同意

14. 村民素质提高。

□非常同意　　　□同意　　　□比较同意　　　□中立

□比较不同意　　□不同意　　□非常不同意

15. 本村水源污染情况得到改善。

□非常同意　　　□同意　　　□比较同意　　　□中立

□比较不同意　　□不同意　　□非常不同意

16. 本村空气污染情况得到改善。

□非常同意　　　□同意　　　□比较同意　　　□中立

□比较不同意　　□不同意　　□非常不同意

17. 本村噪声污染还能忍受。

□非常同意　　　□同意　　　□比较同意　　　□中立
□比较不同意　□不同意　　□非常不同意

三、居民幸福感

18. 您曾参与村里的旅游决策。

□非常同意　　　□同意　　　□比较同意　　　□中立
□比较不同意　□不同意　　□非常不同意

19. 您曾参与村里的旅游监督。

□非常同意　　　□同意　　　□比较同意　　　□中立
□比较不同意　□不同意　　□非常不同意

20. 您提出的建议能得到旅游相关部门的重视。

□非常同意　　　□同意　　　□比较同意　　　□中立
□比较不同意　□不同意　　□非常不同意

21. 您在本村有更多的工作机会。

□非常同意　　　□同意　　　□比较同意　　　□中立
□比较不同意　□不同意　　□非常不同意

22. 您掌握了更多旅游相关知识和专业技能。

□非常同意　　　□同意　　　□比较同意　　　□中立
□比较不同意　□不同意　　□非常不同意

23. 您有更高的个人成就感。

□非常同意　　　□同意　　　□比较同意　　　□中立
□比较不同意　□不同意　　□非常不同意

24. 您对当前的生活感到满意。

□非常同意　　　□同意　　　□比较同意　　　□中立
□比较不同意　□不同意　　□非常不同意

25. 您经常感到开心。

□非常同意　　　□同意　　　□比较同意　　　□中立
□比较不同意　□不同意　　□非常不同意

26. 您很少感到难过。

□非常同意　　　□同意　　　　□比较同意　　　□中立
□比较不同意　　□不同意　　　□非常不同意

乡村旅游传统村落农户适应性调查问卷

尊敬的先生/女士：

　　您好！感谢您参与本次问卷调查。我是龙岩学院经济与管理学院《乡村振兴背景下福建省乡村旅游高质量发展差异和协调发展研究》课题组成员。这份问卷旨在了解乡村旅游传统村落农户适应性的现状。请您根据个人情况，对问卷中的问题进行作答。本问卷所有数据仅供学术研究使用，我们承诺对您提供的资料予以保密，不对外公开，请您安心作答。您的回答对我们的研究结果非常重要，在此衷心地感谢您的参与和配合。

一、基本信息

1. 您的性别：

□男　　　　　　　□女

2. 您的年龄：

□ 20 岁以下　　□ 21 ~ 30 岁　□ 31 ~ 40 岁　　□ 41 ~ 50 岁

□ 51 岁及以上

3. 您的受教育程度：

□初中及以下　　□高中/职高　　□本科/大专　　　□研究生及以上

4. 在过去半年中，您的家庭平均月收入为：

□ 5000 元以下　　　　□ 5001 ~ 8000 元　　　　□ 8001 ~ 10000 元

□ 10001 元以上

5. 您从事乡村旅游相关工作的年限：

□ 1 ~ 3 年　　　□ 4 ~ 6 年　　□7 ~ 10 年　　　□ 11 年及以上

二、乡村旅游发展现状

6. 您所在的乡村是否有独特的自然景观或生态资源？

□是　　　　　　　□否

7. 您所在的乡村是否有古老的建筑、文化遗产或传统工艺品？

□是　　　　　　　　□否

8. 您所在的乡村是否有乡村旅游相关的扶持政策或项目？

□是　　　　　　　　□否

9. 您认为乡村旅游主要包括哪些活动内容？（最多选 3 项）

□参观乡村自然风光　　　　　　□体验乡村文化和生活方式

□参与农业活动（如采摘、耕种）　□品尝乡村美食

□参观乡村手工艺制作　　　　　　□乡村民宿体验

□其他

10. 您认为乡村应该在哪些方面加强发展，以更好地适应乡村旅游的需求？（最多选 3 项）

□交通设施（如改善道路、增加公共交通工具）

□住宿设施（如增加民宿、提升住宿条件）

□餐饮设施（如增加特色餐厅、提升餐饮服务质量）

□休闲娱乐设施（如建设公园、游乐场、文化活动中心等）

□提升自然环境

□加强地方文化宣传

□推动乡村旅游相关经济活动

□其他

三、农户适应性影响因素分析

同意度 1 ~ 5 表示同意程度越来越高。

一级指标因素	二级指标因素	同意度
农户适应性	我能快速适应乡村旅游市场的新变化	□ 5□ 4□ 3□ 2□ 1
	在乡村旅游经营中遇到问题时，我能有效解决	□ 5□ 4□ 3□ 2□ 1
	我认为自己的经营模式与乡村旅游发展趋势相匹配	□ 5□ 4□ 3□ 2□ 1
	我对乡村旅游的认知水平较好	□ 5□ 4□ 3□ 2□ 1

续表

一级指标因素	二级指标因素	同意度
自然资源条件	我认为本地自然资源（如山水、田园等）对乡村旅游发展有很大的贡献	□ 5□ 4□ 3□ 2□ 1
	我认为本地文化资源（如民俗、传统手工艺等）的利用程度较好	□ 5□ 4□ 3□ 2□ 1
	我认为本地旅游资源得到了有效整合和保护	□ 5□ 4□ 3□ 2□ 1
政策环境	当地政府对乡村旅游的支持力度较大	□ 5□ 4□ 3□ 2□ 1
	我认为这些支持政策对乡村旅游经营有很大帮助	□ 5□ 4□ 3□ 2□ 1
	我认为当地政府在乡村旅游发展中起到了积极作用	□ 5□ 4□ 3□ 2□ 1
经济状况	我目前的家庭经济状况较好	□ 5□ 4□ 3□ 2□ 1
	我在乡村旅游经营中的资金投入能力比较大	□ 5□ 4□ 3□ 2□ 1
	我认为经济能力对乡村旅游经营的影响较大	□ 5□ 4□ 3□ 2□ 1
人力资源	当地对人才引进与培养的支持力度较大	□ 5□ 4□ 3□ 2□ 1
	当地对人才的奖励制度比较完善	□ 5□ 4□ 3□ 2□ 1
	当地为人才提供很多发展机会	□ 5□ 4□ 3□ 2□ 1
物质条件	交通设施完善程度会影响乡村旅游	□ 5□ 4□ 3□ 2□ 1
	旅游接待设施数量与质量会影响乡村旅游	□ 5□ 4□ 3□ 2□ 1
	自然景观、资源质量以及文化传承会影响乡村旅游	□ 5□ 4□ 3□ 2□ 1

福建省乡村旅游发展研究游客感知调查问卷

尊敬的游客朋友：

您好！我是龙岩学院经济与管理学院《乡村振兴背景下福建省乡村旅游高质量发展差异和协调发展研究》课题组成员，现需要对福建省乡村旅游发展游客感知进行调查研究。由衷地感谢您抽出时间参与此次问卷调查，本次调查结果仅用于学术研究，不会泄露您任何信息，请您放心填写。感谢您的配合！

一、游客特征

1. 您的性别：

□男　　　　　　　□女

2. 您来自：

□福建省内　　　□福建省外地区

3. 您的年龄：

□ 18 岁以下　　　□ 18 ~ 28 岁　　　□ 29 ~ 40 岁　　　□ 41 ~ 60 岁

□ 61 岁以上

4. 您所从事的职业：

□公务员及事业单位工作人员　　　　□企业人员　　　□学生

□退休人员　　　□自由职业

5. 您的最高学历：

□初中及以下　　　□高中或中专　　　□大专或本科

□研究生及以上

6. 您的月收入：

□ 2000 元以下　　　□ 2001 ~ 4000 元　　　□ 4001 ~ 6000 元　　　□ 6001 元以上

二、游客活动相关特征

1. 一年内，您有几次乡村旅游？

□ 1 ~ 2 次　　　□ 3 ~ 5 次　　　□ 6 ~ 10 次　　　□ 11 次及以上

2. 您通常选择什么时间出游？

□双休日　　　　　□法定节假日　　　□其他

3. 您通常会在旅游地游玩几天？

□1 天　　　　　　□2 天　　　　　　□3 天及以上

4. 您单次的旅游消费是多少？

□100 元以下　　□101~300 元　　　□301~500 元　　　□501 元及以上

5. 你参与乡村旅游的主要方式？

□旅行社团组　　□家庭自助　　　　□单独旅行　　　　□好友结伴

6. 您通过什么交通工具出游？

□自驾　　　　　　□公交车　　　　　□自行车或电动车 □其他

7. 你在福建省乡村旅游时的主要活动？

□欣赏田园风光　□采摘农产品　　　□品尝农家美食

□参观文化古迹　□休闲度假　　　　□其他

8. 您之前是否了解福建省乡村旅游景点？

□完全不了解　　□不太了解　　　　□一般　　　　　　□比较了解

□很了解

9. 您是通过哪种渠道获取福建省乡村旅游信息的？

□微信公众号、群、朋友圈　　　　　□广播、电视、报纸、杂志

□朋友推荐　　　　　　　　　　　　□旅行社

□其他

10. 您对福建省乡村旅游的总体满意度？

□非常不满意　　□不满意　　　　　□一般　　　　　　□比较满意

□非常满意

三、福建省乡村旅游的体验感知情况

满意度表示您对此项描述内容现状满意的程度，从 1~5 表示满意程度越来越高；重要性表示您对此描述内容重视的程度，从 1~5 表示重视程度越来越高。

一级指标因素	二级指标因素	满意度	重要性
基础设施	1. 交通便利性和道路通畅	□5□4□3□2□1	□5□4□3□2□1
	2. 停车便利程度	□5□4□3□2□1	□5□4□3□2□1
	3. 移动通信信号	□5□4□3□2□1	□5□4□3□2□1
	4. 公共厕所数量与卫生状况	□5□4□3□2□1	□5□4□3□2□1
乡村景观与文化	5. 乡村自然风景的观赏性	□5□4□3□2□1	□5□4□3□2□1
	6. 乡村文化内涵	□5□4□3□2□1	□5□4□3□2□1
	7. 特色节日与民俗活动	□5□4□3□2□1	□5□4□3□2□1
娱乐项目与购物	8. 景区门票与项目设施价格	□5□4□3□2□1	□5□4□3□2□1
	9. 娱乐项目多样性和参与性	□5□4□3□2□1	□5□4□3□2□1
	10. 地方特产价格和品质	□5□4□3□2□1	□5□4□3□2□1
餐饮住宿	11. 餐饮卫生和口味特色	□5□4□3□2□1	□5□4□3□2□1
	12. 住宿卫生与价格	□5□4□3□2□1	□5□4□3□2□1
	13. 工作人员服务态度和水平	□5□4□3□2□1	□5□4□3□2□1

参 考 文 献

［1］孙九霞，王淑佳．基于乡村振兴战略的乡村旅游地可持续发展评价体系构建［J］．地理研究，2022，41（2）：289－306.

［2］胡楠．乡村振兴背景下的黄陂乡村旅游发展研究［D］．武汉：中南民族大学，2019.

［3］陈旭红．乡村振兴背景下长沙市乡村旅游发展研究［D］．湘潭：湘潭大学，2020.

［4］陈月明，李嫦．乡村旅游高质量发展的内涵及规律研究［J］．旅游纵览，2021，352（19）：55－57.

［5］李明洋．乡村振兴战略下旅顺口区小南村乡村旅游发展研究［D］．大连：大连外国语大学，2022.

［6］李晨．乡村振兴战略背景下济南市乡村旅游可持续发展评价研究［D］．济南：山东大学，2020.

［7］邓雨露．乡村振兴背景下乡村旅游经济产业的优化升级路径［J］．中国市场，2023，1142（7）：55－57.

［8］朱明，高峰，史春云，等．乡村振兴背景下乡村旅游供需匹配治理策略研究——以江苏省昆山市为例［J］．世界地理研究，2023，32（2）：115－124.

［9］张珂．乡村振兴背景下的旅游型乡村建设策略研究［J］．现代交际，2023，582（4）：58－64，122－123.

［10］吴美霞．乡村振兴背景下乡村旅游现状、问题与对策［J］．甘肃农业，2023，549（3）：5－8.

［11］尹琼楠．乡村振兴战略背景下县域乡村旅游发展战略研究［D］．南昌：南昌大学，2022.

［12］孙九霞，徐新建，王宁，等．旅游对全面脱贫与乡村振兴作用的途径与模式——"旅游扶贫与乡村振兴"专家笔谈［J］．自然资源学报，2021，36（10）：2604-2614.

［13］刘芳．乡村振兴背景下榆林市乡村旅游高质量发展路径研究［D］．银川：宁夏大学，2022.

［14］谷佳奇，彭显明，梁强．体育旅游赋能乡村振兴经验与保障措施——以浙江省为例［J］．体育文化导刊，2022，245（11）：15-21.

［15］陈杰，黄元斌．乡村旅游助力乡村振兴的困境及解决路径探索［J］．旅游纵览，2023，385（4）：7-9.

［16］刘少华．乡村旅游推动乡村振兴机理与实效作用研究［D］．西宁：青海师范大学，2022.

［17］张涛．青海农牧区乡村旅游助推乡村振兴动力机制研究［D］．西宁：青海师范大学，2022.

［18］蔡克信，杨红，马作珍莫．乡村旅游：实现乡村振兴战略的一种路径选择［J］．农村经济，2018，431（9）：22-27.

［19］银元，李晓琴．乡村振兴战略背景下乡村旅游的发展逻辑与路径选择［J］．国家行政学院学报，2018（5）：182-186，193.

［20］卢可，马丽卿．乡村振兴战略背景下乡村旅游发展研究［J］．农村经济与科技，2019，30（1）：77-79.

［21］魏后凯．多措并举促进乡村振兴［J］．农村工作通讯，2018（10）：49.

［22］姜长云．乡村振兴战略：理论、政策和规划研究［M］．北京：中国财政经济出版社，2018.

［23］钟钰．全面推进乡村振兴加快农业农村现代化［N］．天津日报，2021-01-04（009）.

［24］赵毅，张飞，李瑞勤．快速城镇化地区乡村振兴路径探析——以江苏苏南地区为例［J］．城市规划学刊，2018，242（2）：98-105.

［25］陈昭．现代化视角下乡村治理的柔性路径——基于江宁的观察［J］．城市规划，2017，41（12）：73-81.

［26］单大超．乡村振兴战略背景下海岛渔村振兴策略研究——以长海县

獐子岛镇褡裢村为例 [J]. 河北渔业, 2021, 327 (3)：27 - 32.

　　[27] 马瑛, 吴冰, 贾榕榕. 乡村旅游引导乡村振兴绩效评价研究——以太原市王吴村为例 [J]. 中国农业资源与区划, 2021, 42 (12)：124 - 131.

　　[28] 向富华. 乡村旅游开发：城镇化背景下"乡村振兴"的战略选择 [J]. 旅游学刊, 2018, 33 (7)：16 - 17.

　　[29] 张碧星, 周晓丽. 乡村振兴战略下的乡村旅游产业选择与成长 [J]. 农业经济, 2019, 386 (6)：51 - 52.

　　[30] 李荣. 乡村旅游助推乡村振兴的现实路径探讨 [J]. 普洱学院学报, 2020, 36 (5)：21 - 23.

　　[31] 信慧娟. 广西资源县乡村旅游发展与乡村振兴耦合研究 [D]. 桂林：桂林理工大学, 2020.

　　[32] 杜岩, 李世泰, 杨洋. 山东省乡村旅游高质量发展与乡村振兴耦合协调发展研究 [J]. 湖南师范大学自然科学学报, 2022, 45 (3)：22 - 32.

　　[33] 于洪雁, 王群勇, 张博, 等. 中国旅游供需耦合协调发展的空间分异及驱动机制研究 [J]. 地理科学, 2020, 40 (11)：1889 - 1898.

　　[34] 曹芳东, 黄震方, 黄睿, 等. 江苏省高速公路流与景区旅游流的空间关联及其耦合路径 [J]. 经济地理, 2021, 41 (1)：232 - 240.

　　[35] 王昌森, 张震, 董文静, 等. 乡村振兴战略下美丽乡村建设与乡村旅游发展的耦合研究 [J]. 统计与决策, 2019, 35 (13)：97 - 101.

　　[36] 洪学婷, 黄震方, 于逢荷, 等. 长三角城市文化资源与旅游产业耦合协调及补偿机制 [J]. 经济地理, 2020, 40 (9)：222 - 232.

　　[37] 徐琼, 程慧. 中国旅游效率与生态效率耦合协调的时空演变 [J]. 福建农林大学学报 (哲学社会科学版), 2020, 23 (5)：54 - 63.

　　[38] 邹剑峰. 基于物理学耦合机制的地区生态环境与旅游经济的协调发展研究 [J]. 中国集体经济, 2023, 741 (13)：25 - 29.

　　[39] 殷章馨, 唐月亮. 西部地区旅游经济发展与农村民生改善耦合协调研究 [J]. 资源开发与市场, 2023, 39 (2)：233 - 241.

　　[40] 谭明. 乡村旅游与乡村文化振兴耦合协调发展路径分析 [J]. 智慧农业导刊, 2022, 2 (22)：80 - 82.

　　[41] 王兆峰, 张青松. 公路交通网络与乡村旅游发展的耦合研究——以大湘

西为例 [J]. 中南林业科技大学学报（社会科学版），2022，16（3）：79 – 88.

[42] 王镜，赛妍嫣，王敬恩. 丝绸之路经济带数字经济与旅游经济耦合协调发展研究 [J]. 科学与管理，2023，43（2）：40 – 47.

[43] 谢静欣，陈佑成，陈鹏伟，等. 福建省乡村旅游与农业多功能耦合协调发展的实证研究 [J]. 西安建筑科技大学学报（社会科学版），2021，40（6）：62 – 72.

[44] 陈添珍，郎富平，袁子薇. 共同富裕视角下旅游职业教育与乡村旅游耦合发展研究 [J]. 教育与职业，2023，1031（7）：50 – 53.

[45] 张高军，姜秋妍. 旅游发展对乡村振兴的促进作用——以川北醉美玉湖—七彩长滩乡村旅游区为例 [J]. 西安：陕西师范大学学报（自然科学版），2019，47（2）：76 – 83.

[46] 谭雪平，张军，张雪，等. 乡村振兴视角下的传统村落旅游发展与保护策略研究——以城子古村为例 [J]. 城市建筑，2023，20（23）：103 – 105，109.

[47] 陈加朋. 徽州传统村落的环境适应性研究 [D]. 合肥：安徽农业大学，2022.

[48] 林明水，陈玉萍，李微，等. 传统村落文化生态适应性评价及影响因素研究 [J]. 中国生态旅游，2022，12（3）：504 – 518.

[49] 邓楚雄，刘唱唱. 乡村旅游发展背景下农户生态适应性研究——以长沙市光明村为例 [J]. 长沙：湖南师范大学自然科学学报，2019，42（1）：18 – 26.

[50] 吴吉林，刘水良，周春山. 乡村旅游发展背景下传统村落农户适应性研究——以张家界4个村为例 [J]. 经济地理，2017，37（12）：232 – 240.

[51] 陈艳梅，尹文发. 乡村旅游视角下传统村落保护与开发现状及策略分析——以蓬莱区北林院村为例 [J]. 旅游纵览，2023（13）：103 – 105.

[52] 季帅. 乡村旅游视角下传统村落保护与更新研究 [D]. 大连：大连理工大学，2021.

[53] 李潇洒，杨钊. 乡村旅游地农户福祉评价实证研究 [J]. 旅游研究，2023，15（4）：53 – 66.

[54] 吴儒练. 旅游业高质量发展与乡村振兴耦合协调测度、演化及空间

效应研究［D］. 南昌：江西财经大学，2022.

［55］吴彦辉. 乡村旅游高质量发展：内涵、动力与路径［J］. 广西大学学报（哲学社会科学版），2021，43（5）：102 – 107.

［56］崔健，王丹. 乡村旅游高质量发展的"三重论域"透视［J］. 农业经济，2021（5）：46 – 47.

［57］张祝平. 以文旅融合理念推动乡村旅游高质量发展：形成逻辑与路径选择［J］. 南京社会科学，2021（7）：157 – 164.

［58］于法稳，黄鑫，岳会. 乡村旅游高质量发展：内涵特征、关键问题及对策建议［J］. 中国农村经济，2020（8）：27 – 39.

［59］韩赟婧. 顺平县乡村旅游高质量发展研究［D］. 石家庄：河北师范大学，2021.

［60］孙永龙，王春慧，陈娓. 乡村振兴背景下甘肃民族地区乡村旅游发展效应研究［J］. 西北民族大学学报（哲学社会科学版），2021（5）：82 – 91.

［61］黄源. 乡村振兴背景下湖北宜昌乡村旅游高质量发展研究［D］. 武汉：华中师范大学，2020.

［62］张琪. 山西省乡村旅游高质量发展研究［D］. 太原：山西财经大学，2020.

［63］李谦. 安徽省乡村旅游高质量发展评价研究［D］. 合肥：安徽农业大学，2023.

［64］董俊杰. 山东省乡村旅游高质量发展水平测度［D］. 长春：吉林大学，2021.

［65］李剑. 绵竹市乡村旅游高质量发展研究［D］. 绵阳：西南科技大学，2022.

［66］谢震. 武汉市城郊六区乡村旅游高质量发展评价研究［D］. 武汉：华中师范大学，2021.

［67］张鑫. 我国区域旅游高质量发展水平评价与实现路径研究［D］. 秦皇岛：燕山大学，2022.

［68］杨颖. 乡村旅游高质量发展评价体系构建和测评研究［J］. 山东农业工程学院学报，2023，40（2）：20 – 25.

［69］张译宁. 全域旅游背景下重庆铜梁乡村旅游高质量发展评价研究

［D］．桂林：桂林理工大学，2022.

［70］黄克栋．乡村振兴背景下昆明团结街道乡村旅游高质量发展路径研究［D］．昆明：云南财经大学，2022.

［71］涂建军，况人瑞，毛凯，等．成渝城市群高质量发展水平评价［J］．经济地理，2021，41（7）：50－60.

［72］吉则尔夫，郑祥江．乡村振兴战略下彝区农村劳动力转移问题研究［J］．江苏农业科学，2019，47（15）：23－25.

［73］赵希勇，张璐，吴鸿燕，等．哈尔滨地区乡村旅游资源评价与开发潜力研究［J］．中国农业资源与区划，2019，40（5）：180－187.

［74］游磊．福清市乡村旅游发展对策研究［D］．武汉：华中师范大学，2019.

［75］王倩颖．黑龙江省农业旅游资源分布及其价值分析［J］．中国农业资源与区划，2019，40（8）：240－245.

［76］姜蕾．农业园区旅游价值评价模型及其应用研究［D］．南京：南京农业大学，2009.

［77］张东月．洛阳市乡村旅游资源分类及评价研究［J］．中国农业资源与区划，2019，40（8）：74－79.

［78］李涛．都市型乡村旅游研究评述［J］．科技和产业，2011（10）：7.

［79］林雄斌，颜子斌，徐丽丽，等．基于AHP的宁波市乡村旅游资源评价［J］．浙江农业科学，2010，307（4）：880－882，885.

［80］刘小琴．福建省乡村旅游资源评价与整合开发研究［D］．厦门：集美大学，2014.

［81］丛培斌．共同富裕背景下乡村旅游开发策略研究——以安徽省广德市为例［J］．中国商论，2022，855（8）：163－165.

［82］殷章馨，夏赞．旅游自拍需求维度及人格解释［J］．旅游学刊，2018，33（12）：110－120.

［83］周玮，黄震方，殷红卫，等．以城市公园免费开放对游客感知价值维度的影响及效应分析——以南京中山陵为例［J］．地理研究，2012，31（5）：873－884.

［84］李浩，裴鸿菲．武汉东湖风景名胜区游客感知影响因素及模型构建

［J］．中国城市林业，2022，20（2）：75－79．

　　［85］李思，白英卿．基于结构方程模型的智慧景区游客感知研究［J］．中国商论，2018（31）：65－69．

　　［86］刘军胜，马耀峰．目的地旅游供给游客感知评价与行为态度的比较研究——以西安市为例［J］．经济管理，2017，7（39）：134－148．

　　［87］陈明文，严雷，夏珺珺，等．游客感知视角下的民族旅游地发展研究［J］．产业与科技论坛，2022，21（5）：62－66．

　　［88］尹立杰，尹苗苗．基于游客感知的南京江宁乡村旅游服务质量提升研究［J］．安徽农业科学，2020，48（24）：127－129．

　　［89］梁明珠，贾广美．基于游客感知与评价视角的乡村民宿旅游发展研究——以广州增城"万家旅舍"为例［J］．广州大学学报，2018，17（4）：66－74．

　　［90］曾丽艳，王嵘峥．基于 IPA 的株洲乡村旅游高质量发展研究［J］．湖南工业大学学报（社会科学版），2020，25（3）：66－72．

　　［91］韩赟婧．顺平县乡村旅游高质量发展研究［D］．石家庄：河北师范大学，2020．

　　［92］韩梦婕，李慧巍．数字化背景下基于游客满意度的乡村文旅高质量发展研究：以浙江省部分乡村为例［J］．山西农经，2024（6）：167－169．

　　［93］温钰婷，黄萍，张淼，等．基于网络文本分析的天府旅游名村吸引力游客感知分析［J］．旅游纵览，2023（19）：21－25．

　　［94］金琳琳．基于游客感知的民族地区乡村旅游质量模型构建与实证研究［J］．旅游论坛，2023，16（4）：72－79．

　　［95］张靖萱．乡村旅游游客感知服务质量对游客满意度的影响研究——以北京近郊乡村农家乐旅游为例［J］．西部旅游，2022（24）：61－63．

　　［96］尚静，张和清．从脱贫攻坚到乡村振兴：社会工作的实践逻辑及策略——以广东 X 村的社区减贫项目为例［J］．中国农业大学学报（社会科学版），2021（4）：32－41．

　　［97］林欣欣．教师主观幸福感量表中文版修订及适应性研究［D］．长沙：湖南师范大学，2020．

　　［98］保继刚，楚义芳．旅游地理学［M］．修订版．北京：高等教育出版

社，1999.

［99］杜宗斌，苏勤．社区归属感对乡村旅游地居民社区参与的影响——以浙江安吉为例［J］．旅游科学，2013，27（3）：61－71.

［100］耿松涛，张伸阳．乡村振兴背景下乡村旅游与文化产业协同发展研究［J］．南京农业大学学报（社会科学版），2021，21（2）：44－52.

［101］陆林，任以胜，朱道才，等．乡村旅游引导乡村振兴的研究框架与展望［J］．地理研究，2019，38（1）：102－118.

［102］毛寒，陈幸瑜．乡村文旅融合发展的研究综述［J］．湖南包装，2021，36（6）：6.

［103］李志龙．乡村振兴—乡村旅游系统耦合机制与协调发展研究——以湖南凤凰县为例［J］．地理研究，2019，38（3）：643－654.

［104］李承宗，韩仁生．幸福感与不幸福感的影响因素探究［J］．心理研究，2011，4（2）：52－56.

［105］罗娟．基于扎根理论的乡村旅游社区居民获得感研究［D］．南昌：江西财经大学，2020.

［106］时俨．乡村旅游发展过程中居民获得感研究［D］．桂林：桂林理工大学，2020.

［107］张辉，彭星星．地方形象对居民获得感的影响研究［J］．旅游导刊，2020（4）：29－55.

［108］江慧．乡村舞蹈对农民幸福感和获得感的影响［J］．中国果树，2022（2）：124.

［109］马波．区域旅游开发的理论与实践［M］．南京：江苏人民出版社，1996.

［110］武少腾，付而康，李西．四川省乡村旅游可持续发展水平测度［J］．中国农业资源与区划，2019，40（7）：233－239.

［111］仲佳，潘洪义，郑渊博．乡村旅游区的景观格局空间演变分析—以成都市三圣乡为例［J］．四川师范大学学报（自然科学版），2017，40（6）：817－823.

［112］王兆锋，史伟杰．中国美丽休闲乡村的空间分布特征及影响因素［J］．地理科学，2022，42（1）：104－114.

［113］李爱兰，张捷．江苏省国家级乡村旅游示范点的空间结构分析［J］．江苏商论，2015（3）：58－61．

［114］易继红，何雨，尚晓娜．上海市乡村旅游景区（点）空间分布研究［J］．上海师范大学学报（自然科学版），2015，44（2）：175－181．

［115］郑光辉，蒋涤非，陈国磊，等．中国乡村旅游重点村空间分布格局及影响机理研究［J］．干旱区资源与环境，2020，34（9）：194－201．

［116］马斌斌，陈兴鹏，马凯凯，等．中国乡村旅游重点村空间分布、类型结构及影响因素［J］．经济地理，2020，40（7）：190－199．

［117］任红颖，邱守明，夏凡．西部脱贫地区农旅融合发展的增收效应及实现机制——基于休闲农业与乡村旅游示范县的准自然实验［J］．资源开放与利用，2022，38（10）：189－201．

［118］唐黎，黄舒琪．福建省全国乡村旅游重点村空间分布及影响因素［J］．地理科学，2023，43（9）：183－185．

［119］卢炫均．基于游客视角的丽水市休闲旅游示范村吸引力研究［D］．兰州：西北师范大学，2020．

［120］李宜锋．项目制影响下的示范村空间生产特征与治理路径——法官庙村与紫荆村的比较研究［D］．西安：西北大学，2022．

［121］鄢慧丽，王强，熊浩，等．休闲乡村空间分布特征及影响因素分析—以中国最美休闲乡村示范点为例［J］．干旱区资源与环境，2019，33（3）：45－50．

［122］李伯华，尹莎，刘沛林，等．湖南省传统村落空间分布特征及影响因素分析［J］．经济地理，2015，35（2）：189－194．

［123］王新越，候娟娟．山东省乡村休闲旅游地的空间分布特征及影响因素［J］．地理科学，2016，36（11）：1706－1714．

［124］Sutrisna I B M．，Saskara I A N．，Utama M S，et al. Prospective analysis of sustainable tourism development in Penglipuran Village as a tourist village role model in Bali［J］．Technium Social Sciences Journal，2020，13（1）：184－198．

［125］Njoya E T，Seetaram N. Tourism contribution to poverty alleviation in Kenya：Adynamic computable general equilibrium analysis［J］．Journal of Travel

Research, 2018, 57 (4): 513 –524.

[126] Tortora A, Statuto D, Picuno P. Rural landscape planning through spatial modellingand image processing of historical maps [J]. Land Use Policy, 2015 (42): 71 –82.

[127] Jenkins, John Michael. Tourism policy in rural New South Wales – Policy and research priorities [J]. GeoJournal, 1993 (29): 281 –289.

[128] Lindsay B. Carey, Christine Hennequin, et al. Rural health and spiritual care development: A review of programs across rural victoria, Australia [J]. Journal of Religion and Health, 2016 (55): 928 –940.

[129] Faulkner B, Russell R. Chaos and complexity in tourism: Research of a new perspective [J]. Pacific Tourism Review, 1997, 1 (2): 93 – 102.

[130] Becken S, Mahon R, Rennie H G, et al. The tourism disaster vulnerability framework: An application to tourism in small island destinations [J]. Natural Hazards, 2014, 71 (1): 955 –972.

[131] Lane B. What is rural tourism [J]. Journal of Sustainable Tourism, 1994, 2 (1): 7 –12.

[132] Bramwell B, Lane B. Rural tourism and sustainable rural development [R]. Ireland: University College Galway, 1994.

[133] Augustyn M. National strategies for rural tourism development and sustainability: The Polishex perience [J]. Journal of Sustainable Tourism, 1998, 6 (3): 191 –209.

[134] Gerhard R. Constructing globalized spaces of tourism and leisure: Political ecologies of the Salta Wine Route (NW-Argentina) [J]. Journal of Rural Studies, 2016 (43): 104 –117.

[135] Fleischer A, Tchetchik A. Does rural tourism benefit from agriculture [J]. Tourism Management, 2005, 26 (4): 493 –501.

[136] Del Bosque I R, Martin H S. Tourist satisfaction a cognitiveaffective model [J]. Annals of Tourism Research, 2008, 35 (2): 551 –573.

[137] Siddharth Singh, Anup Kumar Yadava, Yadawananda Neog. The determinants and measure of tourist's perception: A study of Namchi District of

Sikkim [J]. International Journal of Research in Social Sciences, 2017, 7 (9): 380 – 397.

[138] İlke Başarangil. The relationships between the factors affecting perceived service quality, satisfaction and behavioral intentions among theme park visitors [J]. Tourism and Hospitality Research, 2018, 18 (4): 415 – 428.

[139] Bhuiyan Md. Anowar Hossain, Darda Md. Abud, Hasan Md. Razibul. Tourist perceptionand satisfaction on safari tourism at Bangabandhu Sheikh Mujib Safari Park in Bangladesh [J]. International Journal of Geoheritage and Parks, 2021, 9 (3): 15 – 17.

[140] Ambardar A, Angmo S, Ambardar M. Tourism impacts: A study of tourist perception in Leh [J]. International Journal of Hospitality and Tourism Systems, 2020, 13 (2): 96 – 105.

[141] Smolenska S A, Borysenko AS. The modern shopping centers of Kharkiv in visitors' perception [J]. IOP Conference Series: Materials Science and Engineering, 2020, 907 (1): 34 – 36.

[142] Dongoh Joo, Heetae Cho, Kyle M Woosnam. Exploring tourists' perceptions of tourism impacts [J]. Tourism Management Perspectives, 2019 (31): 231 – 235.

[143] Min-Seong Kim, Brijesh Thapa, Hany Kim. International tourists' perceived sustainability of Jeju Island, South Korea [J]. Sustainability, 2017, 10 (1): 73.

[144] Dimitris Skuras. Demand for rural tourism: The effects of quality and information [J]. Agricultural Economics, 2007, 9 (4): 183 – 192.

[145] Sumaryadi Sumaryadi, Ratih Hurriyati, Lili Adi Wibowo, Vanessa Gaffar. The relationship between the quality of destination and tourist satisfaction: The role of destination attributes [J]. The Journal of Asian Finance, Economics and Business (JAFEB), 2021, 8 (4).

[146] Mariana Assenova. Models of rural tourism development in mountain villages [J]. Ankara Üniversitesi Çevrebilimleri Dergisi, 2013: 35 – 48.

［147］ Butler R W. Social impacts of tourism development ［J］. Annals of Tourism Research, 1974, 2 (2): 100 – 111.

［148］ Bradburn NM. The structure of psychological well-being ［M］. Oxford, England: Aldine, 1969.

［149］ Arie Reichel, Oded Low engart, Ady Milman. Rural tourism in Israel: Service quality and orientation ［J］. Tourism Management, 21 (2000), 451 – 459.

［150］ Perales Y R M. Rural tourism in Spain ［J］. Annals of Tourism Research, 2002, 29 (4): 1101 – 1110.

［151］ Park DB, Yoon YS. Segmentation by motivation in rural tourism: A Korean casestudy ［J］. Tourism Management, 2009, 3 (6): 34 – 36.

［152］ Fleischer A. Rural tourism in Israel ［J］. Tourism Management, 1997, 18 (6): 367 – 372.

［153］ Donald G Reid, Heather Mair. Community integration ［J］. Annals of Tourism Research, 2004, 31 (3): 623 – 639.

［154］ Borut Milfelner. Innovative organization approach to sustainable tourism development in rural areas ［J］. Kybernetes, 2006, 35 (7): 36 – 55.

［155］ Patmore JA. Recreation and resources. ［J］. ESRC Newsletter Economic & Social Research Council UK, 1984.

［156］ Fleischer A, Felsenstein D . Support for rural tourism: Does it make a difference ［J］. Annals of Tourism Research, 2000, 27 (4): 1007 – 1024.

［157］ Jarkko Saarinen. Contradictions of rural tourism initiatives in rural development contexts: Finnish rural tourism strategy case study ［J］. Current Issues in Tourism, 2007, 10 (1): 312 – 344.

［158］ Jerome L. Mcelroy. The tourism demonstration effect in the Caribbean ［J］. Journal of Travel Research, 1986, 25 (2): 31 – 34.

后　记

  本书是福建省科协和科技厅联合创新战略研究项目《乡村振兴背景下福建省乡村旅游高质量发展差异和协调发展研究》（编号：2023R0140）、龙岩新时代革命老区振兴发展研究院《推进中西部地区中国式农业农村现代化研究》（编号：Lyzx202408）的阶段性成果。在完成书稿之际，内心满盈着复杂的情绪，既有研究暂告一段落的释然，更有对这段学术探索历程的深刻感悟与诚挚感恩。

  回溯往昔，此研究历程仿若一场深入福建省乡村大地的严谨学术征程。福建这片土地以其独特的地理风貌和深厚的文化积淀，孕育出了众多别具魅力的乡村。从滨海之畔到内陆山峦，那错落有致的自然景观与源远流长的人文底蕴相互交织，共同绘就了一幅绚丽多彩且充满深度的乡村画卷。其乡村旅游的蓬勃发展恰似一把关键的钥匙，开启了乡村振兴战略在这片土地上的实践之门，同时也为我的学术研究提供了一片广袤且富有价值的探索领域，促使我深入思考，精心剖析其中的发展逻辑与内在联系。

  在研究进程中，我深入福建省各地乡村，广泛且深入地与各类群体展开交流互动。当地村民以其质朴纯真的情怀和对家乡的热爱，毫无保留地向我分享了乡村旅游带来的生活变迁与心路历程。他们的亲身经历和真挚情感成为我研究中不可或缺的生动素材，让我得以从微观层面洞察乡村旅游对个体生活的深远影响。旅游从业者们凭借其丰富的行业经验和敏锐的市场洞察力，为我详细阐述了乡村旅游产业的运作模式、发展趋势以及面临的实际挑战，其专业视角和实践智慧使我对该领域的认识更加全面且深入。政府官员们则从宏观政策导向、区域规划布局以及资源整合协调等多方面，为我提供了高屋建瓴的指导与解读，使我能够从更广阔的视野审视乡村旅游在乡村振兴战略框架下的角色定位与发展路径。通过与他们的积极互动与深度交流，我不仅积累了大量翔实的一手研究资料和数据，更在思想碰撞中深化了对乡村旅游与乡村振兴内在关系的理论认知，明晰了乡村旅游作为推动乡村经济社会全面发展重要引擎的现实意义与潜在价值。

我深知，此项研究成果的取得绝非个人之功。在此，我要向所有在研究过程中给予我支持与帮助的各方人士表达最衷心的感谢。福建省各地的乡村旅游相关部门积极响应并全力配合我的研究工作，无私提供了丰富的官方资料、精准的数据统计以及深入的案例分析，为我的研究奠定了坚实的实证基础，确保了研究的客观性与科学性。热情好客的村民们以其真诚友善的态度和开放包容的胸怀，接纳我融入他们的生活，分享他们的故事，使我能够亲身体验乡村旅游的实际影响，感受乡村发展的活力与脉搏，他们的生活智慧和乐观精神为我的研究注入了鲜活的生命力。我的家人和朋友始终是我最坚强的后盾和最温暖的港湾。在我全身心投入研究的漫长过程中，他们默默承担起生活的琐碎，给予我无条件的支持、理解与鼓励，使我能够心无旁骛地专注于学术探索，他们的奉献是我不断前行的动力源泉。

通过本书的撰写，我由衷期望能够为福建省乡村旅游高质量发展贡献一份绵薄而诚挚的学术力量。我深切期待更多的学界同仁、行业从业者以及社会各界人士能够将目光聚焦于乡村旅游这一充满活力与潜力的领域，积极履行乡村振兴这一伟大的时代使命。愿福建省的乡村在乡村旅游的强劲助力下，经济繁荣、生态宜居、乡风文明、治理有效、生活富裕。经济繁荣意味着乡村产业蓬勃发展，多元化的经济结构为乡村发展注入源源不断的动力；生态宜居促使乡村环境得到有效保护与优化提升，人与自然和谐共生；乡风文明推动乡村文化传承与创新，传统美德与现代文明相得益彰；治理有效确保乡村社会秩序井然，公共服务体系健全完善；生活富裕让每一位村民都能共享发展成果，过上富足美满、安居乐业的幸福生活。

诚然，我也清醒地认识到，本书的完成仅代表着对福建省乡村旅游研究的阶段性总结。乡村旅游领域处于持续动态变化之中，随着时代的发展、社会的进步以及市场需求的演变，不断涌现出新的现象、问题与机遇。未来，我将秉持严谨的学术态度，持续关注乡村旅游的发展动态，深入挖掘其背后的深层次规律，积极探索应对新挑战的有效策略，努力为乡村旅游的可持续发展提供更为坚实的理论支撑和更具操作性的实践指导。我坚信，在全社会的共同关注与不懈努力下，福建省乡村旅游必将在乡村振兴的伟大征程中书写更加辉煌的篇章，成为推动区域经济社会发展、实现城乡融合发展的重要力量。